高等职业教育地下工程与隧道工程技术专业
“十二五”规划教材

隧道养护

曹彦国　主　编
向　群　副主编
郭　胜　主　审

中国铁道出版社
2013年·北京

内容简介

本书根据铁路隧道、公路隧道及地下铁道维修养护技术规范、规则编写，参考了大量的铁路、公路及地下铁道隧道病害分析及其整治、维修管理案例，内容丰富，贴近工作实际，操作性较强。全书共有6个项目，涉及隧道的水害及其整治、冻害和腐蚀及其整治、衬砌裂损及其整治、整体道床病害及其整治、洞口病害及其整治、隧道的通风、照明及防灾救援等内容。

本书适用于高职高专及各类成人教育的地下工程与隧道工程技术、城市轨道交通工程技术、铁道工程技术、高速铁道技术等相关专业教学使用，也可作为相关领域工程技术人员和管理人员的参考书。

图书在版编目(CIP)数据

隧道养护/曹彦国主编．—北京：中国铁道出版社，2013.10
高等职业教育地下工程与隧道工程技术专业“十二五”规划教材
ISBN 978-7-113-16781-3

Ⅰ.①隧… Ⅱ.①曹… Ⅲ.①隧道—养护—高等职业教育—教材 Ⅳ.①U457

中国版本图书馆CIP数据核字(2013)第163911号

书　　名：隧道养护
作　　者：曹彦国　主编

责任编辑：李丽娟　　**编辑部电话**：(010) 51873135　　**读者热线**：400-668-0820
封面设计：崔丽芳
责任校对：龚长江
责任印制：李　佳

出版发行：中国铁道出版社（100054，北京市西城区右安门西街8号）
网　　址：http://www.51eds.com
印　　刷：北京华正印刷有限公司
版　　次：2013年10月第1版　2013年10月第1次印刷
开　　本：787 mm×1 092 mm　1/16　印张：9.5　字数：240千
书　　号：ISBN 978-7-113-16781-3
定　　价：20.00元

QIAN YAN 前言

据2010年统计，我国建成的铁路隧道总长度已经超过7 000 km，预计到2020年前，将建设5 000座铁路隧道，长度超过9 000 km；公路隧道7 384座，计5 122.6 km，且以每年300 km的速度增长。有20多个城市在建地下铁道。“十二五”期间全国城市轨道交通运营里程将达到3 000 km。一方面隧道的数量在急剧上升，而另一方面有相当数量的老隧道已经到了其使用寿命的中后期，可谓“人到中年”。由于当时的历史条件，这些老隧道的设计理念落后，施工技术水平不高，造成通车运营后各种病害多发，给交通安全带来许多隐患，也使养护维修工作大量增加，急需一大批养护维修技术人员。经过多年的探索和设计、施工及养护维修的实践，隧道养护方面的新技术、新工艺、新材料等不断涌现，需要建设专门的《隧道养护》教材，培养高素质的隧道及地下工程技术高技能型人才。

本教材对接地下工程与隧道工程维修行业桥隧工等岗位的任职要求，围绕地下工程与隧道工程结构特点和技术标准，根据铁路、公路与城市轨道交通相关设计、施工、维修新规范编写，保持学生学习和实际工作的一致性。本教材基于铁路、公路、地下铁道的养护维修管理过程安排教学项目，反映最新的高职教学理念，实现真正意义上的教学做一体，培养学生的职业能力和职业素质。本教材将融合铁路、公路与地下铁道教学内容，使学生掌握相关维护施工技术，突出实际应用实例。

本教材以项目法作为体例，以相关案例引出隧道病害及其整治方法，注重从力学及岩体变形理论分析病害产生的原因，突出操作工艺，注重广泛收集实例并加以分析综合，力争达到多用图表、简明扼要、深入浅出、通俗易懂，以适应当前高职学生的认知特点。

本教材由天津铁道职业技术学院曹彦国任主编，天津铁道职业技术学院向群任副主编，北京铁路局工务处郭胜任主审。编写分工如下：向群编写项目1，曹彦国编写项目2～5，天津铁道职业技术学院万宏林编写项目6。因编者水平有限，成稿仓促，缺点和错误定会不少，希望读者谅解并指正，以便改进。本教材编写过程中，撷取了大量相关专家有关论著文献的精华，在此谨向他们表示衷心地感谢！

编者

2013年5月于天津

MU LU

目录

项目1　隧道水害及其防治 …… 1

典型工作任务1.1　隧道水害及其观测 …… 3

典型工作任务1.2　隧道水害的防治 …… 7

知识拓展 …… 24

复习思考题 …… 28

项目2　隧道冻害、衬砌腐蚀及其整治 …… 31

典型工作任务2.1　隧道冻害及其整治 …… 34

典型工作任务2.2　衬砌腐蚀及其防治 …… 39

知识拓展 …… 44

复习思考题 …… 45

项目3　隧道衬砌裂损及其防治 …… 46

典型工作任务3.1　隧道衬砌裂损类型分析 …… 49

典型工作任务3.2　隧道衬砌裂损检查观测与描述 …… 53

典型工作任务3.3　隧道衬砌裂损预防和整治 …… 65

知识拓展 …… 73

复习思考题 …… 78

项目4　铁路隧道整体道床的病害整治及基底处理 …… 79

典型工作任务4.1　铁路隧道整体道床病害分析 …… 80

典型工作任务4.2　铁路隧道整体道床病害整治及基底处理 …… 85

知识拓展 …… 95

复习思考题 …… 97

项目5　隧道洞口病害及其防治 …… 98

典型工作任务5.1　隧道洞口病害及其原因分析 …… 99

典型工作任务5.2　整修洞门与增设明洞 …… 102

知识拓展 …… 106

复习思考题 …… 108

项目6　运营隧道的通风、照明与防灾救援 …… 109

典型工作任务6.1　铁路运营隧道通风、照明及有害气体防治 …… 110

典型工作任务 6.2　公路隧道照明与通风设施维护 …… 115
典型工作任务 6.3　地下铁道运营通风 …… 128
典型工作任务 6.4　隧道防灾救援疏散 …… 130
知识拓展 …… 140
复习思考题 …… 143

参考文献 …… 144

项目1 隧道水害及其防治

项目描述

我国既有铁路和公路中，相当数量的隧道营运超过30年，这对于平均寿命为50年的隧道衬砌混凝土来说，已经到了病害多发的时期。据有关资料统计，我国运营铁路隧道中有水害的隧道约占70%，水害严重导致状态失格者占30%以上。可以看出，评价隧道水害，并有针对性地治理隧道水害十分必要。本项目主要讲述隧道水害的现象、形成与观测评价，以及隧道水害的治理方法。

拟实现的教学目标

1. 能力目标

(1)能够对隧道渗漏水等水害情况进行有效观测和检测；

(2)能够确定隧道水害类型并分析原因；

(3)能够进行隧道防排水系统的规划和维护；

(4)能够进行隧道水害防治措施选择并组织施工。

2. 知识目标

(1)掌握隧道渗漏水等水害基本知识；

(2)掌握隧道水害类型和产生原因；

(3)掌握隧道防排水方法；

(4)掌握隧道水害防治措施和施工工艺。

3. 素质目标

(1)培养学生良好的职业道德和吃苦耐劳的优良品质；

(2)培养学生分析问题、解决问题、积极思考、勇于创新的能力；

(3)培养学生的业务能力。

相关案例：南昆铁路隧道渗漏水及其整治

于1999年建成的全长899 km的南宁至昆明电气化铁路共有隧道258座，隧道总长194.6 km，约占线路总长的21.6%。这些隧道交付使用后，大部分产生了不同程度的渗漏水现象，通过采用衬砌背后注浆、衬砌内部注浆等方法进行整治，取得了较好的效果。

1. 隧道渗漏水原因分析

(1)地质因素

南昆铁路通过极为发育的岩溶地区,该地区还有断层、暗河等不良地质现象,岩层节理裂隙发育,地下水路通畅,地区降雨量大、汛期长,地表水补给充沛,造成岩溶、裂隙等地下水丰富、水量大。

(2)设计因素

绝大多数隧道防排水设计虽采用了防水混凝土衬砌,但采用的普通盲沟排水极易被堵塞;另外,衬砌施工缝仅设计了一般背贴式橡胶止水带,止水效果很差。

(3)施工因素

①采用传统的先拱后墙法施工,衬砌施工缝多且防水措施不能达标。

②拱顶衬砌背后有空洞,较大的围岩压力导致拱腰部位衬砌纵向张裂、拱顶衬砌压碎掉块。

③软岩地段,由于仰拱施作不及时,衬砌闭合晚,导致墙脚内移、边墙纵裂。

④衬砌混凝土振捣不密实,出现蜂窝、麻面等。

2. 渗漏水整治原则

(1)以拱部为主,拱部和边墙同时进行整治作为总原则。

(2)拱部采取"堵排结合,综合整治"的原则;边墙采取"以排为主,局部漏水伴有泥砂者以堵为主"的原则。

3. 整治方法

(1)向衬砌背后注浆

衬砌背后注浆分初次注浆和检查注浆两个步骤。初次注浆采用水泥砂浆,注浆孔钻至岩层即可,注浆压力控制在0.2～0.4 MPa;检查注浆采用纯水泥浆,注浆孔需钻入岩层10～20 cm,注浆压力控制在0.6～1.0 MPa。当地下水压力较大时,采用水泥—水玻璃双液浆。注浆顺序为:由下向上依次压注,由无水地段向有水地段依次压注,由水少地段向水多地段依次压注,以便于将地下水流汇集引排。

(2)衬砌内部注浆

对渗漏水量较小、水流分散、衬砌结构不密实或不利于引排的拱部衬砌,向衬砌内部注丙凝化学浆,注浆压力一般控制在0.3～0.5 MPa。

丙凝化学浆液分甲、乙两种,甲种主要是由丙烯酰胺、亚甲基双丙烯酰胺与三乙醇胺混合形成的液态浆液,乙种由过硫酸铵与水稀释而成,甲、乙液混合形成胶液状混合物,通过胶联剂、促进剂和引发剂发生化学反应形成固结状胶体且体积微膨胀,所以先在渗水点、缝、面处钻孔,安设塑料注浆管引水,注浆管埋置深度一般为8～10 cm,并进行抹面和嵌缝,使渗水只从注浆管中流出。待嵌缝和抹面材料达到一定强度后,进行压水试验(压力维持在0.4 MPa左右)以检查嵌缝和抹面情况,疏通衬砌裂缝并确定压浆参数后即可进行注浆。

4. 整治案例

南昆铁路米花岭单线电气化铁路隧道全长9.498 km,运营后出现严重水害,尤其是隧底翻浆冒泥严重影响到行车安全,所以采取注浆加固的办法进行整治。

首先选择5 m长病害段做注浆试验,按照钻孔→注浆→扫孔→注浆→扫孔→注浆的工序进行注浆试验,并满足如下要求:

(1)注浆孔间距。注浆孔间距视翻浆冒泥情况而定,轻微地段为2 m,较严重地段为1.5 m,严重地段为1 m。在两侧水沟内对称布置注浆孔。

(2)注浆孔深度：隧底注浆孔垂直向下深度最深为 2 m(从水沟流水面至钻孔底)，边墙底部以向下 45°斜孔注浆，孔深 2.5 m。

(3)注浆孔径及注浆管安设：钻孔孔径为 60 mm，注浆管选用 ϕ40 mm 钢管。注浆管孔口 60 cm 以远制成花钢管，即每隔 10～15 cm 开一 ϕ6～8 mm 小孔，小孔呈梅花形布置；注浆管于注浆前一天安设，注浆管孔口段 60 cm 用高等级砂浆堵塞，防止注浆时串浆。

(4)注浆压力：隧底注浆压力为 0.5～0.8 MPa，边墙注浆终止压力为 0.5 MPa。

(5)注浆材料：采用 42.5 级普通硅酸盐水泥纯水泥浆，适当掺加速凝剂。

(6)浆液配合比：水灰比为 1∶1。

(7)注浆顺序：注浆从洞内向洞外依次进行，即先压注严重病害段，再压注较严重病害段，最后压注轻微病害段。每个注浆段按间隔一孔跳跃注浆，间隔不注浆孔作为先注浆孔的排气和检查孔。每个注浆段边墙注浆完成后，再对隧底注浆。对边墙进行注浆时，先堵塞边墙底泄水孔，待浆液初凝后拆除堵塞物，以防止浆液堵塞泄水孔。

当注浆压力达到设计终止压力时，稳定 20～30 min 即可结束。当进浆量很大而压力上不去时，说明有串浆现象，可采用间歇注浆，以防止浆液渗得很远。

通过以上案例可知，隧道水害的整治一定要采取“防、排、截、堵，因地制宜、综合治理”的措施。隧道水害整治之前，首先要进行一定的检查观测评定，确定水害的类型及等级，研究制定水害的治理原则，采取技术先进的、工艺完备可靠的综合治理方案，在治理过程中还要认真检查治理效果，及时调整、优化治理措施。在实际操作中，要严格按照操作程序和要领进行。

典型工作任务 1.1　隧道水害及其观测

1.1.1　工作任务

通过对隧道水害等有关知识的学习，能够承担以下工作任务：

(1)能够对隧道水害的情况进行有效检查观测；

(2)能够进行隧道防水系统的规划和维护。

1.1.2　相关配套知识

隧道水害是指在隧道修建和运营过程中遇到的地下水干扰所形成的危害，是最常见的隧道病害。

水害会对隧道稳定、洞内设施、行车安全、地面建筑和隧道周围水环境产生诸多不良影响甚至形成威胁。因此，探明隧道水害成因，进行合理的防水技术设计，采用正确的方法和工艺进行整治，成为隧道养护的重要内容。

地下水的来源可分为自然因素和人为因素，见表 1-1-1。地下水按水源补给情况，可分为地下水补给和地表水补给两种。

表 1-1-1　地下水的来源分析

自然因素	含水层的储蓄水，含水层局部聚集水，地层中流水，断层、裂隙等构造水，溶洞，河流、湖泊、海洋
人为因素	隧道施工用水，探孔或钻孔，煤矿、水库、渠道、管道及其他隧道，废弃工程、古代工程

地下水补给往往有稳定的地下水源，水量四季变化不大；地表水补给则随季节性变化而变化。同一处渗漏水处所，可能包括上述两种补给水源。

1. 隧道渗漏水情况描述及铁路隧道防水要求

(1)隧道渗漏描述

铁路隧道渗漏，按其发生的部位和流量可分为润湿、渗水、滴水、漏水、射水、涌水六级。

①润湿：衬砌表面出现湿痕但形不成水滴落下者；

②渗水：衬砌表面出现水痕，3 min 以上汇集成水滴下落者；

③滴水：水滴间断缓慢下落者；

④漏水：水滴间断急速下落者；

⑤射水：水滴连续成线下落者；

⑥涌水：水滴成柱状下落或激射。

(2)防水要求

①拱部不滴水，边墙不淌水，安装设备之孔眼不渗水；

②隧底不涌水，道床不积水；

③在有冻害地段的隧道，拱部和边墙基本上不渗水，衬砌背后不积水；

④碎石道床无翻浆冒泥，整体道床基床稳定；

⑤消除侵蚀性水对衬砌的腐蚀。

2. 隧道水害种类及其危害

隧道水害有渗漏水、衬砌周围积水、潜流冲刷等几种。

(1)隧道渗漏水的危害

①隧道渗漏水可引起衬砌混凝土风化、剥蚀，甚至造成衬砌结构破坏，如地下水中含有侵蚀性介质，还可造成衬砌混凝土腐蚀，引起围岩变形；

②隧道渗漏水与冻害相联系，在寒冷和严寒地区，隧道渗漏水会造成边墙结冰、拱部挂冰，侵入隧道建筑限界，还会造成衬砌冻胀裂损，形成冻害，引发洞内线路高低起伏不平，降低轮轨间的附着力；

③隧道渗漏水会加快其内部设备(通信、照明、钢轨等)锈蚀，影响设备的正常使用，缩短线路设备的使用寿命，增加维修费用；

④隧道渗漏水可引发路基下沉、基底裂损、翻浆冒泥等病害，导致铁路轨距、水平变形超限，压力大的地下水还会使隧道结构破损涌水，造成淹没轨道，冲空道床，影响行车安全；

⑤隧道渗漏水会使电绝缘失效、短路、跳闸，引发漏电伤人事故，影响安全运营；

⑥严重渗漏水会引发地面和地面建筑物的不均匀沉降和破坏；

⑦隧道渗漏会造成地表水和含水层水大量流失，破坏周围水环境，造成生态环境灾害。

(2)衬砌周围积水的危害

衬砌周围积水是指地下水向隧道周围渗流汇集，不能迅速排走，聚集在衬砌周围，其危害有：

①产生过大水压致使衬砌破坏；

②软化围岩，致使围岩压力增大，衬砌开裂；

③致膨胀性围岩体积膨胀，压溃衬砌；

④寒冷地区积水结冰引发冻害。

(3)潜流冲刷的危害

潜流冲刷是指由于地下水渗流和流动而产生的冲刷和溶蚀作用，其危害有：

①引起衬砌基础下沉，导致边墙开裂或仰拱、整体道床下沉开裂；

②引起围岩滑移错动，致使衬砌变形甚至开裂；

③引起衬砌背后产生较大空洞，致使衬砌破坏。

3. 隧道水害原因分析及评定

(1)隧道水害原因分析

隧道水害的原因可分为自然因素与人为因素两方面。

自然因素主要是指当隧道穿越砂类土和漂卵石类土的含水地层、断层带及节理(裂隙)发育的富含裂隙水的地层、可能富有水压的岩溶地层以及受地表水影响严重的浅埋地层时，就有可能产生隧道漏水。

人为因素主要可分为：

①勘测设计阶段对周围地下水的水源、水量、水质调查分析不够，防排水理念落后，防排水设施布置不周，衬砌的防蚀、耐冻、抗渗专项设计不足。

②施工质量差，造成隧道衬砌开裂，先天防水能力差，或防水混凝土不达标，或防水材料施工不合格，或者是结构工作缝、伸缩缝、沉降缝等接缝处理不当；衬砌水害没有及时发现并治理，造成病害加重。

(2)隧道受水害影响程度评价

在我国《铁路桥隧建筑物修理规则》铁运〔2010〕38号文中，从定性的角度将隧道衬砌渗漏水对隧道劣化等级分为AA、A1、B、C四级，如表1-1-2所示。在《高速铁路桥隧建筑物修理规则》铁运〔2011〕131号中，对隧道渗漏水引起的劣化分为A(AA和A1)、B三个等级，如表1-1-3所示。因此，对铁路隧道的水害影响要进行观测与评定，为制定合理的治水方案提供依据。

表1-1-2 衬砌渗漏水对普速铁路隧道劣化等级的评定

漏水或涌水的危害等级		隧道状态
A	AA	水砂突然涌入隧道，淹没钢轨，危及行车安全；电力牵引区段，拱部漏水直接传至接触网
	A1	隧底冒水、拱部滴水成线、严寒地区边墙淌水，翻浆冒泥严重、道床下沉，不能保持正常轨道的几何尺寸，影响正常运行
B		隧道滴水、淌水、渗水及排水不良引起洞内局部道床翻浆冒泥
C		漏水使基床状态恶化，钢轨腐蚀，养护周期缩短，继续发展将来会升级至B级

表1-1-3 衬砌渗漏水对高速铁路隧道劣化等级的评定

漏水或涌水的危害等级		隧道状态
A	AA	隧底冒水，拱部滴水成线，严寒地区边墙淌水，翻浆冒泥严重，道床下沉，不能保持轨道几何尺寸，影响正常运行
	A1	隧道滴水、淌水、渗水及排水不良引起洞内局部道术翻浆冒泥
B		漏水使基床状态恶化，钢轨腐蚀

为加强对铁路隧道的病害及其相关的衬砌厚度及混凝土强度缺陷、隧道衬砌背后空洞或回填不密实、基底不密实情况进行观测评价，实现对隧道建筑物病害的预测及控制，原铁道部以铁运函〔2004〕174号下发了《铁路运营隧道衬砌安全等级评定暂行规定》。其中规定了

隧道水害的量化评定指标，并将隧道水害分为极严重、严重、较严重和轻微四级，如表1-1-4所示。

表1-1-4　隧道水害分级的量化指标

水害等级 / 水害项目	1	2	3	4
	轻　微	较严重	严　重	极严重
衬砌漏水	拱部有季节性滴水，边墙有季节性淌水	拱部有滴水，边墙有淌水	拱部滴水呈线，边墙淌水流泥，隧底涌水，结冰侵限	拱部漏水直击接触网，影响正常运营

注：衬砌厚度及混凝土强度缺陷、隧道衬砌背后的空洞或回填不密实、基底不密实量化指标见本项目知识拓展表1-拓-1、表1-拓-2。

对于公路隧道的渗漏水、结冰、砂土流出等造成的结构破损情况，可按表1-1-5进行判定。

表1-1-5　渗漏水所致结构破损的判定基准

异常情况判定	渗漏水	结冰、砂土流出
B	从衬砌裂缝等处渗水，几乎不影响行车安全	有渗漏水，但现在几乎没有影响
1A	从衬砌裂缝等处漏水，不久可能会影响行车安全	由于排水不良，铺砌层可能积水
2A	从衬砌裂缝等处涌水，影响行车安全	由于排水不良，铺砌层积水
3A	从衬砌裂缝等处喷射水流，严重影响行车安全	在寒冷地区，由于漏水等形成挂冰、冰柱，侵入规定限界；砂土等伴随漏水流出，铺砌层可能发生浸没和沉降

4. 隧道漏水情况检查观测

为了准确描述隧道病害的位置，需要将隧道衬砌分成若干部分进行命名。一般是将隧道衬砌的拱部和边墙分左右两大部分，仰拱作为一个大部分，总体上分为五个大部分。将每一大部分依衬砌内缘再进一步细分为四等分，这样整个隧道衬砌结构被分割为14个部位进行描述，见图1-1-1。为了描述隧道病害的位置和分布情况，需要将衬砌图(图1-1-1)从仰拱底正中切开(有时不要仰拱，直接从边墙墙角展开)并按照左为隧道进口方向右为隧道出口方向展示，见本项目附录。

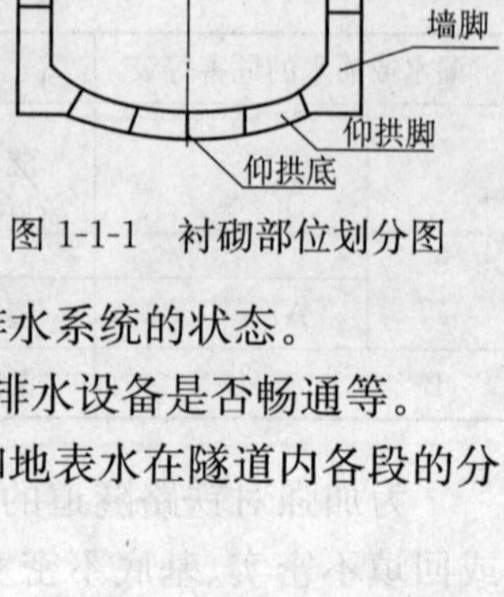

图1-1-1　衬砌部位划分图

铁路隧道漏水检查观测主要包括以下几方面：

(1)洞外检查。主要检查洞顶仰坡坡面是否平顺，洞顶地面有无裂隙、洞穴和积水洼地。观测地表水流水痕迹及其流向、地面排水系统的状态。

(2)洞内检查。主要检查洞内漏水量、面积和部位，并检查洞内排水设备是否畅通等。

(3)漏水量观测。对隧道的排水沟进行流量观测，摸清地下水和地表水在隧道内各段的分布情况及随季节的变化规律。

当隧道渗漏水量较大时，可用容器法、浮标法、三角堰法来观测。

对于洞内的漏水程度、面积、部位以及观测时间应进行详细描述，并绘制到隧道衬砌展开图中，见本项目附录。

公路隧道、铁路隧道及地下铁道有关规范要求在对隧道渗漏水检查观测时，要测定水的温度、pH 值及导电度，以判定渗漏水是否会对混凝土结构产生劣化作用。同时要检查渗漏水中是否混有砂土，并测定砂土流出量。

典型工作任务1.2 隧道水害的防治

1.2.1 工作任务

通过对隧道水害治理有关知识的学习，能够承担以下工作任务：

(1)能够对隧道水害原因进行分析；

(2)能够选择适当的措施并组织隧道水害的整治施工。

1.2.2 相关配套知识

1. 隧道防排水原则

《地下工程防水技术规范》(GB 50108—2008)提出，地下工程设施与施工应遵循"防、排、截、堵，刚柔并济，因地制宜，综合治理"的总原则。铁路隧道防排水采取的是"防、截、排、堵结合，因地制宜，综合治理"的原则，以期达到防水可靠、经济合理的目的。北京地下铁道在设计和施工时提出了"以防为主，以排为辅"的原则。

综上所述，在隧道防排水理念上，已逐渐由以排为主转变为排堵结合、适量排水、保护环境。

防、排、截、堵措施可具体描述为：

(1)防——建立具有一定结构自防水能力的防水体系，防止地下水的无度渗入，确保隧道的使用功能，同时也使地下水环境处于可控状态，如衬砌采用防水混凝土或设置防水板防水层等。隧道衬砌结构应以本体防水为主，施工缝等防水为重点。如图 1-2-1 所示，隧道工程应设置由地表处理、围岩防渗、防水层防水、衬砌结构自防水等根据需要组合构成的隧道防水系统。

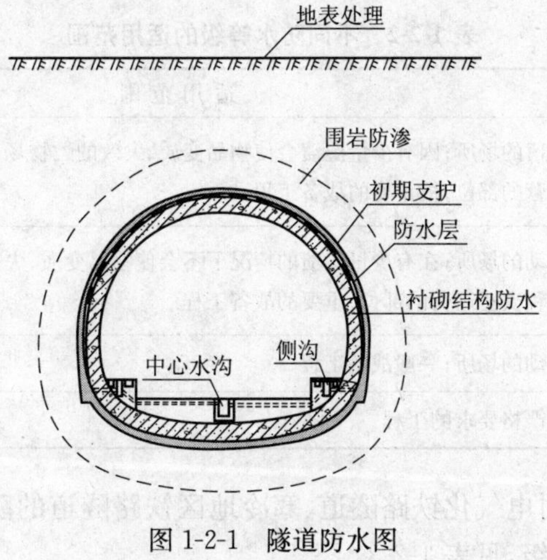

图 1-2-1 隧道防水图

(2)排——隧道应有完善的排水系统并充分利用，以减小渗水压力，维护结构安全，但必须注意大量排水诱发如围岩颗粒流失、围岩稳定性降低、次生灾害及水环境的破坏(造成当地农田灌溉和生活用水困难、水体污染)等的不良后果。

(3)截——隧道顶部如有地表水易于下渗的通道，可能直接补给隧道的水系、坑洼积水等，应设置截、排水沟等设施；地下水丰富、来源明确而隧道排水能力不足时，可于地下水来源一侧设置泄水洞等截水。

(4)堵——隧道附近有直通隧道的漏斗、管道等时，可采用堵塞封闭的工程措施；有涌水、突水时，可采用注浆等封堵地下水径流通道，也可采用注浆、喷(抹)涂防水层、嵌填防水材料等措施堵水。

按照我国《地下工程防水技术规范》，地下工程的防水等级分为四级，各级的防水等级标准和适用范围如表 1-2-1 和表 1-2-2 所示。

表 1-2-1　地下工程防水等级标准

防水等级	标准描述
一　级	不允许渗水，结构表面无湿渍
二　级	不允许渗水，结构表面可有少量湿渍。 工业与民用建筑：总湿渍面积不应大于总防水面积(包括顶板、墙面、地面)的 1/1 000；任意 100 m^2 防水面积上的湿渍不超过 1 处，单个湿渍的最大面积不大于 0.1 m^2。 其他地下工程：总湿渍面积不应大于总防水面积的 6/1 000；任意 100 m^2 防水面积上的湿渍不超过 4 处，单个湿渍的最大面积不大于 0.2 m^2；其中，隧道工程还要求平均渗水量不大于 0.05 L/(m^2·d)，任意 100 m^2 防水面积上的渗水量不大于 0.15 L/(m^2·d)
三　级	有少量漏水点，不得有线流和漏泥砂。 任意 100 m^2 防水面积上的漏水点数不超过 7 处，单个漏水点的最大漏水量不大于 2.5 L/d，单个湿渍的最大面积不大于 0.3 m^2
四　级	有漏水点，不得有线流和漏泥砂。 整个工程平均漏水量不大于 2 L/(m^2·d)；任意 100 m^2 防水面积的平均漏水量不大于 4 L/(m^2·d)

表 1-2-2　不同防水等级的适用范围

防水等级	适用范围
一　级	人员长期停留的场所；因有少量湿渍会使物品变质、失效的贮物场所及严重影响设备正常运转和危及工程安全运营的部位；极重要的战备工程
二　级	人员经常活动的场所；在有少量湿渍的情况下不会使物品变质、失效的贮物场所及基本不影响设备正常运转和工程安全运营的部位；重要的战备工程
三　级	人员临时活动的场所；一般战备工程
四　级	对渗漏水无严格要求的工程

地下工程相关规定，对电气化铁路隧道、寒冷地区铁路隧道的防水要求要达到二级，非电气化铁路隧道要求达到三级，见表 1-2-3。

表 1-2-3　铁路隧道、公路隧道及地下铁道隧道防水标准对比

标准		一级	二级	三级	四级	其他
铁路隧道	标准描述	不允许渗水，围护结构无湿渍	不允许漏水，围护结构有少量偶见的湿渍	有少量漏水点，不得有线流和漏泥砂，每昼夜漏水量＜0.5 L/m²	有漏水点，不得有线流和漏泥砂，每昼夜漏水量＜2 L/m²	
	新建铁路隧道	车站隧道；高速铁路隧道；电气化铁路隧道拱部；隧道防冻害设防段衬砌	电气化隧道边墙；内燃牵引铁路隧道拱墙；隧底结构	防灾救援通道、检修通道、通风排烟通道的辅助坑道；人员临时活动场所		
	整治后的运营隧道		隧道拱部防水等级应达到二级防水要求			不翻浆冒泥、道床积水，泥沙不雍堵排水侧沟等
公路隧道	标准描述	拱部、边墙、路面、设备箱洞不渗水	衬砌背后不积水，排水沟不冻结。拱部不滴水，边墙不淌水			
	新建公路隧道	高速公路、一级公路、二级公路隧道	有冻害地段的隧道。车行横通道、人行横通道等服务通道			
地下铁道隧道	标准描述	不允许渗水，结构表面无湿渍	地下车站及机电设备集中区段			
	新建地下铁道隧道	顶部不滴漏，其他不漏水，结构表面可有少量湿渍，总湿渍面积不应大于防水面积的6/1 000，任意100 m²防水面积的湿渍不超过4处，单个湿渍的最大面积不大于0.2 m²	区间隧道及连接通道等附属的隧道结构			

2. 隧道防水的方法

(1)衬砌自防水

衬砌自防水是指隧道衬砌采用防水混凝土。按照国家《地下工程防水技术规范》，防水混凝土的设计抗渗等级应符合表1-2-4的规定。铁路规定，隧道抗渗等级应达到P8(即抗渗压力为0.8 MPa)。

表 1-2-4　防水混凝土设计抗渗等级

工程埋置深度(m)	设计抗渗等级
$H<10$	P6
$10\leqslant H<20$	P8
$20\leqslant H<30$	P10
$H\geqslant30$	P12

防水混凝土的水泥用量不宜小于260 kg/m³，胶凝材料(包括水泥及掺入的矿物掺和料)

总用量不宜小于 320 kg/m^3；砂率宜为 35%～40%，泵送时砂率可增至 45%；灰砂比宜为 1∶1.5～1∶2.5；水胶比(水与胶凝材料总和质量比)不得大于 0.50，有侵蚀性介质时，水胶比不宜大于 0.45；掺加引气剂或引气型减水剂时，混凝土含气量应控制在 3%～5%；防水混凝土采用预拌混凝土时，缓凝时间宜为 6～8 h。

防水混凝土必须机械搅拌，搅拌时间不应小于 2 min。掺外加剂时，应根据外加剂的技术要求确定搅拌时间。拌好的混凝土要及时浇筑，常温时应在 0.5 h 内运至现场，运输过程中，应尽量防止产生离析及坍落度和含气量的损失。当运距较大或气温较高时，可掺入适量缓凝型减水剂。防水混凝土拌和物在运输后如出现离析，必须进行二次搅拌。因坍落度损失不能满足施工要求时，应加入原水灰比的水泥浆或二次掺加减水剂进行搅拌，严禁直接加水。普通防水混凝土坍落度不宜大于 50 mm，防水混凝土采用预拌混凝土时，入泵坍落度宜控制在 120～160 mm，入泵前坍落度每小时损失值不应大于 20 mm，坍落度总损失值不应大于 40 mm。浇筑时应严格做到分层连续进行，每层厚度不宜超过 500 mm，上下层浇筑的时间间隔不应超过 2 h ，夏季可适当缩短。防水混凝土必须采用高频机械振捣密实，振捣时间宜为 10～30 s，以混凝土泛浆和不冒气泡为准，应避免漏振、欠振和超振。掺加引气剂或引气型减水剂时，应采用高频插入式振捣器振捣。

常温下，混凝土终凝 4～6 h 后，就应在其表面覆盖草袋，浇水湿润养护不少于 14 d。在特殊地区还应采用蒸汽养护。

防水混凝土应连续浇筑，宜少留施工缝；如留施工缝时，墙体水平施工缝不应留在剪力与弯矩最大处或底板与侧墙的交接处，应留在高出底板表面不小于 300 mm 的墙体上；拱墙结合的水平施工缝，宜留在拱墙接缝线以下 150～300 mm 处；墙体有预留孔洞时，施工缝距孔洞边缘不应小于 300 mm。垂直施工缝应避开地下水和裂隙水较多的地段，并宜与变形缝相结合。

在衬砌自防水方面，也可采用日本系列产品 PAPATEX 自闭水泥材料做防水层，效果不错，相关内容可见本项目知识拓展。

目前我国水泥基渗透结晶防水涂料得以在地下工程中应用，其主要优点是施工方便，在普通水泥中加入外掺料(剂)——某活化物质，该活化物质能渗透到混凝土体的孔隙中，并形成针形枝蔓状结晶，密实混凝土结构，防水效果好，而且还具有动态反应(无水可休眠)的特点，耐腐蚀，价格适宜。具体内容可见本项目知识拓展。

(2)大面积湿渍的抹面防水

对于混凝土表面的大面积湿渍，在没有明水流出的情况下，由于其水压力和出水量很小，可先将混凝土表面凿毛，并用钢丝刷刷去浮尘，在其表面作防水抹面或刷涂防水涂料 1～2 mm。为保证涂抹质量，一般分 2～3 次涂刷。防水抹面材料有普通水泥砂浆或添加了外加剂、防水剂、聚合物乳液的水泥浆(砂浆)，特种水泥浆(砂浆)。涂料防水材料有水泥基防水涂料、聚氨酯类、硅橡胶类、聚合物水泥类、改性环氧树脂类、丙烯酸酯类、乙烯—醋酸乙烯类及其聚物(EVA)等类。

目前，日本的 PAPATEX 自闭防水涂膜材料在地下工程中也已推广应用。我国有关规范规定采用渗透结晶型防水涂料。

地下铁道衬砌或管片内表面出现剥落、疏松现象时，可能会产生钢筋锈蚀膨胀，进而产生渗漏水，此时可用机械彻底剔除劣化松动的混凝土，对钢筋进行除锈并喷涂防护涂料，必要时埋设注浆(引水)管，然后采用喷涂改性环氧砂浆进行修补，图 1-2-2 是香港地下铁道混凝土剥离修补实例。

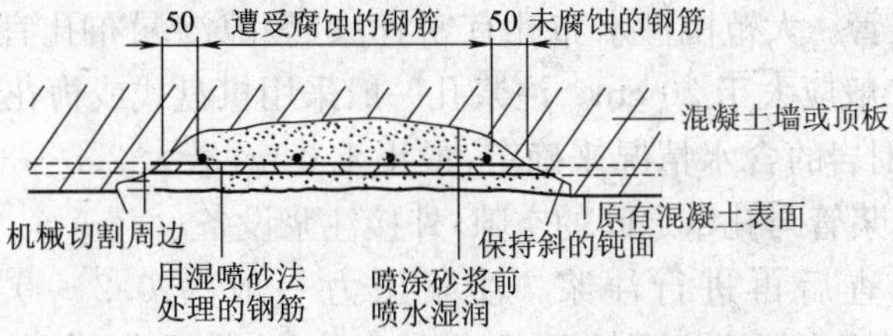

图 1-2-2　香港地铁混凝土剥离修补技术

(3)注浆防水

①隧道衬砌背后注浆

当隧道出现大面积渗漏时，采用注浆防水较为适宜。其原理是通过压力将防水浆液注入衬砌与围岩孔隙及岩层节理中，阻止地下水的渗入，集中疏导引出。水泥浆的可渗性可由水灰比调节，见表 1-2-5。常用的压浆方式主要有双泵压浆和单泵压浆两种(图 1-2-3 及图 1-2-4)，常用的注浆嘴及其埋设情况见图 1-2-5。

表 1-2-5　水泥浆水灰比及可注性

水灰比	0.6	0.8	1.0	2.0	4.0	8.0	10.0	12.0
可进入的平均缝宽(mm)	0.53	0.47	0.48	0.39	0.39	0.38	0.33	0.28

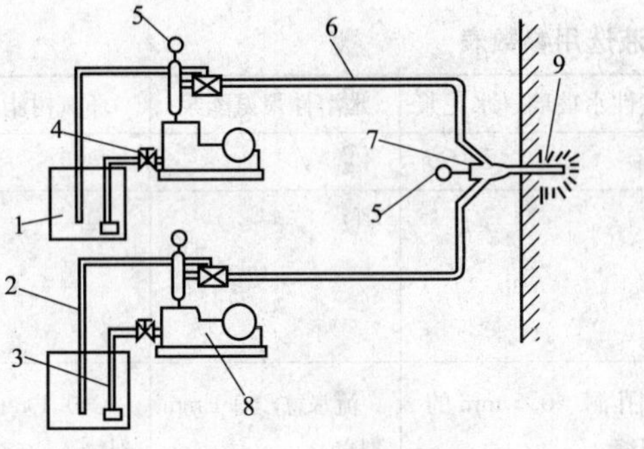

图 1-2-3　双泵压浆示意图

1—贮浆桶；2—回浆管；3—吸浆管；4—进浆阀门；5—压力表；6—输浆管；7—混合器；8—压浆泵；9—压浆管

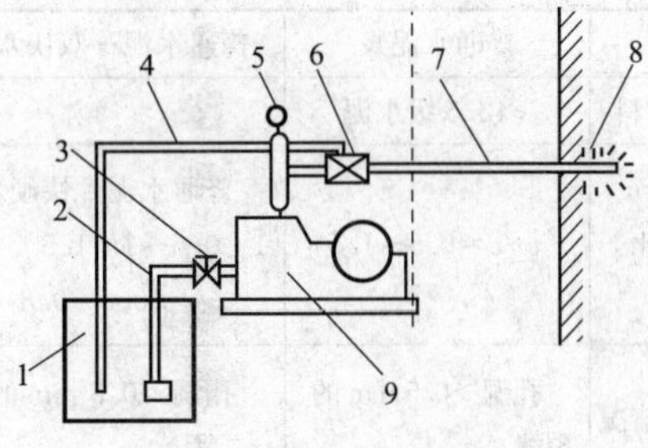

图 1-2-4　单泵压浆示意图

1—贮浆桶；2—吸浆管；3—进浆阀门；4—回浆管；5—压力表；6—输浆阀；7—输浆管；8—压浆管；9—压浆泵

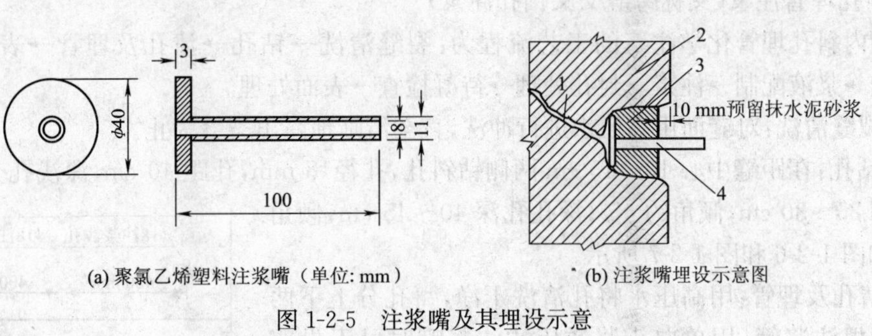

(a) 聚氯乙烯塑料注浆嘴（单位: mm）　(b) 注浆嘴埋设示意图

图 1-2-5　注浆嘴及其埋设示意

1—漏水裂缝；2—衬砌；3—水玻璃水泥胶浆；4—注浆嘴

注浆工艺为：

(a)注浆区段长度一般长 15～30 m，每段间设置排水暗槽，打集水钻孔引排地下水至排水沟。在注浆区段内进行孔眼布置并确定孔深。

(b)钻孔安装注浆管。大范围渗水布孔宜密宜浅，裂隙渗漏布孔宜疏宜深。注浆孔径大于 40 mm，深入围岩一般应大于 20 cm。注浆孔一般采用棋盘式或梅花形布置，注浆孔间距可根据渗漏水情况以及围岩的含水情况来确定，最小 1.0 m，最大 2.5～3.0 m。注浆管前段为花管，用砂浆塞堵住注浆管与孔壁之间的空隙，外接注浆设备。

(c)注浆试机，检查后再进行注浆。注浆压力一般为 0.2～0.3 MPa，最大不超过 0.5 MPa，压浆时，及时观察衬砌变形情况，如发现串浆、跑浆严重，或堵塞排水系统时，应及时停机检查，采取降低注浆压力、间隙压浆、改变浆液配比或更换注浆材料等措施。

(d)封堵注浆孔，将注浆管尾部割掉，用快硬水泥浆填充注浆管，在管口 2 cm 处封堵快凝砂浆，最后用 SWF 混凝土密封胶涂刷 2 遍。

②衬砌内部化学注浆

衬砌内部化学注浆可通过埋设注浆嘴，将化学浆液灌注到衬砌混凝土的缺陷部位填充空隙，达到堵漏止水目的。选择浆液的化学浆材应掌握两个原则：一是浆材的可灌性，即所选化学浆材必须能够灌入裂缝，充填饱满，灌入后经凝结固化，可与裂缝结合紧密；二是浆材的耐久性，即所选用化学浆材在使用环境条件下应性能稳定，不易起化学变化。目前铁路隧道衬砌内部注浆常用浆液有：普通水泥浆、普通水泥与双快水泥混合浆、改性水玻璃—水泥混合浆、水溶性聚氨酯类、环氧树脂浆等，严禁使用水玻璃作永久性注浆材，其应用情况对比见表 1-2-6。

表 1-2-6　各种浆液选用参数表

	普通水泥浆	普通水泥—双快水泥浆	改性水玻璃—水泥浆	水溶性聚氨酯浆	环氧树脂浆
原材料	≥42.5 级水泥				
配比	$w/c=0.5\sim1.5$	普通水泥∶快硬水泥＝1∶0.5～1∶1.5 $w/c=0.6\sim0.8$			
适用情况	孔洞＞0.5 mm 的裂缝	孔洞＞0.5 mm 的裂缝	孔洞＞0.5 mm 的裂缝	流水急，＞0.1 mm 裂缝	≥0.1 mm 干裂缝

化学注浆方法可分为斜孔埋管注浆、骑缝钻孔注浆以及贴嘴注浆。

a. 斜孔埋管注浆(又称跨缝交叉钻孔注浆)

衬砌内斜孔埋管化学注浆的工艺流程为：裂缝清洗→钻孔→清孔及埋管→表面封缝→压风检查→浆液配制→注浆→封孔处理→待凝检查→表面处理。

(a)裂缝清洗：对缝面用高压水进行冲洗，直至清晰地露出裂缝为止。

(b)钻孔：在距缝中心 10～15 cm 两侧钻斜孔，孔径18 mm，孔距 40 cm，深浅孔交替布置。浅孔孔深 25～30 cm，倾角约 45°；深孔孔深 40～45 cm，倾角约 70°，如图 1-2-6 和图 1-2-7 所示。

(c)清孔及埋管：用高压水将孔清洗干净，每孔分上下两层埋设两根注浆管(用单向止浆逆压式注浆嘴时可不设双管)。管径均为 8 mm，埋至孔底 5 cm 的为主注浆管；埋入孔内 10 cm 左右的为排水排气回浆管。埋管材料应为速凝水泥砂浆。

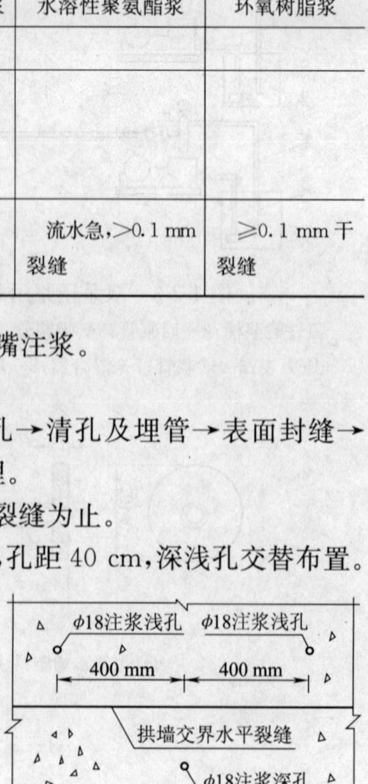

图 1-2-6　斜孔埋管注浆立面

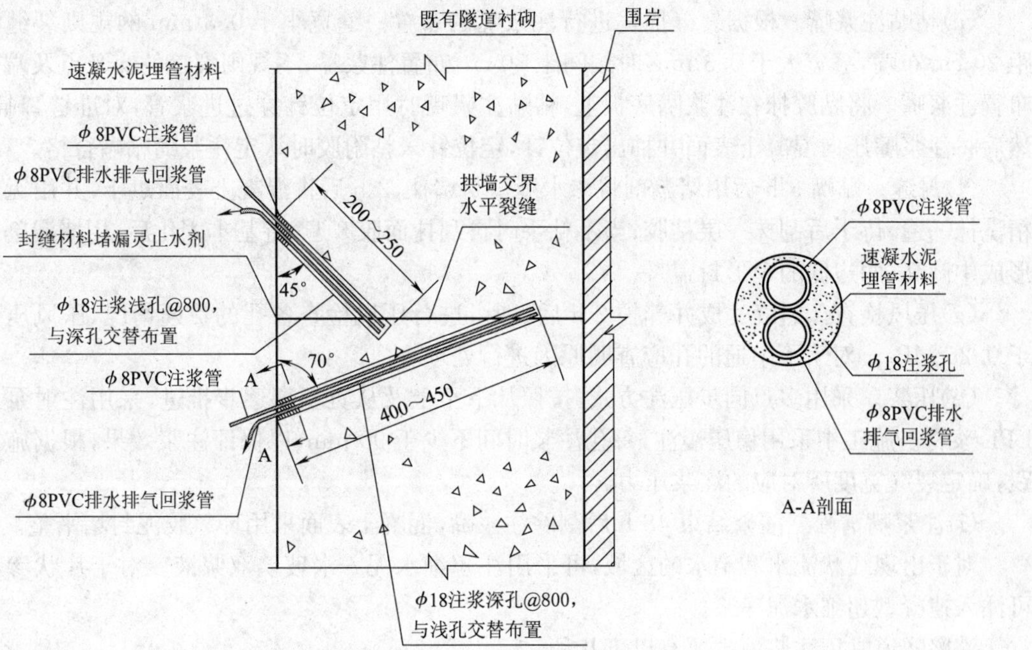

图 1-2-7　斜孔埋管孔注浆侧面(单位：mm)

(d)表面封缝：用玻璃丝布或堵漏灵止水剂进行封堵，应保证封堵密闭可靠。

(e)压风检查：待埋管材料有一定的强度后，在裂缝和管口处涂少量肥皂水，采用 0.2 MPa 的风压进行压风检查。若出现盲孔，应在附近补孔埋管。

(f)注浆：先注深孔，从下层进浆管开始注浆，待上层回浆管排出孔内水、气后，封闭回浆管。根据吸浆量情况逐步升至设计压力，当吸浆率小于 1 mL/min 时，保持压力延续30 min即可扎管待凝。4～5 h 后检查注浆效果，对管口不饱满者进行第二次注浆，直至饱满。对于垂直缝，注浆顺序为从底部向上部逐层注浆；对于纵向缝，从缝的一侧向另一侧逐排注浆。

在注浆过程中要加强对衬砌变形的动态观测，待注浆结束 1.5 h 后，用压水的方法并结合钻芯取样法进行质量检查。

b. 骑缝钻孔注浆

骑缝钻孔注浆是直接在衬砌裂缝处实施钻孔，埋设注浆管并注浆以封堵裂缝的方法。其基本工艺与斜孔埋管注浆相同。

c. 贴嘴注浆法及工艺流程

贴嘴注浆法工艺流程为：注浆嘴加工→打磨→冲洗→裂缝描述→粘贴或埋设注浆嘴→封缝→压风检查→灌浆→注浆嘴清除→质量检查。

(a)注浆嘴加工。在外径为 ϕ6 mm、长度大于 6 cm 的铜管一端焊上边长为 3～4 cm、厚度为 1.5 mm 左右的方形铁片，铁片中间开直径等于铜管外径的进浆孔，铁片边钻排列规则的小孔。

(b)打磨。用砂轮机沿裂缝的两边各打磨 20 cm 的宽度，清理表面，以保证粘贴及封缝效果。

(c)冲洗。这是贴嘴法施工最重要的工序，用高压水沿裂缝开口向两边冲洗，以保证缝口敞开无杂物。

(d)裂缝描述。用刻度放大镜测量裂缝宽度，并对裂缝走向及缝长进行描述，以调整注浆嘴间距以及灌浆压力。

(e)粘贴注浆嘴。根据裂缝描述进行注浆嘴的布置。缝宽小于 0.3 mm 的规则裂缝按间距 20 cm 布嘴，缝宽大于 0.3 mm 时按间距 30 cm 布置注浆嘴；不规则裂缝的交叉点及端头均布置注浆嘴。将粘胶抹在注浆嘴底板上，粘贴注浆嘴时用定位针穿过进浆管，对准缝口插上，然后将注浆嘴压向混凝土表面并抽出定位针，定位针未粘附胶时认定注浆嘴粘贴合格。

(f)封缝。贴嘴 3 h 后用堵漏剂将渗水缝口封堵住，2 h 后将混凝土表面烘干，并用无水酒精洗抹一遍，待干后刮抹一层粘胶；当不粘手时再刮抹面胶 3 遍：待基本固化后，用堵漏剂加固形成中间高、两边低的伞形封盖。

(g)压风检查。封缝完成并养护 2 h 后，即可进行压风检查各孔的贯通情况，压风压力小于 0.25 MPa。对于不串通的孔应查明原因进行处理。

(h)压浆。采用多点同步压注方式，按照从下至上及从宽至窄逐步推进，采用注射泵压注 LPL 浆材。施工中采用稳压慢注，每孔注浆时间不少于 90 min，以保证注浆效果，根据施工实践，确定裂缝宽度所对应的注浆压力。

(i)注浆嘴清除。灌浆结束 48 h 后割除注浆嘴，混凝土表面采用环氧胶泥封堵平整。

对于出现线状流水和滴水的区域，可采用注超细水泥—水玻璃双浆液。对于片状渗水还可注入速凝型超细水泥净浆。

铁路隧道常用注浆液主要有以下几种：

- 水泥基特种防水注浆液。具有超早强、可灌性好、自密实自流平、微膨胀的特点，还具有水中不离散和超轻质的特性。
- 丙烯酸盐浆液。是一种无毒的化学浆材，无环境污染，其性能已于水电站和地铁等混凝土工程防渗注浆、伸缩缝止水及裂隙补强中得到验证。
- 高强木素浆。在水中凝固后仍保持高强度，可用于整治含水地层的裂隙及衬砌裂缝漏水灌浆。
- 超细水泥浆。是颗粒极细的无机材料，其黏度、稳定性、结石强度均优于普通水泥浆，超细水泥浆的可灌性与化学浆液相近似，能灌入宽度大于 0.05 mm 的缝隙，结石强度高于化学注浆材料，且对地下水和环境不产生危害。超细水泥与普通水泥浆可注性对比见表 1-2-7。

表 1-2-7　超细水泥浆与普通水泥浆可注性对比表

	比表面积(cm^2/g)	最大粒径(μm)	可注性
普通水泥	3 000～3 200	90	K(渗透系数)$>5\times10^{-4}$ cm/s 的粗砂，裂隙宽度大于0.6 mm的缝隙
超细水泥	8 000～9 000	20	$K>10^{-3}\sim10^{-4}$ cm/s 的细砂，裂隙宽度大于 0.05 mm 的缝隙

- 高水速凝材料。是英国最早研究成功的新型水硬性凝胶材料，主要成分是硫铝酸盐，具有结石体含水率高、用料省、凝胶快、可泵性好、结石体强度高等优点。
- 硅粉水泥浆材。是将生产硅铁和工业硅过程中的副产品硅粉(主要成分为 SiO_2)，适量掺入在水泥浆中的一种浆液，可提高浆液结石体强度。
- 酸性水玻璃浆材。是一种无毒性、不污染环境、料源充足、造价低、施工方便的浆液材料，在我国北方碱性土质地区，尤其是在粉细砂加固工程中得到应用，但在南方酸性土质的注浆效果不明显。

另外纳米水泥防水材料已经在某些工程领域得到试验应用，实践证明它具有表面能很大、化学活性很高、高吸气体和高混合性的特点，油和水无法黏附在材料表面。在结构表面喷涂上纳米水泥防水材料，将会阻止气体或液体侵蚀物质的破坏。如用于对岩体裂隙注浆，可增强注浆材料的附着力、防腐防污染的能力。

地下铁道衬砌渗漏整治时可采用改性环氧树脂注浆材料、聚氨酯注浆材料以及高渗透性改性环氧树脂注浆材料。经广州地下铁道有关部门应用跟踪调查结果显示：聚氨酯注浆材料堵水注浆历时3年2个月失效，改性环氧树脂注浆材料堵水注浆历时5年6个月失效，高渗透性改性环氧树脂注浆材料堵水注浆13年未失效。可见对于水溶性聚氨酯注浆材料的长效性还要进一步改进。

目前国内地下铁道应用较多的环氧树脂浆材，品种主要有：

● 比利时 De Neef Conchem 公司生产的 Denepox40，干湿混凝土的粘接强度分别达到 6.0 N/mm^2 和 3.6 N/mm^2，抗压强度为 90 MPa，抗拉强度为 60 MPa。

● 德国 MC-Bauchemie 公司生产的 MC-DUR 1264KF，抗压强度 85 MPa，抗拉强度 35 MPa。

● 广州科化防水防腐补强有限公司生产的中化-798-Ⅲ高渗透改性环氧化学注浆材料(KH-3)，抗压强度可超过 90 MPa，抗拉强度超过 7 MPa。它同时还具有优异的耐老化、耐水和耐腐蚀性。其突出的特点有：具有超强的可渗透性，其浆液可注入 $K=10^6\sim10^8$ cm/s 的饱水低渗透性的地层中和宽度为 0.006 mm 的裂缝和直径为 1 μm 的孔隙中；具有超强的亲水和整体排水性，可以实现对具有动态水的裂缝的堵漏及加固。其注浆工艺(抽管注浆法)为：表面打毛→割缝→剔槽→抽管→嵌缝→抹面→注浆，即将缝切割成宽 4～5 cm、深 5～6 cm 的槽，然后剔成V形或U形，采用 ϕ14 mmPVC 胶管作模，双快水泥或其他快凝水泥压管封缝，进行抽管作业，最后留出引水注浆管，抹面完成后要养护3～4天才能进行注浆。首先用注浆泵向引水管压水，然后再压注化学注浆材料。待浆液固化后，割掉预埋引水管，再用双快水泥封闭。这里抽管指将软管紧贴槽端的底部，用防水速凝材料封堵在软管上面，用工具将其压实、抹平，待防水速凝材料初凝后抽出一段软管，引出槽内渗漏水，边封边抽，直至抽空整条沟槽；抽管后预留的凹槽深度应≥30 mm，抽管方向一般由高到低，以能引出槽内渗漏水为原则；在空槽两段(端)各预埋一根注浆管(嘴)，一根用于注浆，另外一根用于排水。如果漏水较大时可在其中间增设预埋软管，起到分流减压作用。

当地下铁道的盾构隧道衬砌管片或管片接缝出现湿渍，但无可见裂缝时，在加强人工通风的条件下湿渍可消失时，一般不用处理；当出现大面积湿渍，在加强人工通风的条件下也不消失的，可以用无机水性高渗透密封剂涂刷封闭处理。当管片或管片接缝出现渗水或水珠时，可以采用骑缝钻孔注浆法处理。当管片接缝出现漏水现象时，可以采用抽管注浆法处理。螺栓孔渗漏水可以采用注入环氧注浆液的注浆法处理，其工艺流程近似于斜孔埋管注浆，只是注浆孔钻至螺栓孔即可。如果渗漏水现象为漏水时可采用高渗透性改性环氧注浆材料处理。穿墙管和孔洞的渗漏水，可按渗漏现象分别采用高性能的防水材料进行堵塞或抽管注浆方法处理。

(4)塑料防水板防水

塑料防水板防水宜用于经常受水压、侵蚀性介质或受振动作用的地下工程的复合式衬砌的初期支护和二次衬砌之间。

塑料防水板可选用乙烯—醋酸乙烯共聚物、乙烯—沥青共混聚合物、聚氯乙烯、高密度聚乙烯类或其他性能相近的材料，具体规格应符合有关标准和要求，尤其应具有良好的耐刺穿性、耐久性、耐水性、耐腐蚀性、耐菌性。

铺设塑料防水板前应先铺缓冲层，缓冲层应采用暗钉圈固定在基面上。铺设时，宜由拱顶向两侧展铺，下部防水板应压住上部防水板，并应边铺边用压焊机将塑料板与暗钉圈焊接牢靠，不得有漏焊、假焊和焊穿现象。两幅塑料防水板的搭接宽度不应小于 100 mm。搭接缝应为热熔双焊缝，每条焊缝的有效宽度不应小于10 mm。图 1-2-8 为暗钉圈固定缓冲层。

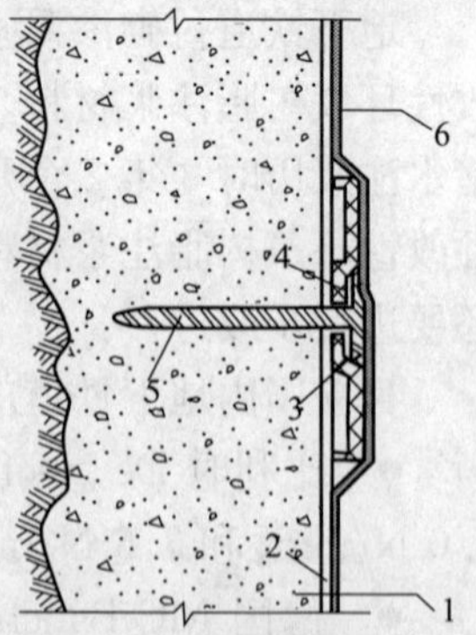

图 1-2-8　暗钉圈固定缓冲层

1—初期支护；2—缓冲层；3—热塑性暗钉圈；4—金属垫圈；5—射钉；6—塑料防水板

(5)其他防水层

除此之外，目前广泛使用的防水层还有卷材防水层、水泥砂浆防水层、涂料防水层等。按其粘贴方式又可分为内贴式和外贴式等。

卷材防水层宜用于经常处在地下水环境，且受侵蚀性介质作用或受振动作用的地下工程混凝土结构的迎水面。主要有高聚物改性沥青类防水卷材和高分子类防水卷材，前者要用热熔法施工，后者可用冷粘法或者焊接法施工。

防水砂浆应包括聚合物水泥防水砂浆、掺外加剂或掺合料的防水砂浆，可用于地下工程主体结构的迎水面或背水面，不应用于受持续振动或温度高于 80 ℃的地下工程防水。聚合物水泥防水砂浆厚度单层施工宜为 6～8 mm，双层施工宜为 10～12 mm；掺外加剂或掺合料的水泥防水砂浆厚度宜为 18～20 mm。水泥砂浆防水层应分层铺抹或喷射，铺抹时应压实、抹平，最后一层表面应提浆压光。

涂料防水层应包括无机防水涂料和有机防水涂料。无机防水涂料可选用掺外加剂、掺合料的水泥基防水涂料、水泥基渗透结晶型防水涂料。有机防水涂料可选用反应型、水乳型、聚合物水泥等涂料。无机防水涂料宜用于结构主体的背水面，有机防水涂料宜用于地下工程主体结构的迎水面，用于背水面的有机防水涂料应具有较高的抗渗性，且与基层有较好的黏结性。防水涂料应分层刷涂或喷涂，涂层应均匀，不得漏刷漏涂；接槎宽度不应小于 100 mm。

另外还有喷涂 M1500 水泥密封剂防水层以及采用“优止水”(U-Seal)高效防水剂进行衬砌表面处理，并采用 UP2000 结构修补剂进行修补，或采用 ADEX 混凝土结构修补防护体系。

(6)施工缝、变形缝防水

对于隧道衬砌施工缝、变形缝防水的处理，则应根据缝的结构特征、不同的防水等级选用不同的防水措施，防水等级越高，拟采用的措施越多。一方面是为了解决施工缝、变形缝渗漏率高的问题，另一方面是防止施工缝、变形缝因结构变形而出现防水能力退化，保证工程整体的防水质量。

目前施工缝多为平口式，防水措施一般采用中埋式止水带、外贴式止水带、防水密封材料、遇水膨胀橡胶止水条、预埋注浆管等，防水效果较好。L 形施工缝、企口式施工缝，在一定程度上也可达到防水的目的，L 形施工缝适用于水压不高、衬砌厚度小于 40 cm 地段[图 1-2-9(a)]；企口式施工缝适用于水压不高、衬砌厚度不小于 40 cm 地段[图 1-2-9(b)]，但其施工不适应当前衬砌施作的现状。

一般来说，一级防水隧道的施工缝应选三道以上防水措施，且必须包含中埋式止水带和预埋注浆管；二级防水的隧道结合水文地质条件、环境条件，施工缝应选用包括中埋式止水带的两种防水措施；为保障施工缝防水效果，当地下水发育时，还宜增设预埋注浆管提供可维护条件；三级防水的隧道施工缝可选用一种防水措施。如果地下水发育或环境要求高时，还应增设一道其他防水措施。

一级防水隧道施工缝的防水构造形式见图 1-2-10。

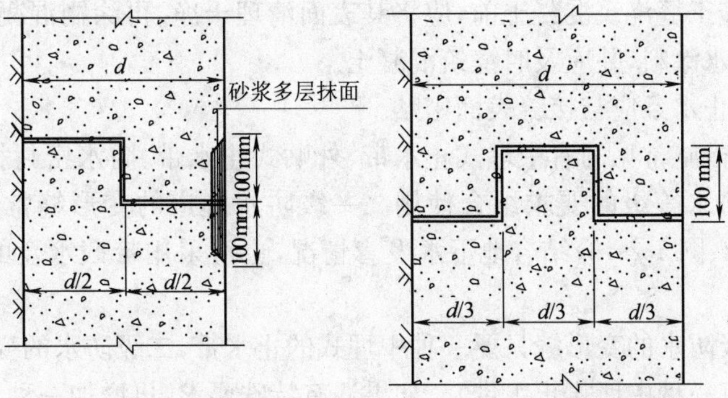

（a）L形施工缝　（b）企口式施工缝

图 1-2-9　防水构造形式

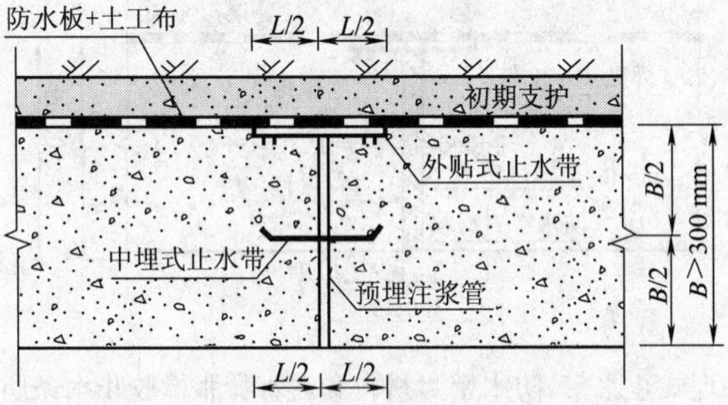

（a）中埋式止水带、预埋注浆管、外贴式止水带防水构造形式

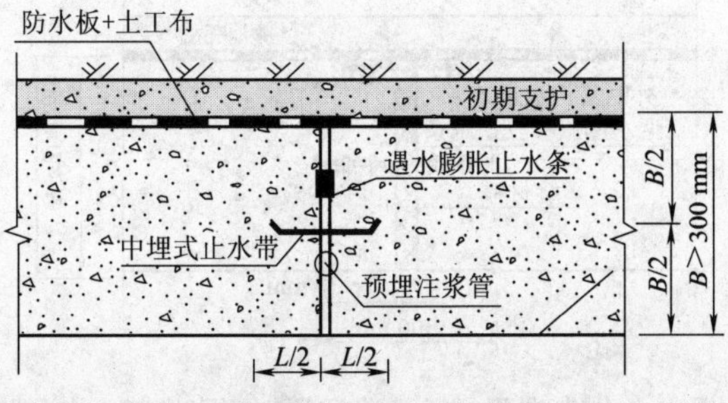

（b）中埋式止水带、预埋注浆管、遇水膨胀橡胶止水条防水构造形式

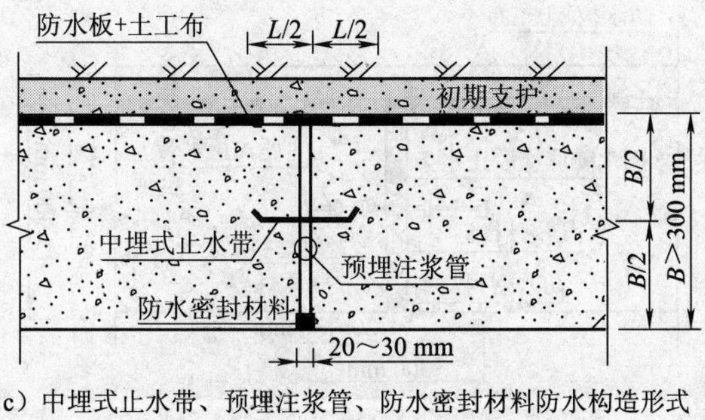

（c）中埋式止水带、预埋注浆管、防水密封材料防水构造形式

图 1-2-10　防水构造形式

水平施工缝浇筑混凝土前，应将其表面浮浆和杂物清除，然后铺设净浆或涂刷混凝土界面处理剂、水泥基渗透结晶型防水涂料等材料，再铺 30～50 mm 厚的 1 ∶ 1 水泥砂浆，并应及时浇筑混凝土；垂直施工缝浇筑混凝土前，应将其表面清理干净，再涂刷混凝土界面处理剂或水泥基渗透结晶型防水涂料，并应及时浇筑混凝土。

遇水膨胀橡胶止水条应与接缝表面密贴。

变形缝的防水措施常见的有中埋式止水带、外贴式止水带、防水密封材料、遇水膨胀橡胶止水条等，应根据防水等级的要求组合使用。一级防水隧道的变形缝常见防水构造形式见图 1-2-11、图 1-2-12、图 1-2-13；结合地下水发育情况，也可采用带截水盒的防水构造形式，如图 1-2-14所示。

一般来讲，三级防水的变形缝只要一种中埋式的止水带，二级防水的变形缝可以有两种防水材料(其中必须有一种中埋式止水带)。如果遇有特殊要求，再增加一种。

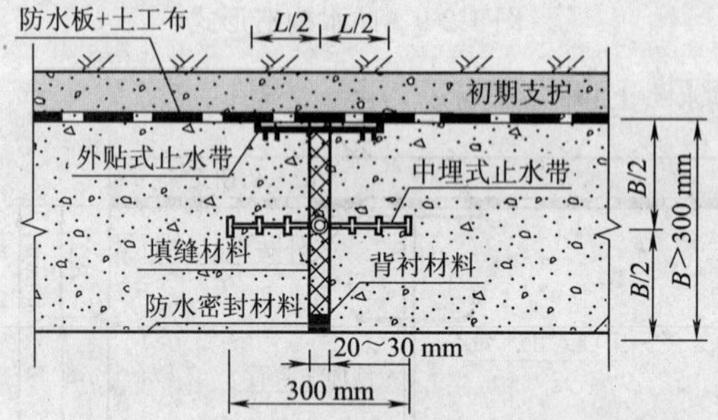

图 1-2-11　中埋式止水带、防水密封材料和遇水膨胀橡胶止水条防水构造形式

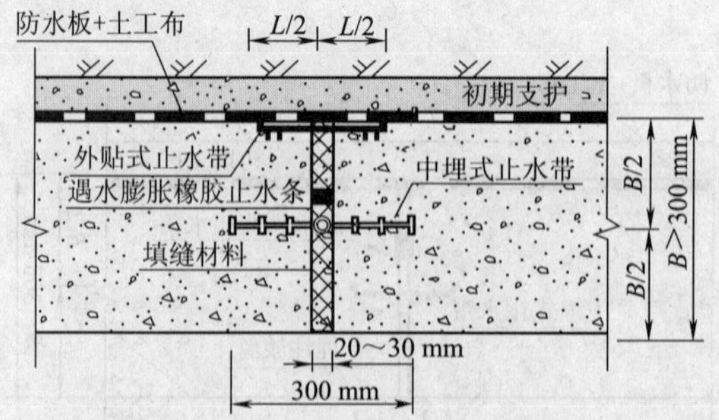

图 1-2-12　中埋式止水带、外贴式止水带和遇水膨胀橡胶止水条防水构造形式

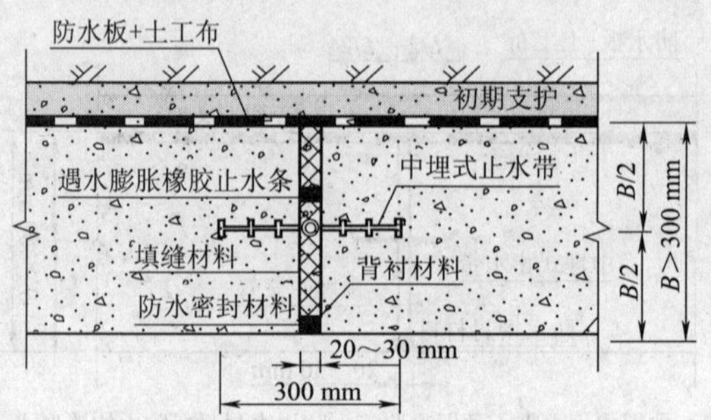

图 1-2-13　中埋式止水带、外贴式止水带和防水密封材料防水构造形式

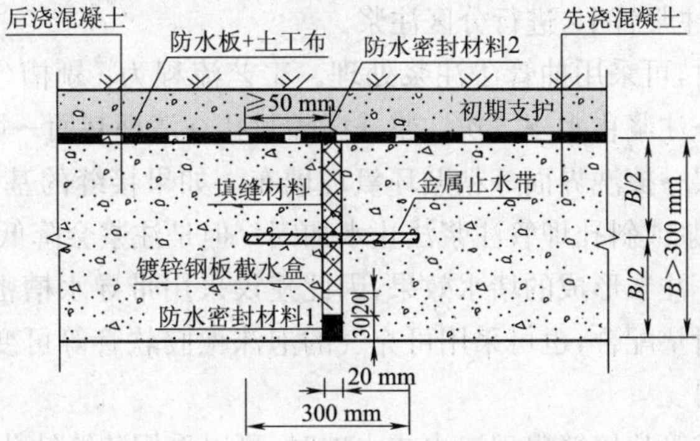

图 1-2-14　带截水盒的变形缝构造形式

(7)防止隧道洞顶地表水的下渗

隧道防水体系中应重视防止洞顶地表水的下渗。洞口段往往是浅埋段,防水不利因素很多,在条件适宜时可采用下列措施进行地表处理,防止地表水下渗:

①洞顶地表为洼地、漏斗等时,可开沟疏导、填平积水洼地,保证地表径流通畅,必要时可根据地形地质条件及水量等,增设泄水洞引排。

②地表有坑穴、地质勘探钻孔等时,应用不透水材料处理填堵,并分层夯实封闭。

③洞顶有流水沟槽时,宜根据沟槽的状况予以整治,确保水流畅通,必要时可对沟床铺砌。

④洞顶有水池或有河流、水塘、水库等时,应设防渗漏措施,对溢水进行疏导。

⑤岩层风化严重、岩体松散破碎,地下水位较高或有涌水风险时,可从地表向地层中注浆进行加固处理。

(8)隧道防水系统维护措施

当衬砌施工缝发生渗漏时,可用斜孔埋管注浆或贴嘴注浆处理,也可借用日本的 3SI 法(见本项目知识拓展)。对于设计施工时已采用了可维护性的防水系统,可通过对防水系统预埋的注浆设施,在二次衬砌漏水时进行注浆,实现对防水系统的维护。

①对采用了可重复注浆管的隧道衬砌接缝防水系统的维护措施

二次衬砌的施工缝发生渗漏时,可通过已预埋的可重复注浆管进行注浆堵漏。工艺如下:

(a)在隧道渗漏水处,仔细核对注浆管的安装图纸,找到现场标记,从接线盒中找到注浆管和出浆管。

(b)进行浆液配置及测定。

(c)将注浆嘴接到注浆管,并封闭出浆管端,注浆直至观察到有浆液从接缝中渗出或注浆达到一定的量即可停止。

(d)注浆结束后,立即打开出浆管,并对注浆管用高压水进行冲洗,直至看到清水从出浆管端流出为止。

(e)观察是否仍有渗漏水。若有,需重复以上步骤。

②对隧道内应用分区防水技术地段的维护措施

衬砌发生渗漏时,若在隧道设计施工时采用了分区防水技术的防水板,可通过二次衬砌内侧的注浆软管进行注浆堵漏,工艺如下:

(a)核对注浆嘴的布置,结合渗漏水的位置,确定注浆范围。

(b)进行浆液配置,做好注浆的准备工作。

(c)将注浆嘴接到注浆管上,进行分区注浆。

当变形缝渗漏水时,可采用抽管法注浆处理。工艺流程为:剔槽(一般槽宽 2～3 cm、深 5～6 cm)→抽管封槽→注浆止水→二次注浆→凿嘴封孔→清理基面→填嵌柔性密封材料→抹快凝微膨胀水泥砂浆层→擦洗界面→粘贴环氧玻璃布。如果接缝的基面未出现大面积开裂、疏松时,可采用骑缝注浆或斜孔埋管注浆法止水加固。但是注浆会降低变形缝的变形能力,而变形缝工作时又会破坏注浆形成的堵水效果,因此建议采用带导水槽密封垫或者是可注浆的增强软管与槽齿形密封垫配合,也可采用可充气的泡沫橡胶软管等可变形的堵水材料作为变形缝渗漏水的整治材料。

当盾构衬砌管片或管片接缝出现渗水或水珠时,可以采用骑缝钻孔注浆法处理。

3. 隧道渗漏的引排

隧道内排水主要是利用沟、管、槽及钻孔等排除地下水以及渗漏进入隧道的水。如在衬砌背后设置纵向、横向和竖向排水暗槽、盲沟、集水钻孔,将地下水导入隧道内两侧或中心设置的排水沟把水引出洞外。对于颗粒易流失的围岩,要采取筛管等措施,防止排水产生沉降危害。

(1)查找渗漏点

对于明显渗漏点,出水大,肉眼好观察易查找,但也应凿除表皮 3～5 cm 找到真正渗漏点。对于不明显的出水点,应将其表面清洗干净,用干水泥粉末撒在潮湿面上,即可发现渗水点。找到表层渗水点后,作好标记。

(2)隧道引排水方法

水量和水压均较小的一般渗漏水可采用注浆、喷(抹)涂防水层、嵌填防水材料等措施堵水。

对水压高、水量大的集中出水,如果直接封堵困难且封堵后可能影响隧道的安全和稳定时,应修建排水设施进行泄压和引排。引排方法主要可分为水沟引排、水管引排、泄水洞引排,如图 1-2-15 所示。

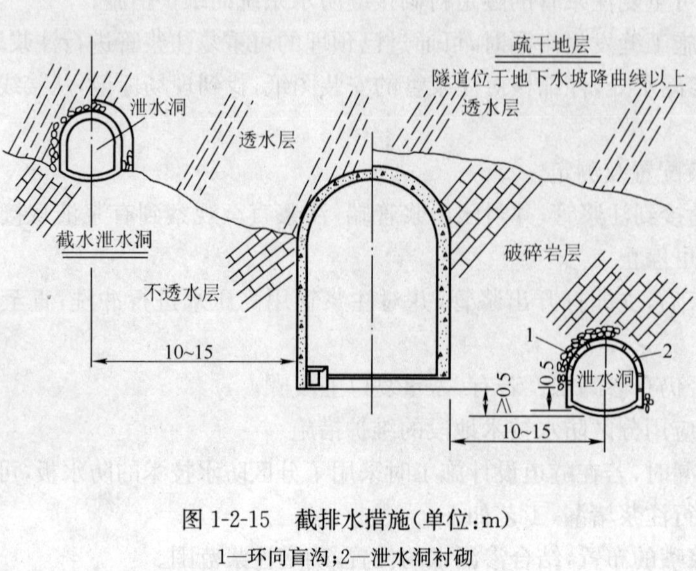

图 1-2-15　截排水措施(单位:m)

1—环向盲沟;2—泄水洞衬砌

①变形缝的漏水凿槽埋管引排

(a)沿变形缝剔槽，清除缝内原来的填充材料，清除深度 5～10 cm；

(b)用冲击钻在槽内钻孔，孔深 25～30 cm，间距 15～20 cm；

(c)用钢刷将槽内浮尘扫除干净；

(d)孔内插入注浆嘴，在缝内填充遇水膨胀腻子，厚度 2～3 cm，之后填入 2 cm 厚的环氧砂浆；

(e)待砂浆强度达到要求后，注入环氧树脂，对原止水带周围不密实混凝土进行加固和充填；

(f)注浆完成后，切断注浆管，在凹槽内嵌入 $\phi 30$ 弹簧排水盲管，盲管两端伸入两侧水沟内；

(g)在盲管外侧抹 2 cm 防水腻子，再抹 3 cm 厚的防水砂浆，砂浆表面与混凝土表面平齐；

(h)最后用防水砂浆抹面。

②增设与改建排水设备

(a)增设侧沟

如隧道原来为单侧水沟，可增设侧沟同时加深边墙，如图 1-2-16 所示。目前密井暗管在实际应用中效果不错，所以也可以增设密井全封式暗管，如图 1-2-17 所示。为使基岩裂隙水顺利排入双侧水沟内，应设碎石渗水隔离层，如图 1-2-18 所示。

(b)增设中心排水沟

单线隧道可增设较深的中心沟，如图 1-2-19 所示。沟槽周围的反滤层及其渗水性土壤应按设计断面分层回填。道砟层可填至横向扣轨梁底部，不足部分待拆除横向扣轨梁时再补充。

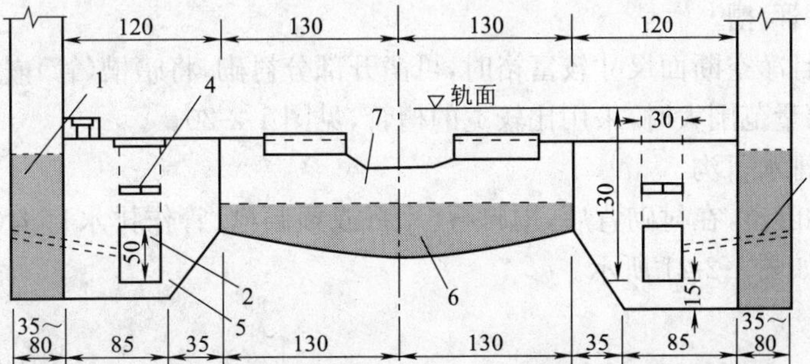

图 1-2-16　增设侧沟并加深边墙横断面图(单位：cm)

1—加深边墙；2—箱式侧沟；3—渗水孔；4—侧沟壁横撑；
5—C15 抗酸、抗渗混凝土；6—C30 抗酸、抗渗混凝土；7—C30 普通混凝土

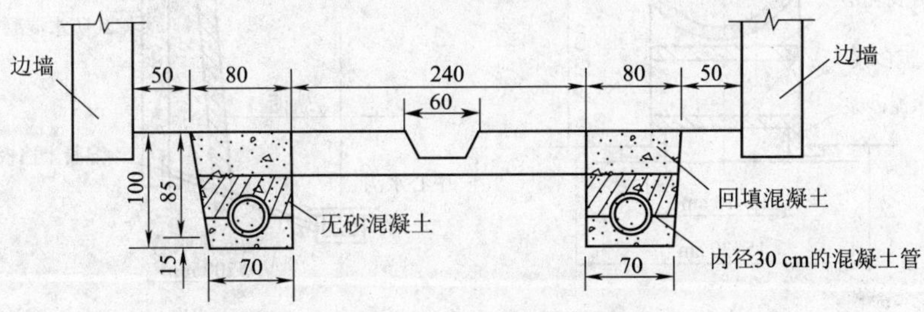

图 1-2-17　增设密井全封式暗管图(单位：cm)

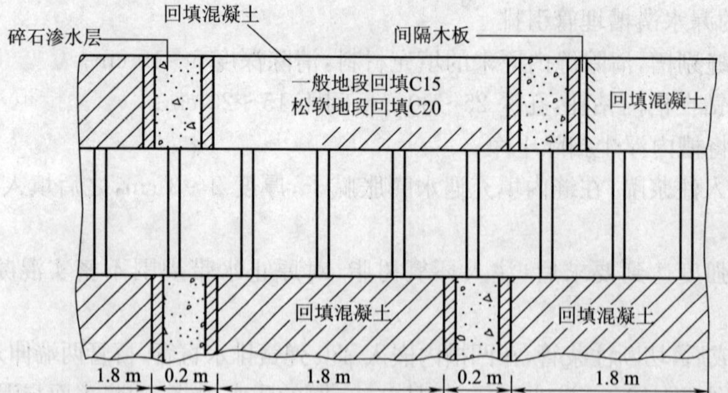

图 1-2-18 碎石隔离层位置图

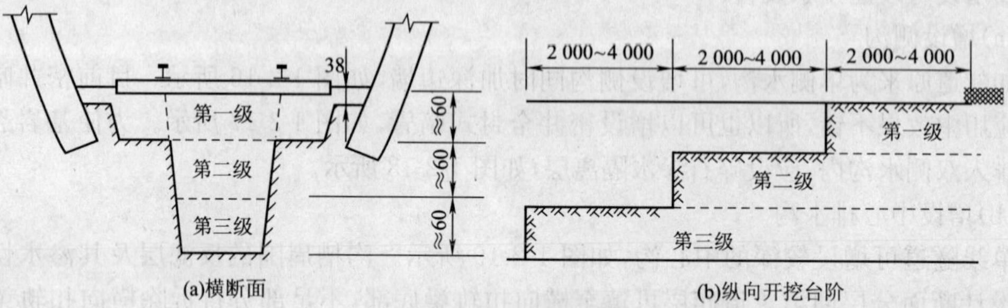

图 1-2-19 中心沟开挖断面图(单位:cm)

(c)增设排水(管)槽

当水量较大,且净空断面尺寸较富裕时,可凿开部分衬砌,将暗槽(管)嵌入衬砌内,引至排水沟排出。当漏水量范围大时,采用比较宽的槽管,见图 1-2-20。

(d)增设竖向排水盲沟

对严寒地区的隧道,在衬砌背后,用碎石、片石或预制槽、管作排水盲沟(管),将水经盲沟引至排水沟排出,如图 1-2-21 所示。

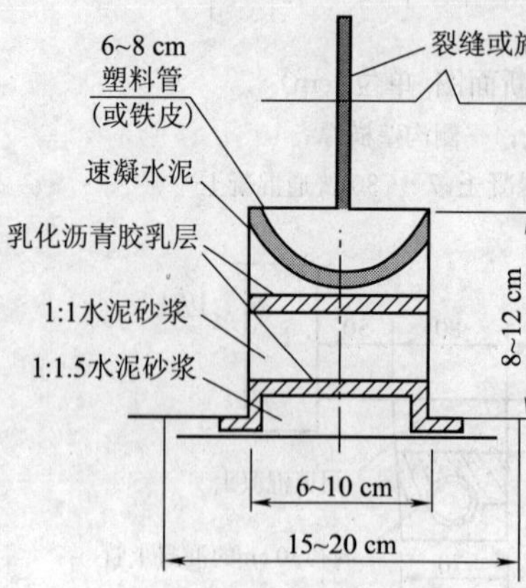

图 1-2-20 暗槽排水

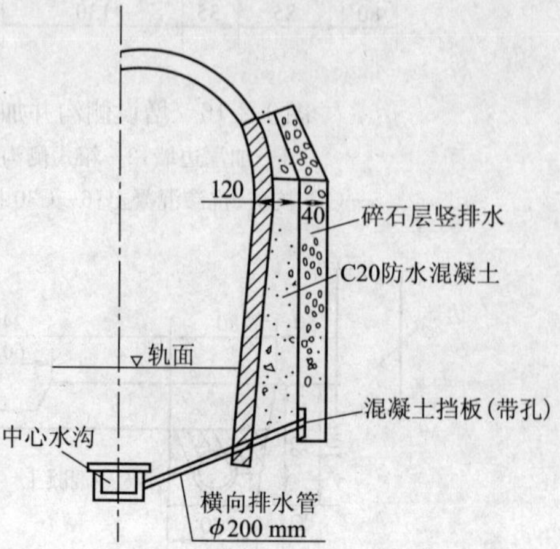

图 1-2-21 增设竖向排水盲沟(单位:cm)

③隧道排水系统维护方法及采取可维护性强的排水系统

我国在隧道运营养护中并不十分注重排水系统的维护工作，往往由于对排水系统的清理不及时或清理效果不好而堵塞水沟及泄水孔，使衬砌背后水压增高，加重隧道水害。国内外经验表明，注重对运营隧道排水系统的维护对于防治隧道水害十分重要。排水系统维护主要采用以下四种方法。

(a)高压水射洗清洗法

所谓高压水射洗就是将自来水通过高压泵加压至10～20 MPa(保证喷嘴处水压达到15 MPa)，通过特殊的喷嘴(孔径为1～2 mm)以200～500 m/s的高速度将水喷出，清洗排水沟管中的沉淀附着物至检查井(沉淀井)中[每隔一定距离设置一个检查井(不超过100 m)]，再通过高压冲洗吸出检查井中的污物。这种方法成本低、效果好、速度快且环保，但要进行试验射水压力以确保不损伤结构。

(b)气压脉冲清洗法

所谓的气压脉冲清洗，就是以水和空气为介质，在高压下形成气水混合高速射流，对沟管内的沉淀附着物进行冲洗震荡，逐步将附着物剥落并快速冲击到检查井中，再由检查井清理掉。它同样具有快速、高效、环保可靠等优点。

(c)用硬度稳定剂进行排水系统维护

所谓的硬度稳定剂就是一种绿色或低污染的聚酰胺和聚碳酸等化学物质，将其分散到水中后可防止水中的碳酸钙沉积堵塞。硬度稳定剂于1993年首次在瑞士使用。

(d)采用可维护性的防水系统

在地下排水量大的隧道中可以采用可维护性的排水系统。它主要是由无纺布、防排水板、盲管系统组成。纵横盲管之间由二、三、四通等接头连接，保证管内通畅，便于清理维护，一般在隧道沿纵向每100 m左右设一检查井以便检查维护盲管并清理污物，检查井可用玻璃钢材料制成，可在检查井处用高压水及气压脉冲等方法维护盲沟系统。

4. 隧道堵水措施

隧道排水结构应限量排水，以防造成生态环境破坏。可采用压注堵漏浆材方法进行堵水，降低地下水渗透能力，减少隧道出水量。目前应用较多的堵漏浆材有双快水泥浆和堵漏王浆液等，注浆堵水方法主要有围岩注浆、全断面注浆、裂隙注浆等，向衬砌背面压浆时应防止因压浆而堵塞衬砌背后的排水设施。

5. 隧道截水措施

截水就是截断流向隧道的水源，或尽可能使流量减少，从而使隧道围岩的水得不到及时补充，达到疏干围岩中的地下水，根治水害的目的。

(1)地表截水

地表截水的主要措施有：

①对洞顶的积水洼地宜开沟疏导引流；

②对洞顶以上的漏水要作强防渗处理；

③对施工及地质勘测留下的钻孔、孔洞、探穴要做好排水处理或封填；

④对有较大径流的地表宜作截水沟或回填，无明径流但造成隧道漏水的地表应采取封闭措施(换填、注浆等)。

(2)地下截水

当隧道衬砌周围地下水有明显集中的来水通路，导致地下水流很大时，可采取地下水截水设施截断水源。主要办法有：设置泄水洞截水、钻孔截水、拦截暗河截水、防渗帷幕截水。

知识拓展

1. 铁路隧道衬砌安全等级评定

《铁路运营隧道衬砌安全等级评定暂行规定》(铁运函〔2004〕174 号)给出了铁路运营隧道衬砌安全等级评定标准,见表 1-拓-1、表 1-拓-2、表 1-拓-3 和表 1-拓-4。

表 1-拓-1 隧道衬砌厚度及混凝土强度缺陷的量化指标

缺陷项目	缺陷等级	1	2	3	4
	严重程度	轻微	较严重	严重	极严重
衬砌厚度不足	$1>h_1/h\geqslant 0.90$	L_c 不限	—	—	—
	$0.90>h_1/h\geqslant 0.75$	$L_c<5$	$L_c\geqslant 5$	—	—
	$0.75>h_1/h\geqslant 0.60$	—	$L_c<5$	$L_c\geqslant 5$	—
	$h_1/h<0.60$	—	—	$L_c<5$	$L_c\geqslant 5$
衬砌混凝土强度不足	$1>q_1/q\geqslant 0.85$	L_q 不限	—	—	—
	$0.85>q_1/q\geqslant 0.75$	$L_q<5$	$L_q\geqslant 5$	—	—
	$0.75>q_1/q\geqslant 0.65$	—	$L_q<5$	—$L_q\geqslant 5$	—
	$q_1/q<0.65$	—	—	$L_q<5$	$L_q\geqslant 5$

注:1. 检测衬砌厚度当相邻测线三条及以上均连续不足时,其缺陷等级应提高等一级。

2. 检测断面衬砌混凝土的最低强度当低于平均值的 0.85 时,其缺陷等级应提高一级。

3. 表中数据用于双线及多线铁路隧道时,应适当修正测线连续长度。

4. 表中的 h_1、h 分别为衬砌实测厚度与设计厚度;L_c 为衬砌厚度不足地段的连续测线长(m);q_1、q 分别为衬砌混凝土实测平均强度与设计强度;L_q 为衬砌混凝土强度不足地段的连续测线长(m)。

表 1-拓-2 隧道衬砌背后有空洞或回填不密实、基底不密实的量化指标

缺陷项目	缺陷等级 / 各类测线连续长度(m)	1	2	3	4
		轻微	较严重	严重	极严重
衬砌背后有空洞	有空洞	$kL_c\leqslant 1$	$1<kL_c\leqslant 3$	$3<kL_c\leqslant 5$	$kL_c>5$
回填不密实	不密实	$sL_c\leqslant 3$	$3<sL_c\leqslant 9$	$9<sL_c\leqslant 15$	$sL_c>15$
基底不密实	不密实	$dL_c\leqslant 3$	$3<dL_c\leqslant 9$	$9<dL_c\leqslant 15$	$dL_c>15$

注:1. 衬砌背后未回填深度及直径大于 10 cm,即属于有空洞。

2. 衬砌背后有空洞或回填不密实,当位于拱脚以上 1 m 范围内时,其缺陷等级应提高一级。

3. 表中数据用于双线及多线铁路隧道时,应适当修正测线连续长度。

4. 表中的 kL_c、sL_c、dL_c 分别表示衬砌背后有空洞、回填不密实、基底不密实地段的连续测线长(m)。

表 1-拓-3 隧道衬砌病害的量化指标

序号	病害等级 / 病害项目	1	2	3	4
		轻微	较严重	严重	极严重
1	衬砌漏水	拱部有季节性滴水、边墙有季节性淌水	拱部有滴水、边墙有淌水	拱部滴水呈线、边墙淌水流泥、隧底涌水、结冰侵限	拱部漏水直击接触网,影响正常运营

续上表

序号	病害等级 / 病害项目	1 轻微	2 较严重	3 严重	4 极严重
2	衬砌裂纹	衬砌有收缩裂纹或环向裂纹	裂纹多于三条、有交叉；裂纹长度小于 5 m、宽度小于 3 mm	裂纹呈网状、有剥落掉块可能；裂纹长度 5～10 m，宽度 3～5 mm；裂纹错位长度小于 5 m、宽度小于 3 mm	裂纹呈网状、有剥落掉块；裂纹长度大于 10 m、宽度大于 5 mm；裂纹错位长度大于 5 m、宽度大于 3 mm
3	衬砌位移或变形（以速度 v 计）	—	v<3 mm/年	3 mm/年⩽v⩽10 mm/年	v>10 mm/年
4	净空不足	—	侵入隧道建筑限界	侵入直线建筑接近限界	侵入超级超限货物装载限界
5	衬砌压溃或剥落	衬砌有局部风化剥落	拱部压溃范围小于 1 m^2，剥落掉块厚度小于 30 mm	拱部压溃范围大于 1 m^2、小于 3 m^2，剥落掉块厚度 30～50 mm	拱部压溃范围大于 3 m^2，剥落掉块厚度大于衬砌设计厚度的 1/4
6	衬砌腐蚀	—	衬砌腐蚀厚度小于设计厚度的 1/5	衬砌腐蚀厚度大于设计厚度的 1/5，小于或等于 2/5	衬砌腐蚀厚度大于设计厚度的 2/5
7	整体道床破损	整体道床有局部轻微裂损	整体道床变形、错牙、下沉小于 3 mm	整体道床变形、错牙、下沉 3～5 mm，可能影响轨道稳定	整体道床变形、错牙、下沉大于 5 mm，已影响轨道稳定
8	仰拱或底板残损	连续长度小于或等于 1 m	连续长度大于 1 m、等于或小于 3 m	连续长度大于 3 m、等于或小于 5 m	连续长度大于 5 m
9	基床软化、翻浆	基床局部软化、翻浆	基床软化、翻浆，轨道几何尺寸变化较小	基床软化、翻浆较严重、轨道几何尺寸变化较大	基床软化、翻浆严重，轨道何尺寸变化异常

注：1. 衬砌裂纹均指尚在发展中的裂纹。当裂纹已稳定时，其病害程度应降低一级；当裂纹发展较快时，其病害程度应提高一级。

2. 衬砌裂纹呈密集状态、平行裂纹多于三条或出现大量环向非施工缝裂纹时，其病害程度应提高一级。衬砌裂纹如以斜向受力裂纹为主，其病害等级应提高一级。

3. 发现衬砌有位移或变形时，应用净空位移计量测其发展速度。当衬砌位移或变形发展趋势呈加速趋势时，其病害等级应提高一级。衬砌位移或变形速度 v 的量值，是基于直边墙无仰拱的衬砌结构，当为曲边墙有仰拱衬砌结构时，其病害等级应提高一级。

4. 在仰拱或底板裂损病害项目中，其裂损连续长度值是基于底板结构，当为仰拱结构时，其病害等级应提高一级。

5. 因滑坡或其他原因增加外力引起的衬砌裂纹、变形或轨道中线位移，其病害量化指标应另行确定。

表 1-拓-4　隧道衬砌安全等级评定标准

项目 \ 安全等级	D	C	B			A1			AA		
	完好	轻微	较严重			严重			极严重		
衬砌病害等级	无病害	1	2	2	2	3	3	3	4	4	4
衬砌缺陷等级	无缺陷	1	2	1	1* 3* 4*	3	2	1* 2* 4*	4	3	1* 2* 3*
围岩级别				Ⅳ～Ⅵ			Ⅳ～Ⅵ			Ⅳ～Ⅵ	
地下水状况				发育			发育			发育	
对行车安全的影响		对行车安全无影响	病害有发展;对行车安全尚未产生影响			病害发展较快,存在危及行车安全可能			病害已危及行车安全		

注:表中当衬砌缺陷等级为注有“*”者的等级时,该段衬砌安全等级应通过综合判释确定。

铁路隧道衬砌安全等级的评定应按下列步骤进行:

(1)详细研究分析所搜集的隧道修建、运营资料,衬砌病害调查与观测资料,衬砌状态检测资料;

(2)对照隧道衬砌缺陷的量化指标(表 1-拓-1、表 1-拓-2)及衬砌病害的量化指标(表 1-拓-3),分段评定隧道衬砌缺陷及隧道衬砌病害等级;

(3)依据分段评定的衬砌病害及衬砌缺陷等级,结合隧道工程地质、水文地质及对行车安全的影响情况,按评定标准(表 1-拓-4)综合评定该段隧道衬砌的安全等级;

(4)一座隧道衬砌的安全等级,应在分段评定的基础上,按各段中病害最严重地段的安全等级确定。

2. 地下铁道防渗漏的新技术

(1)电渗透防渗技术

电渗透防渗技术系统是通过低压电流将毛细管(孔)中的水分子进行电离子化,促使水流向湿的一侧移动。系统电流强度只需要几个安培,将正极(软金属线)埋设在干燥一侧结构面下 3 cm(不会接触混凝土中的钢筋)处,负极安装在潮湿的一边。

电渗透防渗除湿技术已经应用在伦敦的 Walthamstow 中央地铁站(2000 年),解决了公交站与地铁车站之间地下通道的严重渗水问题。香港地铁中环站机场线地下快线通道 2005 年也应用了该技术,解决了长期困扰的渗漏问题。广州地铁在 6 号线东湖站做过试验段(2010 年),目的是为了解决区间隧道及车站的渗水和潮湿问题。郑州市地下高压电缆隧道(2007 年)、云南省高速公路——藤蔑山隧道(2010 年),2011 年大连港海之韵广场综合管廊防渗工程等都成为电渗技术成功的实例。

(2)喷膜防水堵漏技术

瞬凝型丙烯酸盐水泥喷膜材料是在丙烯酸盐注浆液基础上开发的,在日、美、加、德、英、瑞士等国均有良好应用。该技术除有亲水性、凝固时间可控的优点外,还因浆液中有消除毒性的拮抗剂,特别是具有增加膨胀性能的成分,可以用高压无气喷涂设备喷涂在围岩或混凝土基面防水、堵漏很有效。

丙烯酸盐材料具有较好的伸缩性,含有大量的钙和镁,与混凝土材质相近,相互间具有较好的亲和力，能够在冷冻或干湿交替多次后不破坏，通过加入添加剂及变换引发体系，改变了丙稀酸盐聚合后的聚集态，得到了一种固化后具有高弹、高韧以及较高黏结力的丙烯酸盐水泥喷膜材料。图1-拓-1为施工工艺简图。

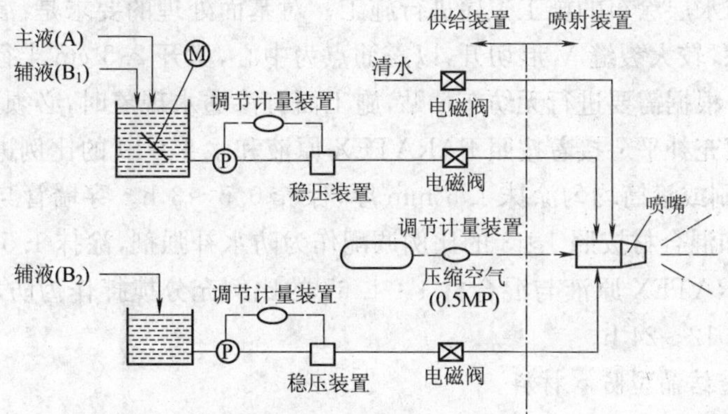

图1-拓-1 瞬凝型丙烯酸盐水泥喷膜防水工艺与设备简图

(3)钻小孔注浆整治衬砌管片接缝渗漏水

盾构隧道管片漏水是难以整治的问题。香港与西欧的一些城市地铁尝试在管片接缝近处钻小孔并对管片背后注浆止水，取得了安全、节约及有效的堵漏效果。如图1-拓-2所示，对于完好的管片，钻孔位置应距离管片端100 mm以上，以避免端部受损(若管片已存裂缝，则应避让)。注浆完成后，再向注浆孔内注水，使浆液能够与水充分反应和固化，然后，拔出注浆嘴，用快凝砂浆封填。有时，未开始反应的浆液会在大的渗漏处冒出来，这时需用木塞或麻絮封堵渗漏处或用快凝水泥封缝。

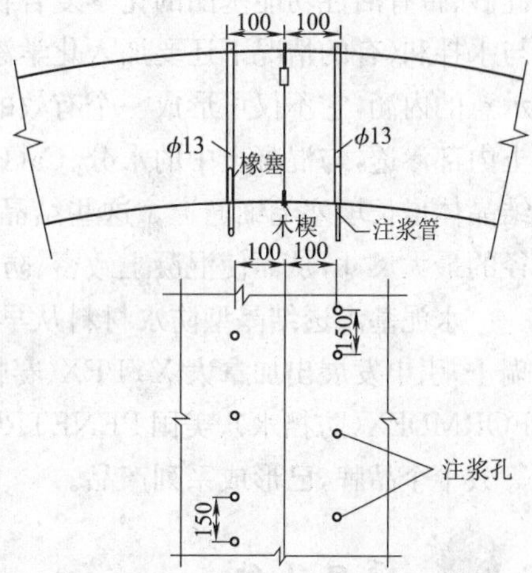

图1-拓-2 钻小孔注浆整治衬砌管片接缝漏水示意图(单位:mm)

3. 自闭型聚合物水泥防水涂料

自闭型聚合物水泥防水涂料的代表产品是日本的PARATEX防水涂料，它由原液和混合材组成，原液的主要成分是特殊变性乙烯酢酸树脂系列共同合成的树脂，为乳状胶，混合材主要是由高铝水泥迁移金属组成。之所以称之为自闭型，是由于将该防水材料涂于开裂的混凝土衬砌结构上时，该防水材料在水的作用下，经物理和化学反应产生体积膨胀使裂缝自行封闭，如图1-拓-3所示。首先，渗入的水被涂膜吸收，裂缝附近的防水涂膜使进水通道变窄，抑制了水的侵入。接着，涂膜在树脂中的活性胶凝剂作用下形成碳酸钙的吸附、固化和堆积，堵塞进水通道，从而使裂缝自行封闭。

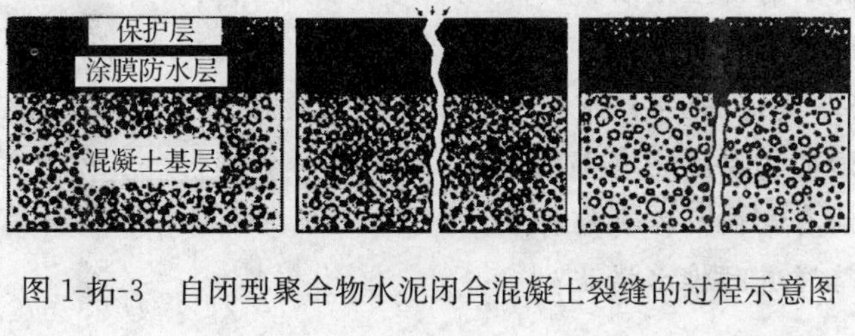

图1-拓-3 自闭型聚合物水泥闭合混凝土裂缝的过程示意图

PARATEX防水材料可根据不同的防水要求调整原液和混合材的配比，比例不同，其延伸率、硬度、黏结力不同。混合材比例越低，柔韧性越好，延伸率越大，反之，混合材比例越高，硬度越高，延伸率降低。其中适合于地下结构防水治理的是B-1工法，按基面处理→渗透剂涂布→防水补强→防水层涂布的施工工序进行施工。对基面处理的要求是：混凝土浮浆及钢筋体不良处必须铲除，较大裂缝V形切开，以露筋点为中心，凿开2.5 cm半径的槽，切除钢筋，施工缝及边际部分根据需要进行无纺布粘贴，施工面有渗透水现象时，必须采取止水处理，并用树脂砂浆进行填充补平。接着按照PARATEX原液和水1∶19的比例进行混合充分搅拌作为渗透剂，用毛刷或滚筒均匀涂抹1.5 mm厚，保养0.5～3 h。穿墙管与墙面阴角部位用PARATEX原液和混合材按照1∶3的比例调配作为防水补强剂，涂抹1.5 mm厚，保养6～12 h。最后按PARATEX原液与混合材1∶1.67的比例充分搅拌作为防水层，用泥刀涂抹1.5 mm厚层，保养12～24 h。

4. 水泥基渗透结晶型防水材料

水泥基渗透结晶型防水材料的简写为(CCCW)，这种材料系由普通硅酸盐水泥、石英砂或硅砂、带有活性功能基团的化学复合物组成。它以粉状形式供应用户。大多数的应用是仅仅与水拌和(有的情况下还要加入化学添加剂)，调配成可以涂刷或喷涂的浆料。正如它的名称示意的内涵，它不仅可形成一个有效的防水涂层，而且其原本含有的活性化学复合物可向混凝土内部渗透，与混凝土中的水分、$Ca(OH)_2$产生化学反应，形成不溶的结晶体复合物，进而靠结晶体增长填塞毛细通道。这些结晶体，通常可以增长到0.4 mm——即大于混凝土毛细管径的最大尺寸，从而使混凝土致密、防水。

水泥基渗透结晶型防水材料从早期(1940年)的德国VANDEX(稳挡水)品牌(现转售到瑞士)引申发展出加拿大XYPEX(赛帕斯)、加拿大PERMQUIK、加拿大KRYSTOL、新加坡FORMDEX(防挡水)、美国PENETRON、法国DIPSEC、澳大利亚CRYSTAL、日本PANDEX等数十个品牌，已形成系列产品。

项目小结

本项目主要学习隧道渗漏水的类型及其对隧道的影响与危害，要求掌握隧道防水标准，及水害对隧道影响程度的评定；掌握隧道防排水方法及隧道水害整治措施及特点。

复习思考题

1. 隧道渗漏水分为哪几种类型？
2. 隧道内的渗漏水对隧道有哪些影响和危害？
3. 隧道内注浆防水有哪些方法？
4. 隧道“三缝”防水有哪些方法？
5. 铁路隧道、公路隧道、地下铁道的防排水原则主要区别是什么？
6. 隧道水害防治的主要措施有哪些？
7. 隧道排水方法有哪些？各有何特点？
8. 如何维护铁路隧道防排水措施？

9. 隧道水害的治理与其他病害的治理有什么关系？应该怎样处理？

10. 地下铁道的盾构隧道防水的重点有哪些？怎样整治？

11. 对比分析铁路隧道、公路隧道、地下铁道防水的要求，其中客运专线高速铁路隧道的防水要求是什么？

12. 在治理隧道水害方面有哪些新材料、新工艺、新技术？贯穿其中的理念是什么？

13. 铁路隧道的衬砌安全等级评价是怎样进行的？它与隧道劣化等级划分是什么关系？

14. 结合本项目图1-2-1，从隧道的防排水系统来分析，怎样理解“综合治理”？

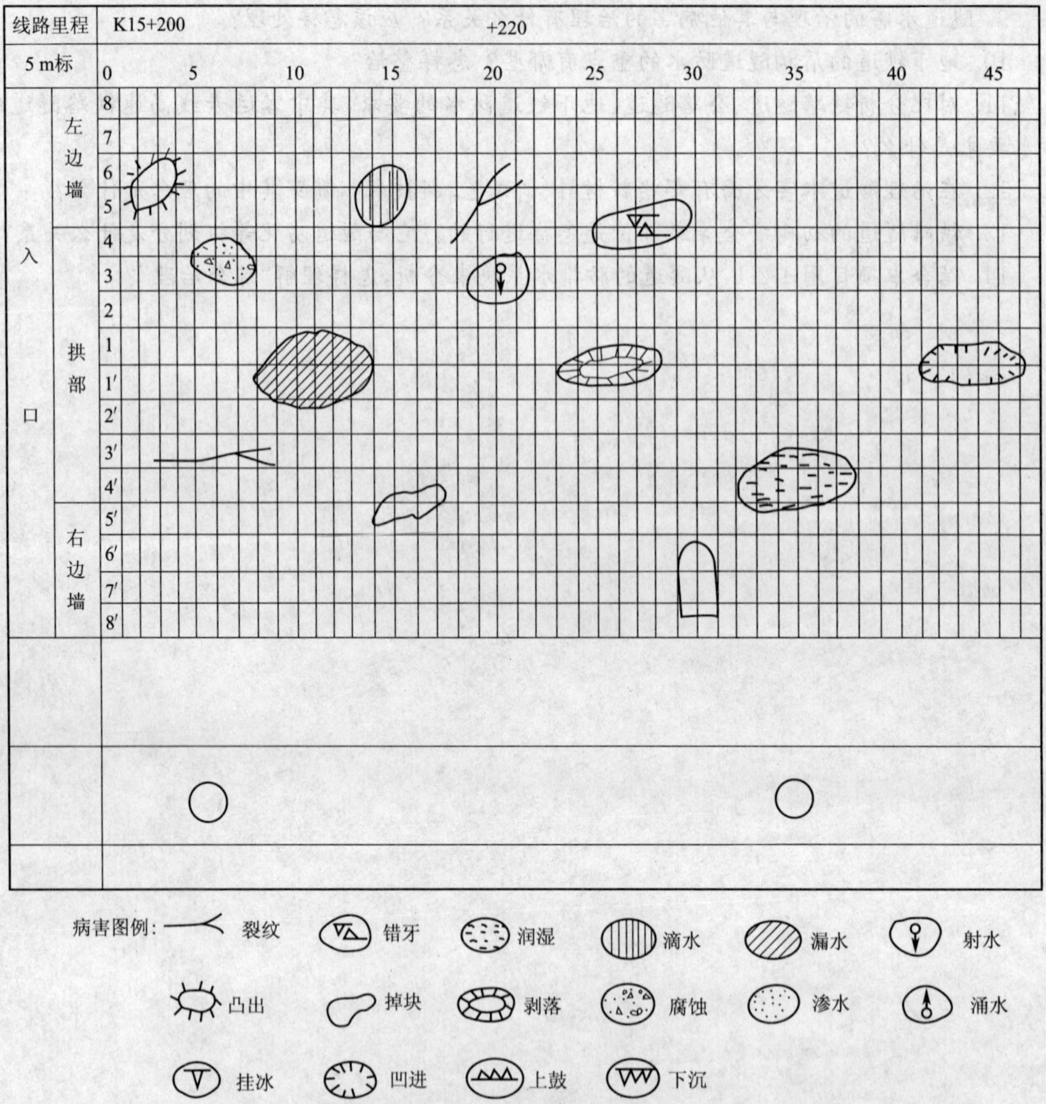

附录　隧道衬砌展开图及其病害描述

项目 2　隧道冻害、衬砌腐蚀及其整治

项目描述

隧道冻害及衬砌腐蚀是与地下水有关的两种病害。隧道冻害多发生在严寒地区或寒冷地区的洞口段。隧道衬砌腐蚀是指腐蚀性地下水长期渗漏接触衬砌，破坏了衬砌混凝土的结构，造成结构强度明显降低、松散或膨胀，严重影响隧道使用。本项目主要讲述隧道冻害、衬砌腐蚀产生的原因，冻害和衬砌腐蚀现象观测、评定以及防治措施。

拟实现的教学目标

1. 能力目标

(1)能够对隧道冻害和衬砌腐蚀等情况进行观测、检测；

(2)能够确定隧道冻害、衬砌腐蚀类型并分析其原因；

(3)能够进行隧道冻害、衬砌腐蚀防治措施选择并组织施工。

2. 知识目标

(1)掌握隧道冻害和衬砌腐蚀的基本知识；

(2)掌握隧道冻害和衬砌腐蚀的类型和原因；

(3)掌握隧道防冻措施和整治衬砌腐蚀方法；

(4)掌握隧道冻害、衬砌腐蚀防治措施和施工工艺。

3. 素质目标

(1)培养学生良好的职业道德和吃苦耐劳的优良品质；

(2)培养学生分析问题、解决问题、积极思考、勇于创新的能力；

(3)培养学生的业务能力。

相关案例：隧道衬砌冻害及腐蚀

1. 白河至和龙铁路隧道冻害观测与分析

白河至和龙铁路是沈阳铁路局在东北东部严寒山区建设的一条集长隧道、高桥、高路堤、深路堑为一体的山区铁路。该工程于 2006 年 4 月 28 日开工建设，2008 年 12 月 20 日开通运营。该段线路全长 103.269 km，新建隧道 7 座，隧道延长 18.42 km，其中南山隧道全长

7.566 km。隧道内设双侧保温排水沟，采用双层盖板新型聚氨酯泡沫保温；保温水沟在高程高的洞口端设 400 m 长、高程低的洞口端设 450 m 长，洞外用暗管(内径不小于 50 cm 混凝土圆管)排水，出水口保温。隧道二次衬砌背后设置纵向、环向排水盲沟，盲沟采用透水式软管盲沟；拱墙施工缝处采用外贴止水带和遇水膨胀止水条复合防水措施；拱墙变形缝采用中埋式止水带与遇水膨胀胶条、嵌缝材料复合防水构造。

运营头 2 年间，荒沟等 4 座隧道无冻害，但南山隧道、青山里隧道及松月 1 号隧道均有冻害。2009 年 1 月南山隧道进口(即高程高的一端)冻结 1 900 m(含 400 m 的保温水沟段)，少量施工缝漏水，当年采取了加强保温措施；2010 年 2 月高程高洞口端冻结长度 600 m(含 400 m的保温水沟段)，少量施工缝渗漏。2009 年 1 月青山里隧道出口(即高程低的一端)保温水沟冻结长度 30 m，2010 年 1～2 月冻结长度逐渐发展至 140 m。2010 年 1～2 月松月 1 号隧道出口(即高程低的)端保温水沟冻结长度 80 m。

保温排水沟是根据铁路有关规范设计的，其长度和埋置深度均符合设计标准，理论上讲不应出现冻害，而且荒沟隧道与南山隧道紧连，荒沟隧道无冻害，南山隧道土层冻结深度浅、高程低，却发生严重冻害。青山里隧道和松月 1 号隧道与南山隧道走向相同，防寒结构也相同，南山隧道低洞口端无冻害，青山里隧道和松月 1 号隧道却在低洞口端发生冻害。荒沟隧道、南山隧道、青山里隧道、松月 1 号隧道位置如图 2-0-1 所示。

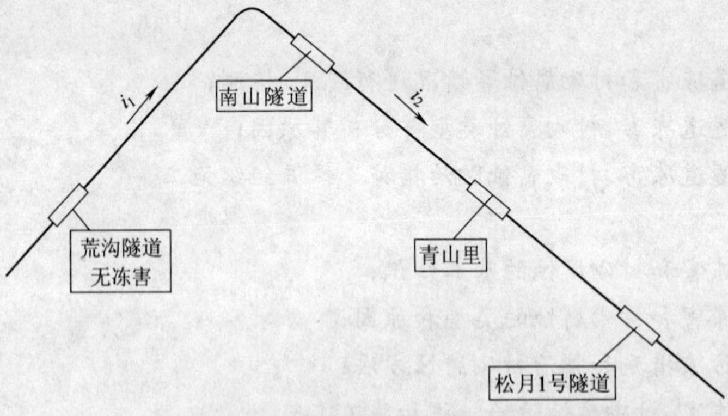

图 2-0-1　荒沟、南山、青山里、松月 1 号隧道位置示意

经过近两年的观测和分析，这些隧道冻害的形成过程见图 2-0-2。

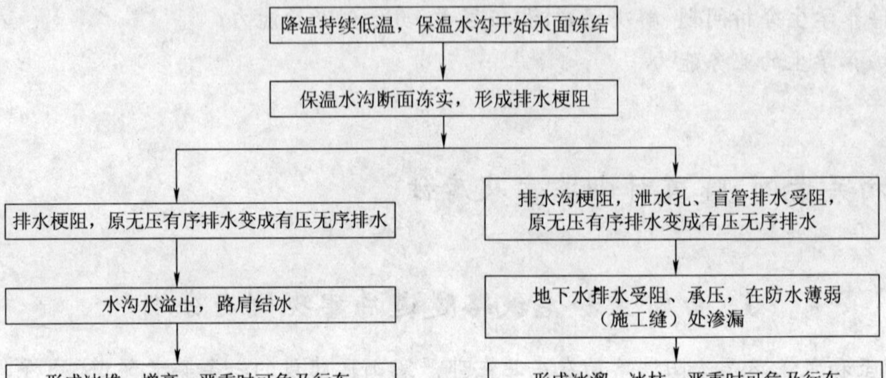

图 2-0-2　冻害形成过程

有关单位对发生冻害的三座隧道的洞口及洞内温度进行了观测，发现其保温水沟的冻害机理为：

南山隧道进口段 500 m 范围内，寒冷月平均温度低于 −15 ℃，应采取中心深埋排水沟形式，而实际采用的是保温水沟的形式，有可能发生冻害。2009 年冬，寒冷月 12 月主导风向与南山隧道走向垂直，不易形成持续低温，而 2010 年冬，寒冷月 1～3 月连续 3 个月主导风向与隧道几乎平行，持续时间长，且线路坡度为 9.5‰下坡，进口端对流频繁，降温快，易形成持续低温，虽当年加强了保温措施，但仍形成冻害。

荒沟隧道 2009 年冬，寒冷月 12 月主导风向与隧道走向平行，但持续时间短，且线路坡度为 3.5‰上坡，不易形成持续低温，而 2010 年冬，寒冷月 1～3 月连续 3 个月主导风向与隧道走向垂直，持续时间长，不易形成持续低温，不易形成冻害。

青山里隧道、松月 1 号隧道 2010 年 1～3 月在低洞口端发生冻害，经检查分析，原因为洞口至洞外保暖水沟检查井间排水沟保温措施不足，冻结后，致使洞内排水梗阻，水溢出排水沟发生冻害。

隧道施工缝渗漏水均发生在 2009 年、2010 年冬季 1～3 月，其他时间无渗漏现象，其原因是：

(1)两侧排水沟冻死后，排水沟梗阻，泄水孔、盲管排水受阻，原无压、有序排水变成有压、无序排水。地下水排水受阻、承压，在防水薄弱(施工缝)处渗漏，持续低温而结冰。

(2)拱顶未实施二次衬砌回填注浆，因此在拱顶附近存在施工空洞，富水时形成水囊，进而形成渗漏。

2. 百家岭隧道衬砌腐蚀及其整治

百家岭隧道位于成昆铁路北段，全长 2 046 m，所通过的地层为海相泥质白云岩和白云质泥灰岩地层，中部为石膏层，隧道下方为硬石膏地层。硬石膏地层段地下水中 SO_4^{2-} 浓度一般为 500～2 126 mg/L，最高达 2 333 mg/L。在 K196＋687 处隧道边墙混凝土及 47 号避车洞边墙混凝土因长期受腐蚀而呈渣状，用手即可抓下捏碎。在对该隧道病害的进一步检查中发现，因误用石膏及硬石膏作为混凝土的粗骨料，造成严重的混凝土侵蚀，整体道床、水沟、人行道断裂，线路呈现上拱或下沉。最严重地段在枕木下需垫加 90 mm 厚的垫板，才能维持线路的平顺，需用拉杆固定钢轨维持轨距。经分析，硬石膏的体积膨胀率高达 62.6%，膨胀应力可达 0.3 MPa；SO_4^{2-} 和混凝土中的相关成分可发生化学反应，其生成物体积可增加两倍多，产生了更为巨大的内部膨胀压力，造成混凝土开裂、破碎，强度降低。

为了保证隧道正常运营，所采取的防治措施有：以防止地下水为主，加深道床两侧排水沟，顺利排出地下水；导引墙后地下水，采取措施减少地下水渗入隧道中的水量。采用高质量的骨料和抗硫酸盐水泥，施工时加强振捣以提高混凝土的密实性，增强其抗渗能力，进而提高混凝土抗腐蚀能力。

通过以上两个案例可知，对于隧道冻害，要进行环境调查，摸清气温变化规律以及地下水与隧道结构的关系，是否有水害的产生等，采取“治冻先治水”的原则，再采取有效的保温隔热措施，创造性地做好永久措施；对于隧道衬砌结构腐蚀病害，首先要探明原因，引排地下水，并积极采用新材料、新工艺，提高衬砌结构的密实性以及防腐性能。

典型工作任务 2.1 隧道冻害及其整治

2.1.1 工作任务

通过对隧道冻害及其有关知识的学习，能够承担以下工作任务：

(1)能够对隧道冻害情况进行有效地检查并分析其类型和原因；

(2)能够选择适当的整治方法并组织进行隧道冻害的整治。

2.1.2 相关配套知识

隧道冻害主要表现为隧道内水流和围岩积水冻结，引起隧道拱部挂冰、边墙结冰、洞内挂冰、围岩冻胀、衬砌胀裂、隧底冰椎、水沟冰塞、线路冻起等，导致衬砌冻胀开裂，甚至疏松剥落，造成隧道衬砌结构失稳破坏，降低衬砌结构的安全可靠性。

1. 冻土及其对隧道工程的影响

寒冷地区指 1 年中最冷月平均气温为－5～－15 ℃的地区；严寒地区指 1 年中最冷月平均气温低于－15 ℃的地区。按照冻土地区分布，现有的铁路、公路隧道相当一部分处于冻土地区。随着交通事业的进一步发展，在寒冷地区特别是西部地区修建的隧道不断增多，隧道冻害问题会随之增多，例如已经建成通车的青藏铁路格尔木至拉萨段有多座隧道在高原多年冻土区，青藏公路也有类似情况。

温度等于或低于摄氏零度且含有冰的各类土为冻土。我国根据冻结时间、冻结状态等分类依据，将冻土分成表 2-1-1 所示的多种类型。

表 2-1-1 冻土分类

<table>
<tr><th>分类依据</th><th colspan="2">冻土名称</th><th>分类标准</th><th>备注</th></tr>
<tr><td rowspan="5">保存时间 T(年)</td><td rowspan="2">多年冻土</td><td>高纬度多年冻土</td><td rowspan="2">$T \geqslant 2$ 年</td><td rowspan="10">1. 盐渍度是指单位体积冻土中含易溶盐的质量与冻土骨架质量的比值，用百分数表示。
2. 泥炭化程度是指单位体积冻土中含植物残渣和泥炭的质量与冻土骨架质量的比值，用百分数表示</td></tr>
<tr><td>高海拔多年冻土</td></tr>
<tr><td colspan="2">隔年冻土</td><td>2 年 $>T>$ 1 年</td></tr>
<tr><td rowspan="2">季节冻土</td><td>季节冻积层</td><td rowspan="2">$T<1$ 年</td></tr>
<tr><td>季节融化层</td></tr>
<tr><td>含冰特征</td><td colspan="2">少冰冻土、多冰冻土、富冰冻土、饱冰冻土、含土冰层</td><td></td></tr>
<tr><td>冰层厚度(cm)</td><td colspan="2">纯冰层</td><td>冰层厚度 >2.5</td></tr>
<tr><td>盐渍度 ζ(%)</td><td colspan="2">盐渍化冻土</td><td>含细粒土砂 >0.10；粉土 >0.15；粉质黏土 >0.20；黏土 >0.25</td></tr>
<tr><td>泥炭化程度 ξ(%)</td><td colspan="2">泥炭化冻土</td><td>粗颗粒土 >3；黏性土 >5</td></tr>
<tr><td>体积压缩系数 m_v (MPa^{-1})或总含水率 w(%)</td><td colspan="2">坚硬冻土
塑性冻土
松散冻土</td><td>$m_v \leqslant 0.01$
$m_v > 0.01$
$w \leqslant 3$</td></tr>
</table>

多年来国内外在多年冻土地区修筑铁路有成功的经验，也有失败的教训，但都在不同程度上推动了人们对冻土问题的研究，加深了人们对冻土性质的认识。

2. 隧道常见的冻害类型

隧道位于季节冷冻环境中，衬砌周围冬季冻结、夏季融化范围的围岩，沿衬砌周围的最大冻结深度连成的圈叫季节冻结圈。修建在多年冻土中的隧道，衬砌周围夏季融化的范围称为融化圈。

较长的隧道，隧道进出口端会各有一段形成冻结圈，称为季节冻结段。中部的一段，不会形成季节冻结圈，成为不冻结段。隧道两端冻结段长度不一定相等。隧道的冻害有以下几种。

(1)拱部挂冰、边墙结冰

隧道漏水冻结，在拱部形成挂冰，不断增长变粗；在边墙形成冰柱，多条相近的冰柱连成冰侧墙，如不及时将挂冰及冰侧墙清除，挂冰、冰柱和冰侧墙就会侵入限界，对行车安全造成严重威胁。

(2)围岩冻胀、衬砌胀裂破坏

Ⅳ～Ⅵ级围岩的风化破碎、裂隙发育的Ⅲ级围岩，在隧道冻结圈范围内含水率达到起始冻胀含水率以上(表2-1-2)，并具有水分迁移和聚冰作用时，围岩会产生强烈的冻胀，衬砌变形裂损，由此引起隧道限界变小、洞门墙和翼墙前倾裂损、洞口仰拱坍塌等结构破坏。

表2-1-2 各类土的起始冻胀含水率

土的类别	黏土、砂黏土		砂黏土		粉砂细砂	中砂、粗砂、砾砂、卵石、砾石	
	一般的	粉质的	一般的	粉质的		一般的	含粉黏粒
起始冻胀含水率(%)	18～25	15～20	13～18	11～15	10～15	5～8	5～15

①隧道拱部衬砌发生变形与开裂

拱部受冻害影响，拱顶下沉内层开裂，严重时有错牙发生，拱脚变形移动。消融时又有所回复，产生残余裂缝，经过多次冻胀—消融交替，衬砌发生变形、开裂，严重危及结构安全。

②隧道边墙变形严重

边墙背后排水不畅，积水成冰，产生冻胀压力，造成拱脚不动，墙顶内移，有的是墙顶不动，墙腰内鼓，也有墙顶内移致使边墙断裂。

③隧道内线路冻害

线路结构下部排水措施不当，在地下水丰富地区，水沟及线路一起在冬季产生冻结，道床隆起；当春季消融时，又会引发道床翻浆冒泥、水沟结构断裂破坏，使排水更加困难，水大量渗入线路又加大了线路冻害范围和程度。

④衬砌材料冻融破坏

隧道混凝土结构的强度等级较低时，其抗渗性差，在地下水压较大时水会渗入混凝土内部，这样在冬季混凝土结构内会结冰产生冻胀，经多年冻融循环使强度降低，结构变酥，造成冻融破坏。除此之外，因洞口段岩体冻胀给衬砌传递较大的压力而致使衬砌发生纵向开裂和环向开裂。

⑤隧底冻胀和融沉

对多年冻土隧道，隧底季节融化圈内围岩产生冻胀，底部没有排水设备时，则每年会出现冻胀—融沉交替，无铺底的隧道很难维持正常状态，有时铺底和仰拱也发生隆起或下沉开裂进而影响线路。

(3)衬砌发生冰楔

①硬质围岩衬砌背后积水冻胀，产生冰冻压力(称为冰劈作用)，传递给衬砌，经缓慢发展，常年积累冰冻压力像往衬砌背后打入楔子似的，使衬砌发生破碎、断裂、掉块等现象。

②衬砌的工作缝和变形缝充水冻胀，经多次冻融循环，使裂缝不断扩大，引起衬砌开裂、疏松、剥落等病害。

(4)洞内接触网线挂冰

隧道渗漏滴水落在铁路电力牵引区段的接触网和电力、通信线上结冰，如不及时清除，会坠断接触网线，使接触网短路、放电、跳闸，中断通信、信号，危及行车和人身安全。

(5)隧底冰椎、水沟冰塞

隧道渗漏水在线路上产生丘状冰椎，埋深不足或防冻措施不好的排水沟中的水流冻结冻实，产生水沟冰塞和冰漫型冰椎，造成水沟衬砌的冻胀破损，或者使线路冻胀而起伏不平，甚至冰椎逐步覆盖整个轨道，对行车安全造成巨大威胁。

(6)冻害对隧道的影响

冻害对隧道的影响见表 2-1-3，冻害对隧道劣化等级的评定分为四级，其中 A 级又分为 AA、A1 级。高速铁路隧道的冻害对隧道劣化等级分为二级，见表 2-1-3。

表 2-1-3 隧道冻害对隧道劣化等级评定

类型等级		普速铁路隧道状态	高速铁路隧道状态
A	AA	①冻溜、冰柱、冰椎等不断发展，侵入限界，危及行车安全； ②接触网及电力、通信、信号的架线上挂冰，危及行车安全和洞内作业人员安全； ③道床结冰(丘状冰椎)，覆盖轨面，严重影响行车	冰楔和围岩冰胀的反复作用使衬砌变形、开裂并构成纵横交错的裂缝
	A1	冰楔和围岩冰胀的反复作用使衬砌变形、开裂并构成纵横交错的裂缝	①冻害致使洞内排水设备破坏； ②冻融使道床翻浆冒泥、轨道几何状态恶化； ③冻害造成衬砌变形、开裂，但未形成纵横交错裂缝
B		①冻害致使洞内排水设备破坏； ②冻融使道床翻浆冒泥、轨道几何尺寸恶化； ③冻害造成衬砌变形、开裂，但裂缝未形成纵横交错	—
C		冻融使线路的养护周期缩短	—

注：不同等级危害对隧道结构功能及列车安全影响以及应该采取的措施参考项目 1 中的知识拓展。

3. 隧道冻害整治

要整治隧道冻害，就要分析隧道冻害产生的原因，采取针对性的措施。首先应该考虑完善隧道的防排水设施，如采用深埋水沟、增设水沟保温措施，其次考虑设置隧道保温帘幕，最后要加强结构防冻能力，也可考虑采用隔热措施或土壤融冰措施。

隧道冻害产生的因素主要是由于有地下水的存在及其渗漏冻结，所以治理隧道冻害要牢记“治冻先治水”的原则，采取一切措施阻止地下水渗漏进入隧道和防止冻结。

(1)完善隧道防排水设施,综合治理隧道渗漏水,强化衬砌结构

在探明隧道渗漏水情况及衬砌背后含水情况下,保证排水通畅,将水沟、泄水孔埋于冻结线以下或采用保温型结构。

①设置浅埋保温侧沟

将侧沟或暗管改建为新型的保温水沟,即在侧沟或暗管上覆盖保温材料或安设电热设备,保证不结冰,排水畅通。

②设置中心深水沟

严寒地区中心深埋水沟系将水沟埋置于洞内相应的冻结深度以下,利用地温达到水沟内水流不致冻结。

a. 适用条件。最冷月平均气温低于−15 ℃的严寒地区,当地黏性土的冻结深度在 1.5～2.5 m 范围,且冬季有水的隧道。

b. 结构形式。中心水沟断面形式的选择应根据地质条件决定,见图 2-1-1。其断面尺寸可按流量确定,一般矩形断面不应小于 25 cm×40 cm(高×宽);圆形断面内径不宜小于 30 cm。

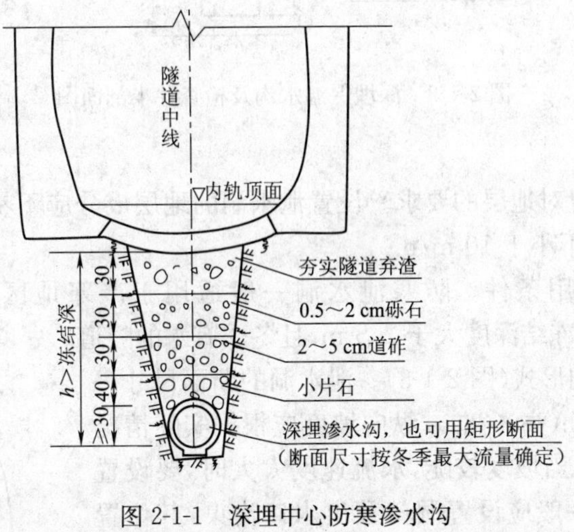

图 2-1-1　深埋中心防寒渗水沟

- U 形水沟施工、安装方便,适用于一般地层。
- 圆形水沟施工、安装方便,适用于松软地层。
- 箱形拼装式水沟适用于坚硬地层。
- 拱形水沟能减少其上回填。适用于铺设整体道床或当地黏性土冻结深度大于 2.5 m 的隧道。

c. 埋置深度。中心水沟的埋置深度(即轨底至水沟底的高度)应使其沟内的水流不冻结为原则。

对于长度为 1 km 以下的隧道,中心水沟埋深宜按当地土的最大冻结深度考虑;对于长于 1 km的隧道,距洞口段 300～500 m 范围内,中心水沟埋置深度宜按当地土的最大冻结深度考虑。

d. 回填要求。中心沟的回填材料除需满足保温、渗水性好的要求外,还应防止石屑、泥砂掉进水沟引起水沟淤积。目前采用在水沟附近以级配骨料分层回填,上面覆盖弃渣的形式,效果较好。图 2-1-2 为纵向排水沟断面图。铺设整体道床的隧道宜用混凝土回填,以防止道床下沉,同时应注意留设渗水通道。

e. 检查设备。为防止淤积堵塞,便于检查维修,深埋保温水沟应设置检查井。检查井间

距一般为 30～50m。其断面形状可为方形，亦可为圆形。为便于清淤，检查井下应设有沉淀坑。为防止冻结，检查井应设双层盖板，在两层盖板间填塞干草或其他保温材料。检查井半断面如图 2-1-2 所示。

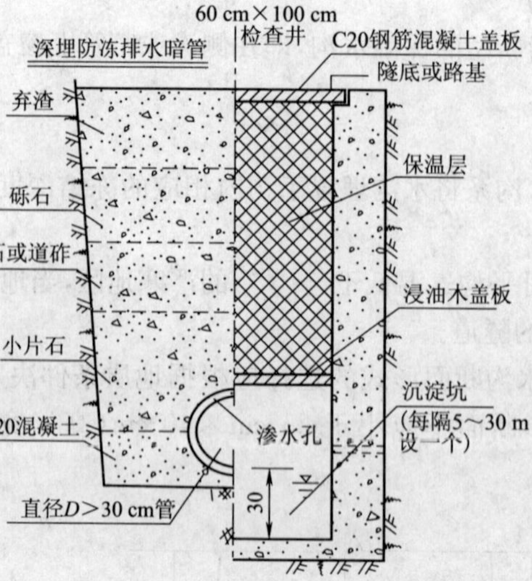

图 2-1-2　深埋保温水沟及检查井半剖面图

③防寒泄水洞

a. 防寒泄水洞设置对地层的要求。设置泄水洞的地层成分应不易流失、不易碱化和不易被水溶解，且渗透系数不小于 10 m/d。

b. 防寒泄水洞适用条件。防寒泄水洞一般适用于严寒地区最冷月平均气温低于 −25 ℃，当地黏性土的冻结深度大于 2.5 m，且冬季有水的隧道。

c. 防寒泄水洞结构形式(图 2-1-3)。泄水洞的断面尺寸一般不小于 1.8 m×1.2 m(高×宽)。纵向坡度应根据实际情况决定，但不应小于 3%，当坡度较陡，水流速度太大时，要设置防冲刷的措施。洞口一般应设置洞门及出水口沟渠，其位置一般置于隧道底部，衬砌结构尺寸应根据地质条件、埋置深度及满足稳定要求确定。结构一般包括做衬砌、铺底。拱部及边墙应留有足够的泄水孔以引入地下水，其间距不宜小于 1 m，必要时应于衬砌背后设置反滤层。

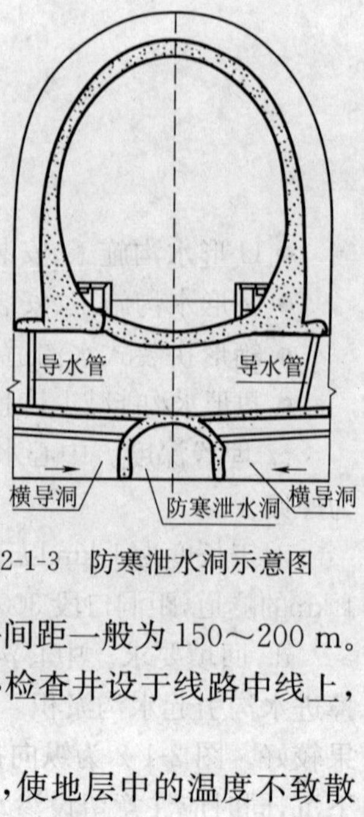

图 2-1-3　防寒泄水洞示意图

d. 埋置深度。防寒泄水洞的埋置深度，即隧道底至防寒泄水洞的高度，主要根据当地围岩的最大冻结深度决定，一般应低于最大冻结深度。其次，应满足暗挖施工不致引起隧底坍塌的要求。

e. 检查设备。对防寒泄水洞每隔一定距离应设检查井。检查井间距一般为 150～200 m。检查井按其出入口位置不同分为中心检查井和侧检查井两种。中心检查井设于线路中线上，侧检查井设于大避车洞内。

另外，可在衬砌表面或在初期支护与二次衬砌之间加设隔热层，使地层中的温度不致散失，减少冻害的影响，见图 2-1-4、图 2-1-5 和图 2-1-6。

(2)强化结构

对于Ⅳ、Ⅴ、Ⅵ级围岩条件,采取强度等级C20以上的防水混凝土曲墙加仰拱的衬砌结构;对于Ⅲ级以上围岩可采用防水混凝土或采用网喷加抗冻胀锚杆的衬砌结构。

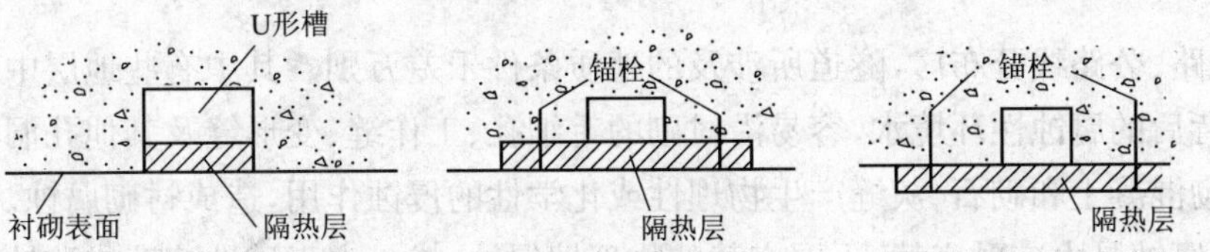

(a) 轻微冻结的情况　(b) 净空断面无富余的情况　(c) 净空断面有富余的情况

图2-1-4　衬砌沟槽隔热法示例

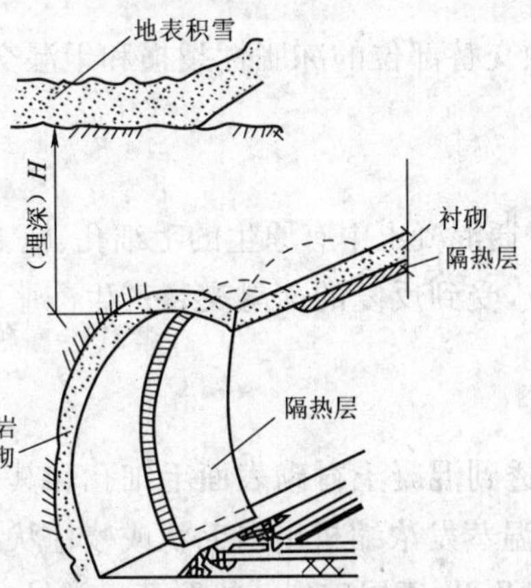

图2-1-5　衬砌表面隔热处理法

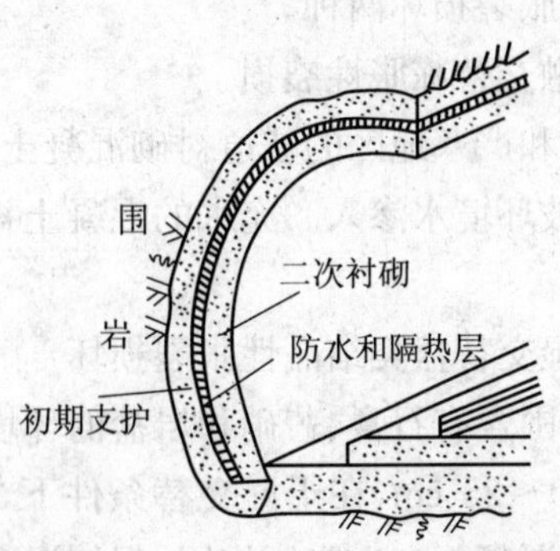

图2-1-6　双层衬砌隔热处理法概念图

(3)改良土壤

可采取注浆加固的方法使冻结圈内的岩土固结,清除其冻胀性,也可采取将原地层的细粒土更换为碎石、卵石等粗颗粒或保温隔热材料,并加快排水,防止衬砌背后区域积水冻胀。

4. 隧道洞口防寒保温的措施

(1)在洞口设防寒帘幕。

(2)用膨胀珍珠岩混凝土、浮石混凝土或加气混凝土等作内衬保温层,或先涂防水水泥砂浆,再喷涂泡沫绝热层和防火层做成保温层。

(3)将聚氯乙烯瓦楞板与衬砌锚固作为隔热保温层。锚固时,使其与衬砌有一定间隙,板上喷涂氨基甲酸乙酯泡沫绝热材料和防火层,隧道漏水可在间隙中流泄而不致冻结。

(4)用电加热器或热排水管加热侧沟冰冻水,保证排水畅通。

(5)在洞外设锅炉,用管道向洞内供热,提高洞内温度。

典型工作任务2.2　衬砌腐蚀及其防治

2.2.1　工作任务

通过对隧道衬砌腐蚀及其防治有关知识的学习,能承担以下工作任务:

(1)能够对隧道衬砌腐蚀情况进行有效地检查并分析类型和原因；

(2)能够选择适当的防治方法并组织进行隧道衬砌腐蚀的防治。

2.2.2　相关配套知识

我国铁路、公路线分布广，隧道所涉及的地质条件千差万别。其中有些地层中富含腐蚀性介质，衬砌背后的腐蚀性环境水，容易沿衬砌的毛细孔、工作缝、变形缝及其他孔洞渗流到隧道中来，对衬砌混凝土和砌石、灰缝产生物理性或化学性的侵蚀作用，造成衬砌腐蚀。

衬砌的腐蚀是由冻融交替、干湿交替的物理性侵蚀，或是由于酸性溶液或酸性盐在水的作用下与衬砌混凝土中的相关成分发生化学反应，生成松散或具有明显膨胀的物质，造成衬砌混凝土结构松散、剥落，承载能力下降，严重影响运输的安全和正常运行。

1. 隧道衬砌物理性侵蚀

隧道衬砌受到物理性侵蚀的种类主要有：冻融交替部位的冻胀性裂损和干湿交替部位的盐类结晶性胀裂损坏两种。

(1)冻融交替冻胀性裂损

在寒冷和严寒地区的隧道衬砌混凝土，由于普通混凝土中有原生的毛细孔、施工孔隙和工作缝等，易被环境水渗入。充水的混凝土衬砌部位，受到反复的冻融交替产生冻胀破坏，造成混凝土裂损。

(2)干湿交替盐类结晶性胀裂损坏

隧道周围含有石膏、芒硝和岩盐的环境水，渗透到混凝土衬砌表面毛细孔和其他缝隙中，深度可达 10～25 cm，在干湿交替条件下，由于低温蒸发浓缩析出白毛状或棱柱状结晶，体积膨胀对衬砌混凝土产生胀压作用，促使混凝土由表及里，逐层破裂疏松脱落。常见在边墙脚高 1 m 范围，混凝土沟壁，起拱线接缝和拱部等处有条带状裂缝，而在局部渗水处有蜂窝状腐蚀，或腐蚀成孔洞、露石、骨料分离、疏松，有的甚至可用手抓成渣状。

2. 隧道衬砌化学性腐蚀

隧道衬砌混凝土化学腐蚀是一个很复杂的过程，根据主要腐蚀物质和腐蚀破坏机理，分为硫酸盐侵蚀、镁盐侵蚀、软水溶出性侵蚀、碳酸性侵蚀、一般酸性侵蚀 5 种。其中硫酸盐腐蚀占绝大多数。

我国《铁路桥隧建筑物修理规则》中规定了隧道衬砌腐蚀的劣化评定指标，并将其危害分为 AA、A1、B 和 C 四级，见表 2-2-1 所示。

表 2-2-1　隧道衬砌腐蚀劣化等级

类型等级	(1)混凝土衬砌厚度不足	(2)混凝土衬砌强度不足	(3)砌块衬砌腐蚀
AA	因施工缺陷或腐蚀致使衬砌厚度 $h_i/h<0.60$，且长度≥5 m	因施工缺陷或腐蚀致使衬砌混凝土强度 $q_i/q<0.65$，且长度≥5 m	拱部衬砌有可能掉落大块体(与砌块大小一样)
A1	①衬砌厚度 $h_i/h<0.60$，且长度<5 m ②衬砌有效厚度 $0.60\leqslant h_i/h<0.75$，且长度≥5 m	①衬砌混凝土强度 $q_iq<0.65$，且长度<5 m ②混凝土强度 $0.65\leqslant q_i/q<0.75$，且长度≥5 m	①接缝开裂，其深度≥10 cm ②砌块错落大于 1 cm，剥蚀深度≥4 cm

续上表

类型等级	(1)混凝土衬砌厚度不足	(2)混凝土衬砌强度不足	(3)砌块衬砌腐蚀
B	①衬砌有效厚度 $0.60\leqslant h_i/h<0.75$,且长度<5 m ②衬砌有效厚度 $0.75\leqslant h_i/h<0.90$,且长度≥5 m	①混凝土强度 $0.65\leqslant q_i/q<0.75$,且长度<5 m ②混凝土强度 $0.75\leqslant q_i/q<0.85$,且长度≥5 m	①接缝开裂,但深度<10 cm ②砌块有剥蚀,但剥蚀深度<4 cm
C	①衬砌有效厚度 $0.75\leqslant h_i/h<0.90$,且长度<5 m ②衬砌有效厚度 $0.9\leqslant h_i/h<1$ ③衬砌有剥蚀	①混凝土强度 $0.75\leqslant q_i/q<0.85$,且长度<5 m ②混凝土强度 $0.85\leqslant q_i/q<1$	①接缝开裂,但深度不大 ②砌块有风化剥落

《高速铁路桥隧建筑物修理规则》中规定了高速铁路隧道衬砌腐蚀劣化评定指标,将其危害分为AA、A1、B、C四级,见表2-2-2所示。

表2-2-2 高速铁路隧道衬砌腐蚀劣化等级

等级类型	(1)混凝土衬砌厚度不足	(2)混凝土衬砌强度不足
AA	因施工缺陷或腐蚀致使衬砌厚度 $h_i/h<0.60$,且长度≥3 m	因施工缺陷或腐蚀致使衬砌混凝土强度 $q_i/q<0.65$,且长度≥3 m
A1	①衬砌厚度 $h_i/h<0.60$,且长度<3 m ②衬砌有效厚度 $0.60\leqslant h_i/h<0.75$,且长度≥3 m	①衬砌混凝土强度 $q_i/q<0.65$,且长度<3 m ②混凝土强度 $0.65\leqslant q_i/q<0.75$,且长度≥3 m
B	①衬砌有效厚度 $0.60\leqslant h_i/h<0.75$,且长度<3 m ②衬砌有效厚度 $0.75\leqslant h_i/h<0.90$,且长度≥3 m	①混凝土强度 $0.65\leqslant q_i/q<0.75$,且长度<3 m ②混凝土强度 $0.75\leqslant q_i/q<0.85$,且长度≤3 m
C	①衬砌有效厚度 $0.75\leqslant h_i/h<0.90$,且长度<3 m ②衬砌有效厚度 $0.9\leqslant h_i/h<1$ ③衬砌有剥蚀	①混凝土强度 $0.75\leqslant q_i/q<0.85$,且长度<3 m ②混凝土强度 $0.85\leqslant q_i/q<1$

注:q_i 为检测断面衬砌混凝土测点的平均强度;q 为设计衬砌混凝土强度;h_i 为检测衬砌厚度,当衬砌混凝土存在内部缺陷时,检测衬砌厚度应换算为有效衬砌厚度,即将检测衬砌厚度减去内部缺陷削弱的部分厚度;h 为设计衬砌厚度;长度指沿隧道纵向连续长度。

化学腐蚀按程度不同,分为弱侵蚀、中等侵蚀和强侵蚀三种。

①弱侵蚀部位。表现为隧道边墙脚附近(季节性潮湿部位)表面起白斑、长白毛,表层1 cm以内疏松剥落,或混凝土内部被渗透进去的酸性环境水、软水、侵蚀性 CO_2 等分解溶出部分氢氧化钙,结构强度降低,其外观尚完整,但用地质锤敲打时表面有疏松感。

②中等侵蚀部位。混凝土表层疏松剥落1~2 cm,强度显著降低。

③强侵蚀部位。表现在隧道拱部、边墙、侧沟等渗出(干湿交替)硫酸盐结晶处所,沿裂缝呈条带状,或分散的渗水点状,可析出芒硝、石膏结晶,使结构进一步疏松、溃散、漏石、脱落;或混凝土内部大量分解溶出 $Ca(OH)_2$,使胶结力逐步减弱,强度严重降低,结构逐步溃散。

环境水对混凝土侵蚀类型及侵蚀程度的判定标准见表2-2-3。

表 2-2-3 环境水对混凝土侵蚀类型及侵蚀程度的判别标准

侵蚀类型	侵蚀程度		
	弱侵蚀	中等侵蚀	强侵蚀
硫酸盐侵蚀(SO_4^{2-},mg/L)	250～1 000	1 001～4 000	>4 000
镁盐侵蚀(Mg^{2+},mg/L)	1 001～2 000	2 001～7 500	>7 500
酸性侵蚀(pH)	6.5～5.5	5.4～4.5	<4.5
盐类结晶性侵蚀(g/L)	10～15	16～30	>30
溶出性侵蚀(HCO_3^-,mg/L)	0.7～1.5	<0.7	不作规定

(1)硫酸盐腐蚀

腐蚀机理:主要原因是水中的 SO_4^{2-} 离子浓度过高。

①当 SO_4^{2-} 浓度高于 1 000 mg/L 时,能与水泥石中的 $Ca(OH)_2$ 晶体起反应,生成石膏。

$$Ca^{2+}+SO_4^{2-}=CaSO_4$$

石膏的体积膨胀率为 1.24 倍,形成混凝土物理性的破坏。

②当 SO_4^{2-} 离子浓度低于 1 000 mg/L 时,混凝土中固态的水化铝酸三钙(简写为 C_3A)与 $CaSO_4$ 共同作用,生成硫铝酸钙晶体。

$$3CaO \cdot Al_2O_3 \cdot 6H_2O+3CaSO_4+25H_2O=3CaO \cdot Al_2O_3 \cdot 3CaSO_4 \cdot 31H_2O$$

硫铝酸钙晶体体积较原来的物质增大 2.5 倍,产生巨大的内应力,破坏混凝土结构。如成昆铁路的沙木拉打隧道就因硫酸盐腐蚀所生成的硫铝酸钙而引起混凝土衬砌开裂、隆起、剥落,骨料分离、酥松、破碎以致溃散成豆腐渣状。

(2)镁盐侵蚀

腐蚀机理:主要原因是水中含有 SO_4^{2-} 和 Mg^{+2},镁盐与水泥石中的 $Ca(OH)_2$ 发生下列反应:

$$MgSO_4+Ca(OH)_2+2H_2O=CaSO_4 \cdot 2H_2O+Mg(OH)_2\downarrow$$

$$MgCl_2+Ca(OH)_2=CaCl_2+Mg(OH)_2\downarrow$$

$CaSO_4$ 对混凝土产生硫酸盐侵蚀,$CaCl_2$ 溶于水而流失,$Mg(OH)_2$ 胶结力很弱,易被渗透水带走,造成结构松散。

除产生硫铝酸盐和石膏结晶外,还会产生氢氧化镁沉淀,使水泥石与固态游离的石灰相平衡的碱度降低,引起水泥石水解,出现分解性侵蚀。其反应式为:

$$4CaO \cdot Al_2O_3 \cdot 12H_2O+3MgSO_4+2Ca(OH)_2+20H_2O= \underbrace{3CaO \cdot Al_2O_3 \cdot 3CaSO_4 \cdot 31H_2O}_{\text{(水化硫铝酸钙结晶)}}+\underbrace{3Mg(OH)_2\downarrow}_{\text{(沉淀)}}$$

$$Ca(OH)_2+MgSO_4+2H_2O=\underbrace{CaSO_4 \cdot 2H_2O}_{\text{(石膏结晶)}}+\underbrace{Mg(OH)_2\downarrow}_{\text{(沉淀)}}$$

由于生成 $Mg(OH)_2$ 沉淀,降低水泥石中的碱度,引起水泥石的水解。

$$xCaO \cdot SiO_2 \cdot nH_2O+mH_2O \longrightarrow xCa(OH)_2+SiO_2 \cdot pH_2O$$

$$xCaO \cdot Al_2O_3 \cdot nH_2O+mH_2O \longrightarrow xCa(OH)_2+2Al_2(OH)_3$$

$$xCaO \cdot Fe_2O_3 \cdot nH_2O+mH_2O \longrightarrow xCa(OH)_2+2Fe_2(OH)_3$$

在上列三个反应方程式中,物理性溶滤出 $Ca(OH)_2$,呈白浆状。$SiO_2 \cdot pH_2O$、$Al_2(OH)_3$、$Fe_2(OH)_3$ 流出,呈胶冻状态,随着水泥石的水解进程,混凝土的强度逐渐降低。

(3)溶出性侵蚀(软水侵蚀)

腐蚀机理:主要原因是水中 HCO_3^- 含量大,在渗透水的作用下,混凝土中的 $Ca(OH)_2$ 随水陆续流失,使得溶液中的 CaO 浓度降低,而水泥的水化产物在一定浓度的 CaO 液体中才能稳定。当 CaO 浓度低于 1.3 g/L 时,混凝土中的晶体 $Ca(OH)_2$ 将溶入水中流失,其他化合物中的 CaO 也陆续分解溶于水中。使混凝土结构变得松散,强度逐渐降低。水压越大,侵蚀越快。

(4)碳酸盐侵蚀

腐蚀机理:主要原因是水中的 CO_2 含量过高,超过了与 $Ca(HCO_3)_2$ 平衡所需的 CO_2 数量。在侵蚀性 CO_2 的作用下,混凝土表层的 $CaCO_3$ 溶于水中。

$$CaCO_3 + CO_2 + H_2O = Ca^{2+} + 2HCO_3^-$$

(5)杂散电流腐蚀

杂散电流对金属构件的腐蚀为电化学腐蚀。当杂散电流进入金属构件时,对其不产生腐蚀;而当杂散电流从金属构件流出至非金属介质时,对其产生腐蚀。对于结构钢筋,其腐蚀的原理是钢筋与其周围的水泥硅酸盐发生电化学反应,钢筋释放铁离子与周围电解质反应生成其他化合物。若电流密度小于 0.6 mA/dm^2,则电化学反应发生后会在钢筋表面形成一层白色的化合物。该化合物的电阻率较大。随着时间的延续,当该化合物厚度达到一定程度时,就会成为包裹钢筋的一层外绝缘层,从而阻止钢筋与外部水泥硅酸盐电解质的继续接触,阻止了杂散电流对钢筋的继续腐蚀。该状态称为腐蚀钝化状态。

3. 隧道衬砌腐蚀的防治

隧道衬砌产生腐蚀的条件主要有:易腐蚀的物质(衬砌混凝土)、腐蚀介质(主要是水),腐蚀性物质以及它们相互作用的适宜条件。目前在隧道衬砌腐蚀防治上主要采用以下方法:

(1)采取密实的防腐蚀混凝土材料或向衬砌内压注防腐的浆液以提高衬砌的密实性,如抗硫酸盐水泥、双快水泥等。

(2)在衬砌的背后压注防腐蚀性的浆液,在衬砌的表面敷贴(或涂抹)防腐蚀性的材料,如中化－798 高渗透改性环氧防腐涂料。

(3)采取喷射混凝土补强堵漏。

(4)防治腐蚀先防治水。要对隧道周边水系的水质进行摸底,找出水中存在的具有腐蚀性的物质和其来源,增建或改善防排水系统,确保排水通畅,不形成有压水而渗漏。

4. 铁路隧道衬砌腐蚀防治实例

(1)焦枝线红沙溪隧道的衬砌腐蚀防治

该隧道直穿富含黄铁矿地层。黄铁矿在地表降水和地下水的溶解作用和氧化作用下,形成酸性侵蚀性水。运营不久,拱部混凝土开始腐蚀剥落后发展到掉块危及运营安全,而不得不采用钢拱架支护以维持行车。之后,结合治水降低地下水酸性的方法进行综合治理。对严重腐蚀地段先凿除腐蚀了的混凝土,尔后用锚杆挂网喷射混凝土或环氧树脂砂浆及其他耐蚀防渗材料补强。

(2)兰新线坡底隧道的衬砌腐蚀防治实例

该隧道运营数年后因受地下水有含硫酸根离子硫酸盐、与含氯离子氯盐侵蚀,仰拱酥裂陷塌,边墙基础混凝土成为灰色稠浆状,淤泥外冒乃至淹没道床,迫使列车慢行。整治时采用了一种抗化学腐蚀(主要是指抗硫酸盐、氯盐)且黏结性能良好的复合高分子砂浆,保证仰拱防腐蚀砂浆层与隧道基础及边墙之间的有效黏结,阻止山体地下水从基岩缝隙渗出而浸泡腐蚀仰拱，整治效果良好。

知识拓展

1. 防冻措施的重点

防冻措施的重点是将水排除在冻结圈之外，以防发生冻害。主要措施有：

(1)完善隧道防排水设施。

(2)在严寒地区设置深埋渗水沟、防寒泄水洞，在寒冷地区应设置浅埋保温侧沟。

(3)加强衬砌结构，如采用防水混凝土曲墙加仰拱衬砌、防水钢筋混凝土衬砌或网喷混凝土加固，加设抗冻胀锚杆，以增大衬砌抵抗侧压力的能力。

(4)改良土壤，压浆固结岩石土(消除冻胀性)，把细粒土更换为粗粒土或设置保温隔热层(换土厚为冻深 1.0 倍以上)。

(5)保温防冻解冻，如在衬砌与围岩间加设保温层(加气混凝土等)，洞口设防寒帘幕(可用厚帆布缝成帘幕，与信号机联锁，自动开闭，为安全计备有手动开闭，以保持长隧道中部气温)，排水沟采暖防冻(在洞口段上下层水沟间铺设暖气管道冬季供热)，泄水洞夏季通热风解冻(机械送热风融化泄水洞内的结冰)。

(6)其他防冰措施(作为临时紧急处理用)，如采用电热防冻，红外线融冰，向侧沟注投氯化钠、氯化钙等降低水的冰点防冻。

2. 应用热管技术解决隧道冻害问题

热管现象是一种典型的物理现象，其原理如图 2-拓-1所示，最早被航天领域所利用，用来解决航天器面向太阳的一侧受到太阳的直接照射温度很高，而背向太阳的那一侧温度很低的问题。受此启发，在青藏铁路冻土地带的路基两旁竖立着一根根长长的钢管，这就是热管技术在青藏铁路解决路基冻害的实际应用。它是通过两端封闭的管中的液态氨蒸发将地层中的热量带到管的上端，气态氨遇冷后冷凝放出热量，通过管壁散发到空气中，而液态氨靠自身重力流回到管的下端，让地层始终保持冷冻状态，保证路基不产生融化沉降。在隧道发生冻害地段，可以将两端封闭的热管从墙角打入地层冻结线以下一定深度，上面伸入衬砌渗漏水处的衬砌背后。地层深处的热量让处于管下端的易蒸发液体蒸发上升到管的上端，随后遇冷液化放出热量，并通过管壁散发到衬砌之中，使衬砌避免发生冻害，液化后的物质又回流到管的下端。图 2-拓-2 为日本东北新干线的箕轮隧道应用热管技术的例子。

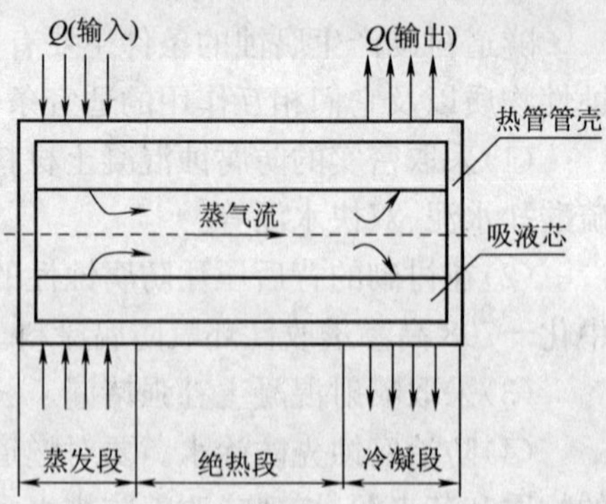

图 2-拓-1　热管技术原理图

3. 混凝土结构的微生物腐蚀

据统计，德国微生物对建筑物的腐蚀占 10% ～20%。研究发现，污水中混凝土的腐蚀与许多微生物菌种的生存代谢有关，硝化细菌能够通过对胺的硝化作用生成硝酸，导致水泥石的分解破坏。污水中的硫氧化细菌主要可分为嗜中性硫氧化细菌和嗜酸性硫氧化细菌两大类，前者能够在较高 pH 值环境下生长，使混凝土表面 pH 值降至 4～5，而后者则以前者的代谢产物作为营养物质，大量繁殖分解出硫酸，进一步降低混凝土表面的 pH 值，使混凝土遭受严重腐蚀。嗜中性硫氧化细菌只在混凝土表面大量生长繁殖，而嗜酸性硫氧化细菌则能与代谢生成的生物硫酸一起渗入混凝土，并进一步使混凝土内部遭受腐蚀。污水中的异氧真菌能够在很宽的 pH 值范围内分解有机含硫物质，为硫氧化细菌生长提供营养，加速其产酸代谢，从而加快腐蚀进程。即使在厌氧条件下，厌氧微生物代谢生成的草酸、乙酸、丙酸等有机酸以及碳酸也会对混凝土产生严重腐蚀，其腐蚀机理可能是有机酸与钙离子形成可溶性螯合物，导致水泥石的分解。

目前混凝土微生物腐蚀防治措施主要有混凝土改性、表面涂层保护和微生物灭杀技术三大类。

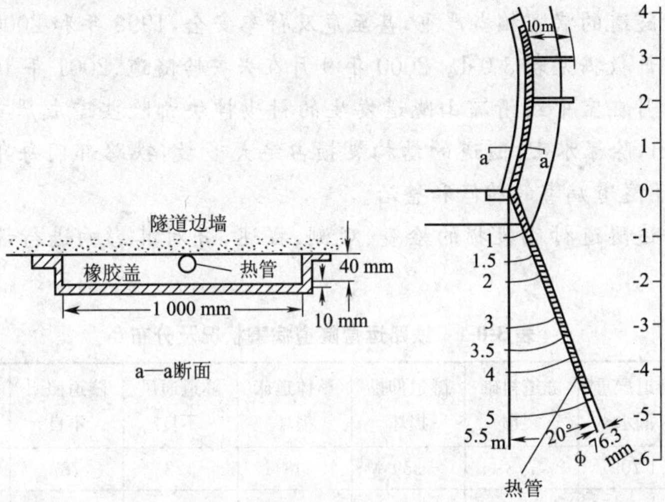

图 2-拓-2　日本箕轮隧道应用热管技术解决隧道冻害的实例

项目小结

本项目主要学习隧道冻害、衬砌腐蚀的类型并分析其原因，要求掌握冻害对隧道影响程度的评定；掌握隧道冻害及衬砌腐蚀整治措施及特点。

复习思考题

1. 隧道冻害主要表现为哪几种形式？
2. 隧道冻害主要有哪些防治措施？对于热管技术的应用你有何启发？
3. 隧道衬砌物理性侵蚀和化学性侵蚀主要有哪些类型？
4. 怎样进行隧道衬砌腐蚀的治理？

项目3　隧道衬砌裂损及其防治

项目描述

一些铁路运营隧道的病害相当严重，甚至危及行车安全，1999 年和 2000 年连续两年的全国铁路隧道检测统计数据见表 3-0-1。2000 年 9 月在兴安岭隧道、2001 年 10 月在达成铁路隧道以及 2001 年 12 月在宝中线清凉山隧道发生的衬砌掉块都险些造成严重的行车事故。从表 3-0-1中可以看出，除了水害，隧道的结构裂损占绝大多数，铁路部门每年都投入大量的人力、物力和资金用于隧道病害的维修和整治。

本项目主要讲述隧道衬砌裂损的检查、观测、描述，并对其影响进行评定和隧道裂损的防治。

表 3-0-1　铁路运营隧道病害状况及分布　　单位：座

项目／年度	隧道严重漏水	隧道衬砌裂损	隧道仰拱损坏	整体道床损坏	隧道通风不良	隧道照明不良	隧道塌方落石	隧道限界不足
1999	1 709	778	359	48	122	787	438	2 657
2000	1 625	794	363	45	116	678	453	2 612

拟实现的教学目标

1. 能力目标

(1)能够对隧道的情况进行有效地观测、检测；

(2)能够确定隧道衬砌裂损类型并分析其原因；

(3)能够进行隧道衬砌裂损防治措施选择并组织施工。

2. 知识目标

(1)掌握隧道衬砌裂损类型和原因；

(2)掌握隧道衬砌裂损的检查的观测方法；

(3)掌握隧道衬砌裂损的整治方法和施工工艺。

3. 素质目标

(1)培养学生良好的职业道德和吃苦耐劳的优良品质；

(2)培养学生分析问题、解决问题、积极思考、勇于创新的能力；

(3)培养学生适应环境和沟通的能力；

(4)培养学生的业务能力。

相关案例:隧道裂损整治及改建

1. 圆梁山隧道衬砌裂损整治措施

渝怀铁路圆梁山单线铁路隧道全长 11 068 m,穿越的主要地层为三叠系、二叠系、志留系、奥陶系和寒武系等以及毛坝向斜核部、桐麻岭背斜、冷水河浅埋段及伴生断裂等地质构造。施工期间先后遇到 5 个深埋充填型溶洞,内存压力高达 4.42～4.6 MPa 的两层承压水,以及对隧道影响较大的断层 11 条,并发生多次大规模的突水、涌砂和涌泥等灾害。

根据现场调查和检测,发现隧道衬砌均有裂缝,其中 DK351＋471～DK354＋346 段(长 2 875 m)共有裂缝 286 处,其宽度最小为 0.1 mm,最大为 2.15 mm,走向基本上为环向,有少许斜向裂缝,未见纵向裂缝。大多数裂缝不渗水,在出口段有 75 处渗水裂缝,占全部裂缝数的 6.8%。

裂缝产生的主要原因有混凝土收缩干裂、偏压等不良地质情况以及地下水,特别是承压水的作用,使混凝土承压并遭受溶蚀。

衬砌裂缝治理原则是干裂缝以充填封闭为主,渗水裂缝以堵为主,排堵结合。

衬砌裂缝的整治措施为:

(1)对宽度在 0.1～0.3 mm 之间,且无明显错动和渗漏水迹象的裂缝,采用水泥基渗透结晶型材料进行涂抹。

(2)对宽度在 0.3～0.5 mm 之间,开裂范围较大或有明显错动迹象的裂缝进行埋管注浆。

(3)Ⅱ～Ⅳ级围岩地段,裂缝较小无错台时,采用套拱对衬砌加固。

(4)如裂缝宽度在 0.3～0.5 mm 之间,并无明显的错动和渗漏水迹象,且开裂范围较小、裂缝数量较少时,可采用凿槽嵌补修补加固衬砌。

(5)衬砌拱部背后有空洞时,用水泥砂浆回填,并使用 KRYTON(凯顿百森)系列防水材料修补渗水裂缝。

(6)对部分地段衬砌混凝土表面渗漏湿渍和施工缝渗漏水的情况,主要采用注浆和涂抹防水涂料的方法进行处理。

2. 包兰线东岗隧道改建

始建于 1956 年的包兰线东岗隧道位于兰州盆地的东部边缘,全长 575 m。进口段为曲墙式仰拱衬砌,中心设排水沟;出口段为直墙式无仰拱衬砌,左侧设排水沟。隧道内均为碎石道床。1993 年进行电气化改造时,将碎石道床改建为混凝土宽枕道床,并增建了双侧保温水沟及边墙竖向盲沟;1999 年在隧道左侧修建了长 443 m 的泄水洞,衬砌背后未设置防水层。后此隧道局部地段道床翻浆冒泥、拱圈边墙渗漏水逐年加重,衬砌混凝土在含有酸根离子地下水的作用下,严重腐蚀剥落,危及行车安全。

整治方案为洞门及衬砌拆换改建,主要为:新建端墙式洞门与既有端墙采用锚杆连接,进、出口洞身衬砌各向外接长 1.5 m,洞门外延,使整治后的隧道长度为 578 m。进口至 K985＋224.56 的Ⅳ、Ⅴ级围岩段为曲墙式复合衬砌,K985＋224.56 至出口Ⅱ级围岩段为直墙式复合式衬砌。

既有洞身衬砌拆除改建是东岗隧道病害整治工程的主要项目，病害严重，施工难度大，工期紧。在进、出口地质稍好地段各开一个扩挖工作面，施工工艺为：原洞身衬砌地质探孔→注浆回填空洞，加固围岩→小导管超前预支护（仅限Ⅳ级围岩）→分层钻爆开挖，如图 3-0-1 所示。

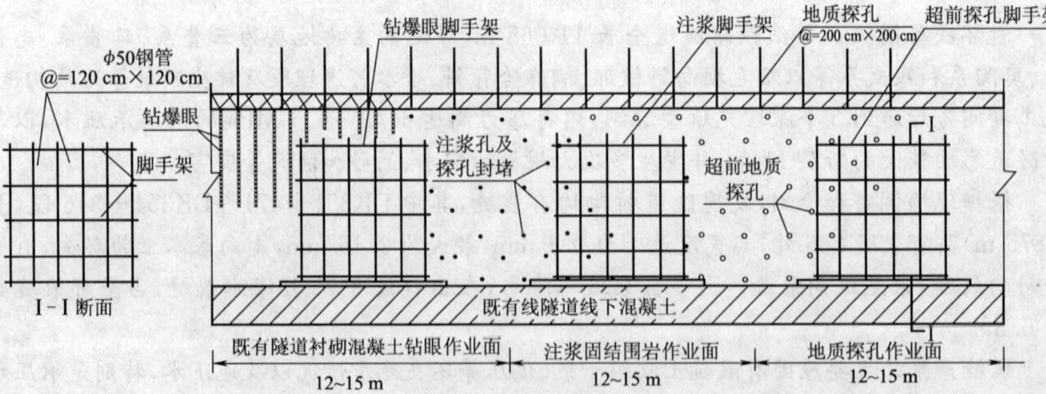

图 3-0-1　进、出口地段洞身衬砌扩挖示意图

隧道整治施工要点如下：

(1)无水病害地段用纯水泥浆注浆加固围岩。浆液的水灰比由 1∶1 逐渐变浓至 0.5∶1，注浆压力控制在 0.3～0.5 MPa，终压 1.0～2.0 MPa。有水砂岩地段，用水泥—水玻璃双液浆堵水注浆，水泥浆水灰比为 1∶1.25～1∶0.8，水泥浆与水玻璃体积比为 1∶1～1∶0.6，水玻璃浓度 35Be，注浆终压 1.5～2.0 MPa，扩散半径为 1.5 m，用隔孔间隔注浆，以出水点为中心，在其周围一定范围内先外圈，后内圈注浆。

(2)对于直径大于 30 cm 以上的空洞，先用 1∶3 水泥砂浆回填注浆，注浆压力为 0.2～0.3 MPa，后改用纯水泥浆注浆。对于较大暗沟空洞，人工凿洞开窗，用 C20 混凝土泵送回填，在洞穴边缘处按 1 m 的间距，施作 5 m 左右注浆锁脚锚管。

(3)洞口扩挖时要紧贴既有洞门端墙，架立 2 榀焊接为整体的 16 号工字钢拱架，施作超前小导管，两侧增设 4 根锁脚锚杆，双液注浆加固围岩，用浅眼爆破开挖进洞。

(4)洞身衬砌开挖采用上、下二步短台阶扩挖方法，每天 2 个循环，每循环进尺 1.5 m。开挖图示以Ⅳ级围岩扩挖衬砌为例（图 3-0-2）。初期支护施工工艺为：表面喷 4 cm 厚的混凝土→施作锁脚锚杆→施作拱顶锚杆→铺设钢筋网→安装钢架和下一循环超前小导管→复喷。

每 5 m 设一监控量测断面进行拱顶下沉监测、拱腰收敛监测，监测频率 4 次/天。

(5)施作二次衬砌。洞门拆换改建时先拆除洞门帽石和既有仰坡片石，打入 ϕ22 长 3.0 m 的锚杆，间距 100 cm×100 cm，梅花形布置，采用 16 号工字钢做骨架，间距 50 cm，外挂 ϕ8 钢筋网，网格间距为 10 cm×10 cm，喷厚 10 cm 的 C20 混凝土。

采用间距 100 cm×100 cm、ϕ22、长 2 m 的锚筋连接新旧端墙，并与洞身衬砌混凝土进行整体浇筑。

通过表 3-0-1 及案例能感受到隧道的衬砌裂损病害是十分普遍的，且发现、检查分析和整治又十分复杂，特别是对于需要拆除改建的工程，其施工组织管理难度就更大。所以在选择整治措施时要多注意新材料、新技术、新工艺的应用，周密计划组织施工，确保整治措施的效果能够长久。

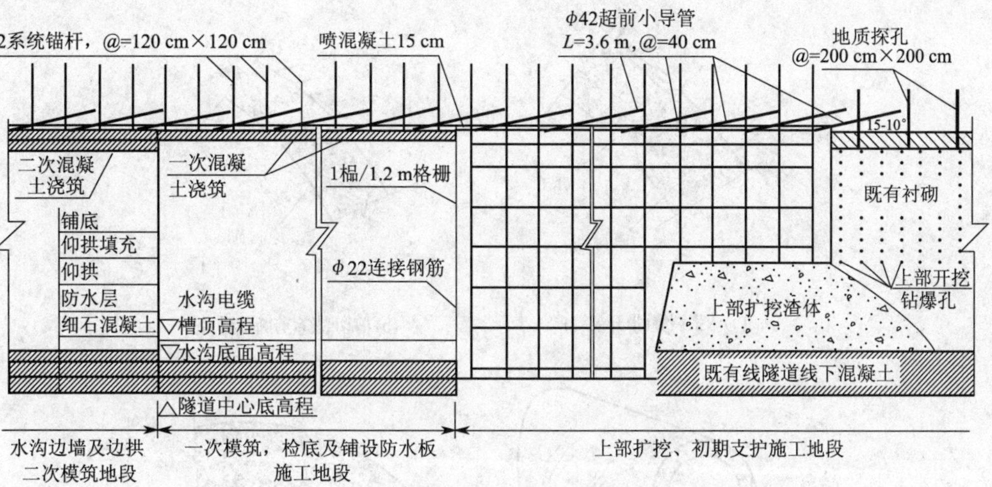

图 3-0-2　Ⅳ级围岩扩挖支护及衬砌示意

典型工作任务 3.1　隧道衬砌裂损类型分析

3.1.1　工作任务

通过对隧道衬砌裂损有关知识的学习，能够承担以下工作任务：

(1)能够对隧道衬砌裂损情况进行有效地观测；

(2)能够对隧道衬砌裂损原因进行分析。

3.1.2　相关配套知识

隧道衬砌裂损主要有开裂、变形和移动等几种情况。

1. 隧道衬砌开裂

隧道衬砌开裂按裂缝走向可分为纵向裂缝、斜向裂缝及环向裂缝三种，如图 3-1-1 所示。

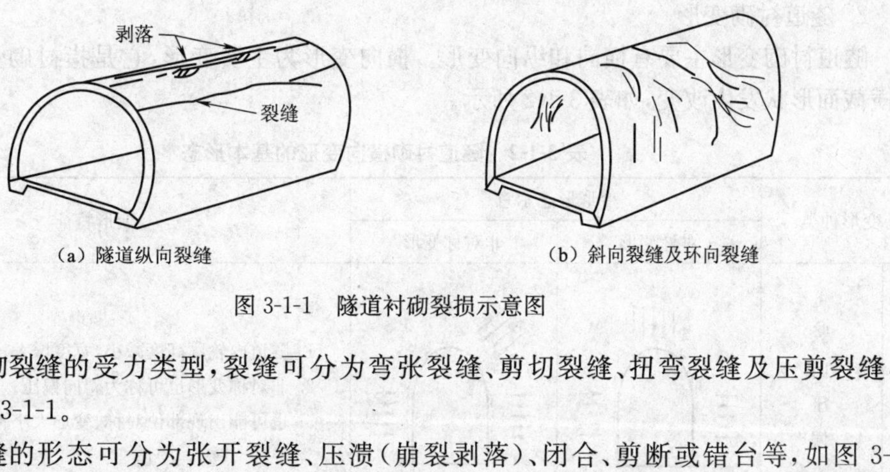

(a) 隧道纵向裂缝　(b) 斜向裂缝及环向裂缝

图 3-1-1　隧道衬砌裂损示意图

按照衬砌裂缝的受力类型，裂缝可分为弯张裂缝、剪切裂缝、扭弯裂缝及压剪裂缝，见图 3-1-2和表 3-1-1。

按照裂缝的形态可分为张开裂缝、压溃(崩裂剥落)、闭合、剪断或错台等，如图 3-1-2 所示。

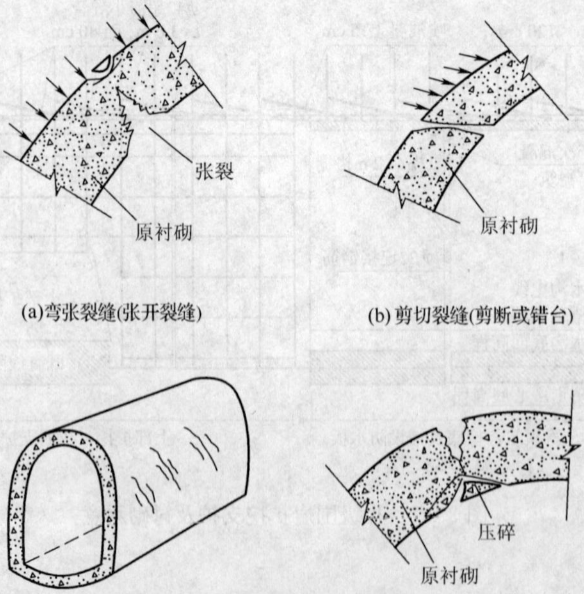

(a)弯张裂缝(张开裂缝)　(b)剪切裂缝(剪断或错台)

(c)扭弯裂缝(斜裂缝)　(d)压剪裂缝(压溃和崩裂)

图 3-1-2　裂缝类型示意图

表 3-1-1　隧道衬砌受力变形形态和裂缝裂口特征分类表

顺序	裂缝种类	隧道衬砌混凝土受力变形和裂口特征描述
1	衬砌受弯张口型裂缝	在拱腰部位及边墙中部，衬砌承受较大的地层压力作用，受弯向内位移，内缘拉应力超过混凝土的极限抗拉强度，发生张口型裂缝
2	内缘受挤压闭口形裂缝	在对应于两拱腰发生较严重的纵向张裂内移地段的拱顶部位，出现闭口纵裂，衬砌向上位移，其中较为严重处，拱顶内缘在高挤压应力作用下会发生剥落掉块
3	衬砌受剪错台型裂缝	拱腰部位衬砌，在其背后局部松动滑移围岩的推力作用下，沿水平工作缝等结构较薄弱处，有一侧的衬砌变形突出，形成错台型裂缝
4	收缩性环向裂缝	在隧道靠洞口地段，受气温变化影响较大处，混凝土衬砌环向施工缝出现收缩性裂缝

2. 隧道衬砌变形

隧道衬砌变形主要有横向和纵向变形。横向变形为主要变形，它是指衬砌受外力作用而使横截面形状发生改变，如表 3-1-2 所示。

表 3-1-2　隧道衬砌横向变形的基本形态

变形种类		变形形态示意：对称变形	变形形态示意：非对称变形	变形特征
整体变形	竖向压偏	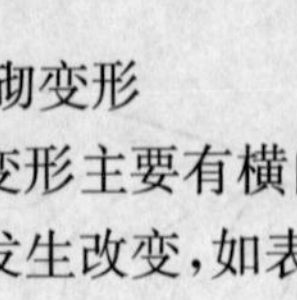	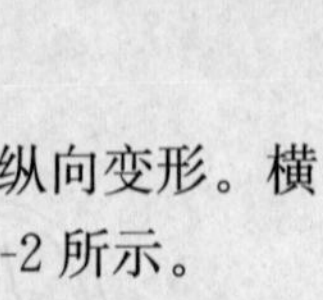	1. 隧道内轮廓高度减小，宽度增大； 2. 非对称变形也可称为斜向偏压； 3. 也可能出现部位对称、变形大小不等的情形

续上表

变形种类		变形形态示意		变形特征
		对称变形	非对称变形	
整体变形	横向压偏	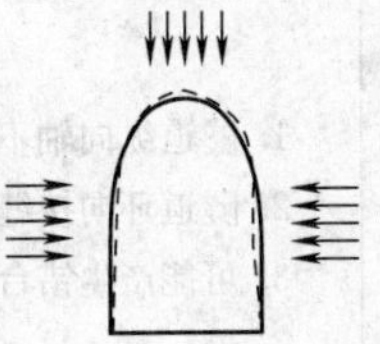	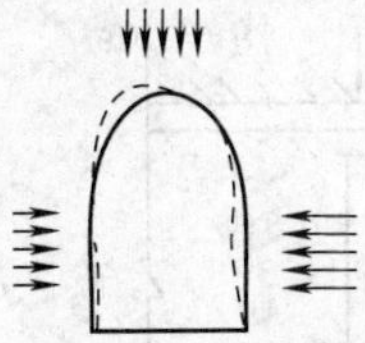	1. 隧道内轮廓高度增大，宽度减小； 2. 非对称变形也可称为斜向偏压； 3. 也可能出现部位对称、变形大小不等的情况
局部变形	拱顶下弯、仰拱上拱、边墙内鼓	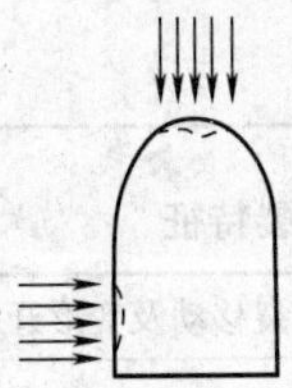	只发生在一侧，如左墙腰或左拱腰出现，右墙腰、右拱腰不出现等；如左、右或上、下相对变形范围相同，但变形大小不相等，属于变形部位对称，变形区不等	1. 隧道内净空或净宽变小； 2. 除拱顶墙腰外，其他部位都可能发生局部变形
	拱顶上拱、仰拱下弯、边墙外鼓	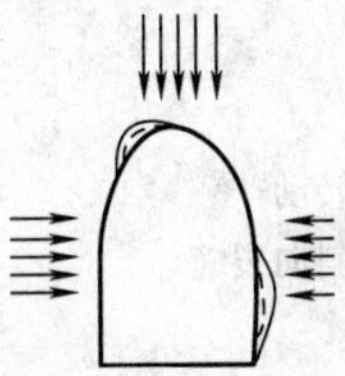		1. 隧道内净空或净宽变大； 2. 除拱顶墙腰外，其他部位都可能发生局部变形

3. 隧道衬砌移动

隧道衬砌移动是指衬砌倾斜、转动、平移、上鼓或下沉，也分横向移动和纵向移动。对于大多数裂损衬砌而言，往往是横向变形和纵向变形同时出现，见表 3-1-3 和表 3-1-4。

表 3-1-3　隧道衬砌纵向移动的基本形态和开裂特征

移动类型	移动产生的条件及形态示意	开裂移动及变形开裂特征
节段平移	隧道处于洞口地段、滑坡地段推动隧道沿轴向移动 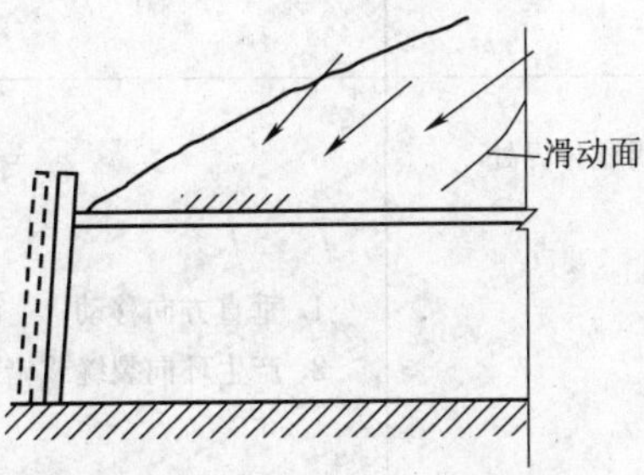	1. 隧道轴向不发生转动； 2. 环向接缝变大
节段转动	隧道处于软硬岩变化地段或有溶洞、断层时，隧底地基承载力严重不均匀时 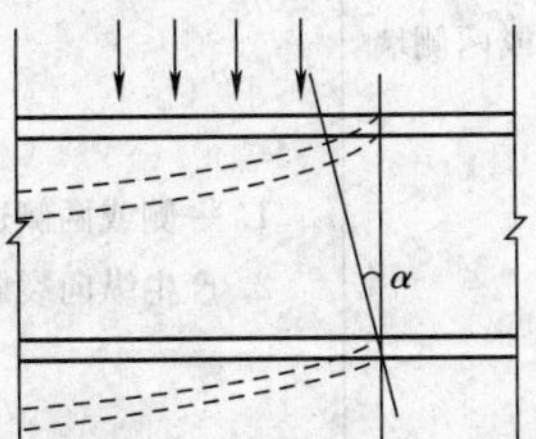	1. 隧道轴向发生转动； 2. 产生 V 形开裂或斜向裂缝及错台

续上表

移动类型	移动产生的条件及形态示意	开裂移动及变形开裂特征
节段下沉	隧道遇溶洞、断层时部分下沉 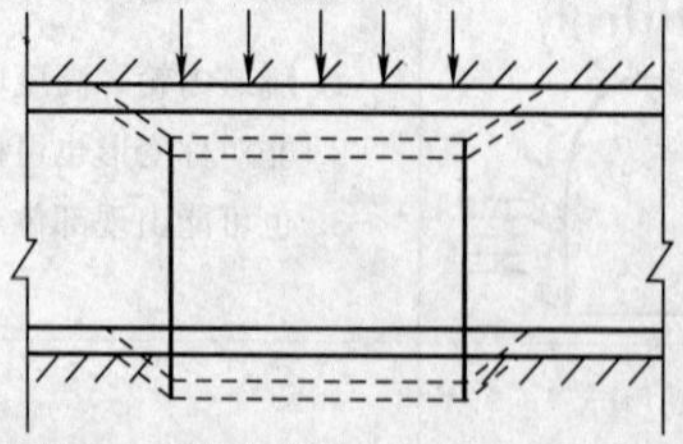	1. 隧道纵向轴不转动； 2. 隧道环向接缝未必改变； 3. 可能产生错台

表 3-1-4　隧道衬砌横向移动的基本形态和开裂特征

移动类型		移动产生的条件及形态示意	开裂移动及变形开裂特征
整体移动	转动	某侧边墙基础沉陷或有地层滑动 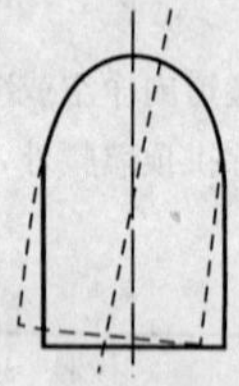	1. 隧道衬砌转动； 2. 可能产生斜向裂缝
整体移动	平衡	山体水平移动推动隧道整体平移 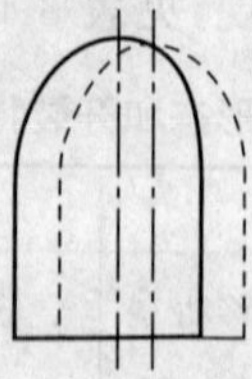	1. 水平移动； 2. 产生环向裂缝或错台
整体移动	下沉或上台	遇有溶洞或断层、软硬岩明显分界处 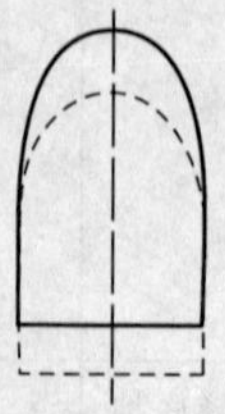	1. 垂直方向移动； 2. 产生环向裂缝或错台
局部移动	转动	当无仰拱或墙基处理不好，一侧或两侧墙脚处有较大的推力时 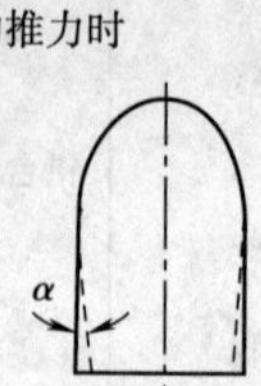	1. 一侧或两侧边墙产生转动； 2. 产生纵向裂缝

典型工作任务 3.2　隧道衬砌裂损检查观测与描述

3.2.1　工作任务

通过对隧道衬砌裂损有关知识的学习，能够承担以下工作任务：

(1)能够对隧道衬砌裂损情况进行有效地检查观测；

(2)能够对隧道衬砌裂损进行描述并分析其原因。

3.2.2　相关配套知识

1. 隧道衬砌裂损描述

(1)裂缝(纹)宽度 δ

裂缝宽度 δ 值是在裂缝口处沿垂直裂面方向量取的，如图 3-2-1 所示。裂缝按其宽度大小可分为四个等级，即

毛裂缝：$\delta \leqslant 0.3$ mm

小裂缝：0.3 mm$<\delta\leqslant$2.0 mm

中裂缝：2.0 mm$<\delta\leqslant$20 mm

大裂缝：$\delta>$20 mm

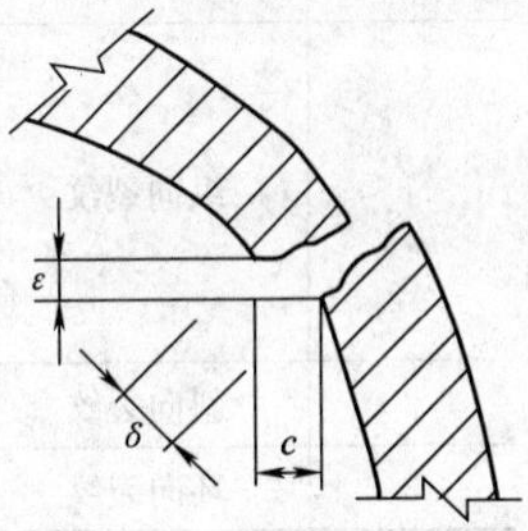

图 3-2-1　隧道裂缝

(2)裂缝(纹)错距

当衬砌出现错牙状裂缝时，用裂缝错距来表示，如图 3-2-1所示。沿裂缝垂直方向量取的 ε 值称垂直错距；沿裂缝水平方向量取的 c 值称水平错距，见表 3-2-1。

表 3-2-1　衬砌裂缝错距分类

错距分类	垂直错距	水平错距
小错距	$\varepsilon\leqslant$2 mm	$c\leqslant$25 mm
中错距	2 mm$<\varepsilon<$20 mm	25 mm$<c<$50 mm
大错距	$\varepsilon\geqslant$20 mm	$c\geqslant$50 mm

(3)裂缝(纹)间距

走向大致相同的两条相邻裂缝之间的距离称为裂缝间距，它被用来描述衬砌的破损程度。一般采取每一节段或每一节段中的某一部位(如左半拱、右边墙、仰拱等)来分析。

(4)裂缝密度

裂缝密度即裂缝总面积(各裂缝长度与裂缝宽度乘积的总综合)与所分析的节段或节段某一部分衬砌表面积之比值，用此比值的百分数来表示衬砌裂损的程度。

①节段裂缝密度，即以某一段裂缝总面积与衬砌内缘表面积的比例来表示：

$$\eta_d=\frac{\sum S_d}{S} \tag{3-2-1}$$

式中 $\sum S_d$——该节段内所有裂缝的总面积(m^2)，等于各裂缝长度与裂缝宽度乘积的总和；

S——该节段衬砌的内缘表面积(m^2)。

②节段局部密度，即用来表达左右拱部、左右边墙、仰拱局部的裂缝占该节段衬砌内缘表面积的比例：

$$\eta_b = \frac{\sum S_b}{S} \tag{3-2-2}$$

式中 $\sum S_b$，S——该部分裂缝总面积及衬砌内缘表面积。

现在，在实际工作中也有采用某一方向的裂缝总长与隧道总长之比，或者用某一部位的某一种裂缝总长度与整段所有裂缝总长之比的方法来衡量裂缝情况。例如阳平关至安康铁路线上的隧道衬砌裂缝调查情况见表 3-2-2。

表 3-2-2 阳平关至安康铁路线隧道衬砌裂缝情况调查表

顺序	裂纹种类	占裂纹长度的比例	裂纹部位	占裂纹长度的比例
1	纵向裂纹	78.3%	拱腰裂纹	65.0%
			边墙裂纹	17.7%
			拱脚裂纹	13.4%
			拱顶裂纹	3.9%
2	斜向裂纹	5.0%		
3	环向裂纹	16.7%		

2. 隧道衬砌裂损检查与观测

(1)隧道衬砌裂损检查

隧道的检查一般分为日常检查、定期检查、特别检查和专项检查。以公路隧道为例，其日常检查、定期检查、特别检查和专项检查按表 3-2-3 和表 3-2-4 的规定进行判定。

表 3-2-3 日常、定期和特别检查结果的判定

判定分类	检查结论
S	情况正常(无异常情况，或虽有异常情况但很轻微)
B	存在异常情况，但不明确，应作进一步检查或观测以确定对策
A	异常情况显著，危及行人、行车安全，应采取处治措施或特别对策

表 3-2-4 专项检查结果的判定

判定分类	检查结论
B	结构存在轻微破损，现阶段对行人、行车不会有影响，但应进行监测或观测
1A	结构存在破坏，可能会危及行人、行车安全，应准备采取对策措施
2A	结构存在较严重破坏，将会危及行人、行车安全，应尽早采取对策措施
3A	结构存在严重破坏，已危及行人、行车安全，必须立即采取紧急对策措施

当日常检查的判定结果为 B 时，应进行监视、观测或做特别检查；当特别检查或定期检查的判定结果为 B 时，应做专项检查。

衬砌的日常检查和定期检查内容和判定标准如表 3-2-5 所示。

表 3-2-5　衬砌日常检查和定期检查的内容及判定标准

检查类型	检查内容	判定	
		B	A
日常检查	结构裂缝、错台、起层、剥落	衬砌起层，且侧壁出现剥落状况，尚未妨碍交通，将来可能构成危险	衬砌起层，且拱部出现剥落状况，已妨碍交通，并有继续恶化的可能
	(施工缝)渗漏水	渗漏水，尚未妨碍交通	大面积渗漏水，已妨碍交通
	挂冰、冰柱	存在结冰现象，尚未妨碍交通	拱部挂冰，形成冰柱，已妨碍交通
定期检查	衬砌无裂缝、剥落	在拱顶或拱腰部位，存在裂缝且数量较多，尚不妨碍交通	衬砌开裂严重，混凝土被分裂成块状，存在掉块的可能，对交通安全构成威胁
	衬砌表层有无起层、剥落	存在起层，并有压碎现象，尚不妨碍交通	混凝土保护层剥落，钢筋外露，受到锈蚀，对交通安全构成威胁衬砌严重起层、剥落，对交通构成威胁
	墙身施工缝有无开裂、错位	存在这类异常现象，尚不妨碍交通	接缝开口、错位、错台等引进止水板或施工缝砂浆掉落，发展下去可能妨碍交通
	洞顶有无渗漏水、挂冰	存在漏水，未妨碍交通，但影响隧道内的设备安全	衬砌大规模漏水、结冰，已妨碍交通

(2)隧道衬砌变形观测

当隧道边墙或拱脚发生变形或局部变形时，一般在边墙或拱脚变形部位埋设钎钉，钎钉上悬挂垂球，与埋在隧道底部的固定点对比分析(图 3-2-2)。同时可以测量钎钉与固定点的垂距和水平位移，观测位移和角变位。

隧道的净空位移观测，可以采用在隧道内安置埋设标志后用净空位移计进行测定。大多数情况可以用水准仪观测隧道洞顶下沉或隧道底部上抬的变形情况，用经纬仪观测隧道水平方向的移动。

上面这两个观测都可以考虑采用激光隧道断面仪或隧道净空检查车。

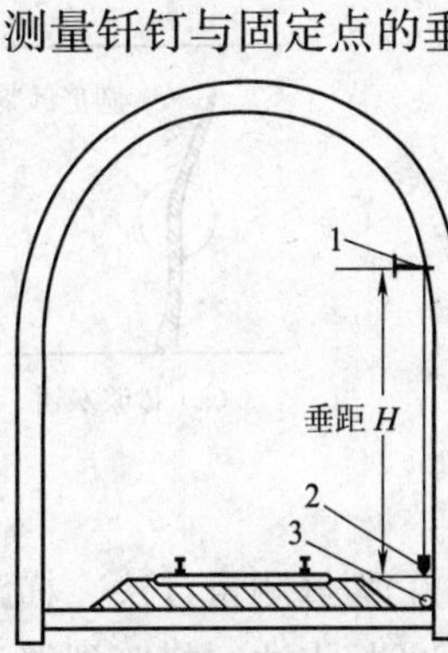

图 3-2-2　隧道变形观测
1—钎钉；2—垂球；3—固定点

(3)衬砌裂缝变化观测

运营中要对隧道衬砌裂缝进行观测，以确定其发生的机理、发展状态以及现状，为整治工作提供依据。观测裂缝时，可以用各种专用观测仪器具(图 3-2-3)量测裂缝的长度、宽度及错台，也可用钻孔或超声波的方法测定裂缝的深度。

目前已采用的远距离裂缝观测系统可通过 50 m 超远距离非图像采集，直接得到裂缝背景图像并对病害图像进行处理，提取病害信息。

图 3-2-4 中列举了较为先进的 DJCK-2 型裂缝测宽仪和 BJLF-6 型远距离裂缝观测仪。

对于有发展的裂缝，一般采用下面的观测方法：

①灰饼测标观测。这种方法最为常用，灰饼测标是用 1∶3 的水泥砂浆做成厚 10 mm，直径 10 cm 的圆形灰饼块贴在裂缝上，在其上写明日期，把裂缝编号、宽度、长度和深度等记入技术文件内。裂缝如果有发展，则灰饼裂开，如图 3-2-5 所示。由于振动等原因，灰饼可能掉落，因此不宜设置在隧道拱部。

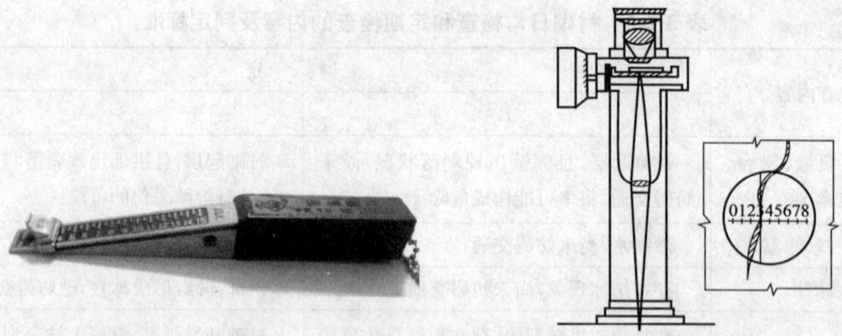

(a)塞尺　　(b)读数显微镜

图 3-2-3　裂缝观测仪器

(a) DJCK-2型读数电子仪　　(b) BJLF-6型远距离裂缝观测仪

图 3-2-4　仪器外观

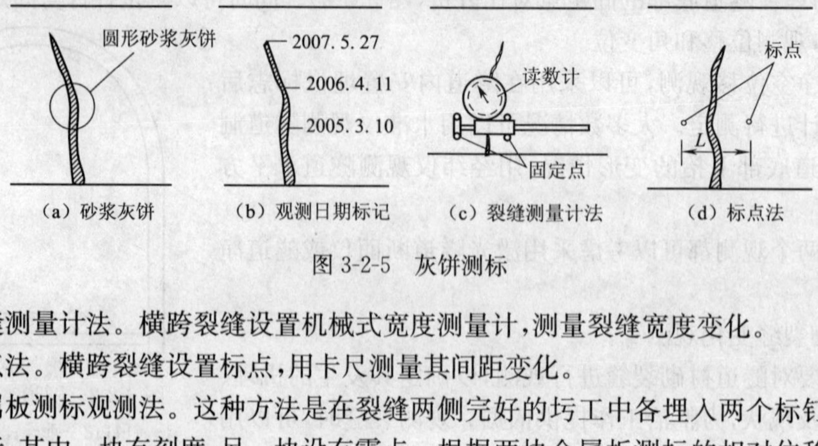

（a）砂浆灰饼　（b）观测日期标记　（c）裂缝测量计法　（d）标点法

图 3-2-5　灰饼测标

②裂缝测量计法。横跨裂缝设置机械式宽度测量计，测量裂缝宽度变化。

③标点法。横跨裂缝设置标点，用卡尺测量其间距变化。

④金属板测标观测法。这种方法是在裂缝两侧完好的圬工中各埋入两个标钉，固定两块金属板测标，其中一块有刻度，另一块设有零点。根据两块金属板测标的相对位移，可以知道裂缝扩大的程度，如图 3-2-6 所示。

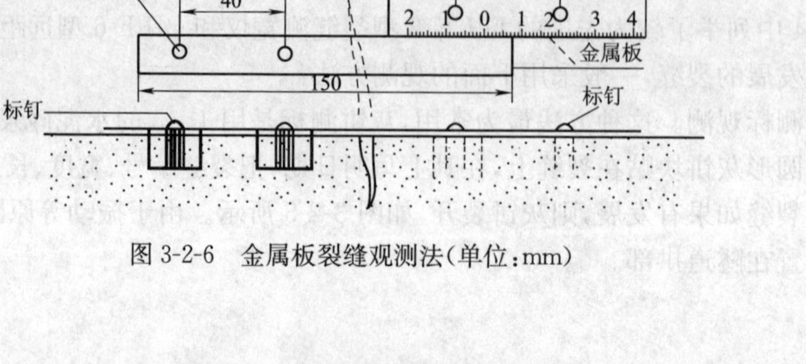

图 3-2-6　金属板裂缝观测法(单位：mm)

⑤钎钉测标观测法。这种方法是在裂缝两侧完好的圬工中各埋入两个钎钉，其中一个为直的，另一个为L形，两个钎钉的尖端相交于一点。此方法既能测量裂缝的扩张程度，还可以测量裂缝的错距，如图3-2-7所示。

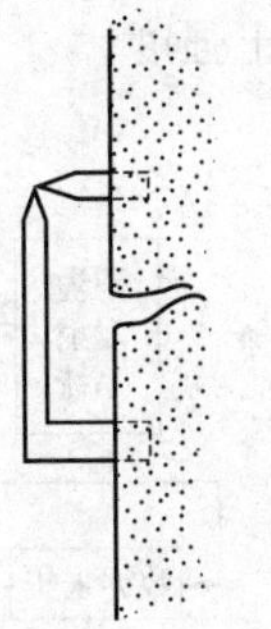

图3-2-7 钎钉

除以上方法外，还可以采用裂缝计、各种应变计及隧道壁面开裂检测机械手等来测量裂缝的发展。

⑥动态智能裂缝记录仪，如图3-2-8所示。

此外，还可以采用电阻丝应变型的裂缝变形计观测裂缝变形情况，图3-2-9即为裂缝变化观测示意图。

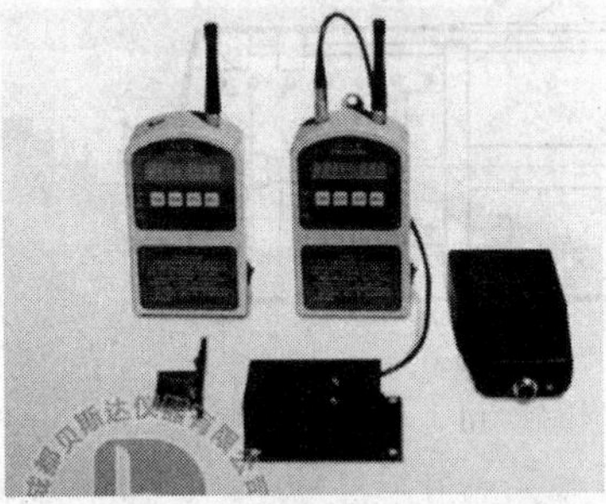

图3-2-8 动态智能裂缝记录仪

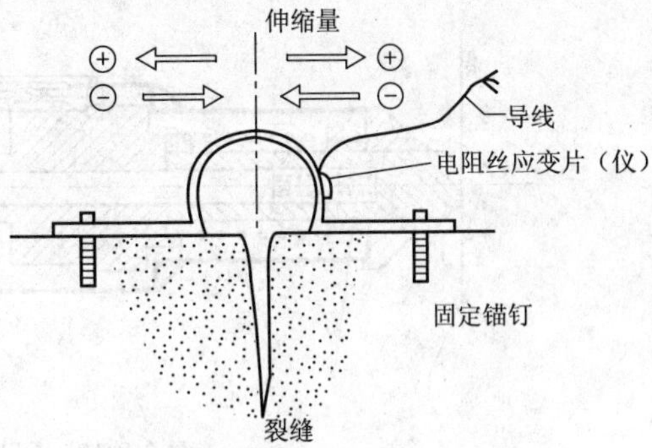

图3-2-9 裂缝变化观测示意图

(4)衬砌厚度和其背后空洞以及回填密实情况检测

衬砌及其背后回填是否密实直接影响到衬砌结构受力，根据《铁路隧道衬砌安全等级评定暂行规定》，还要观测衬砌厚度、衬砌背后回填的密度或空洞的连续长度，并依次来确定衬砌劣化的等级水平。检测方法一般有如下几种：

①敲击法。用小锤直接在衬砌表面进行轻轻敲击，如有空响声则表明衬砌背后有空洞。

②钻探法。用钻孔取芯法可直接检查衬砌及其背后回填情况，以及隧道围岩情况。

③开挖法。一般在拱顶每25 m挖一个直径为50～60 cm的圆形孔，直接观测和检查，然后回填。

④内窥镜法。如图3-2-10所示，可用内窥镜检测衬砌及其背后的内部情况。

⑤无损检测法。主要有地质雷达法、超声波法、回弹仪法等，下面专题叙述。

a. 超声波法

超声波检测的主要原理是测量超声波在混凝土构件的传播速度来分析混凝土构件的强度，见图3-2-11。此外，超声波无损检测也应用于裂缝检查，根据超声波在衬砌混凝土中的传播速度，得出行程时间曲线；然后，超声波发射器位置固定，使接收器沿衬砌某一方向移动，根据裂缝位置处超声波传播时间的变化（如延迟时间等），即可计算出裂缝深度。图3-2-12为某种超声波仪器外形。超声波检测方法简便易用，对检测结构无损害，应在结构检查中推广应用。

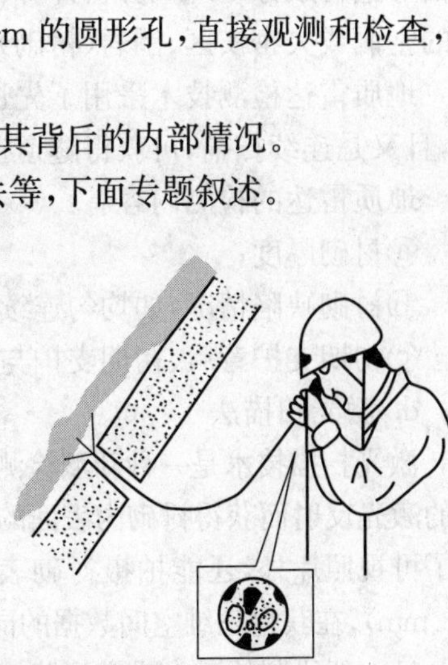

图3-2-10 内窥式观察镜使用示意图

b. 回弹仪法

回弹仪的结构见图3-2-13。它的基本原理是利用弹性模量和强度之间的相关性来检测混凝土强度。

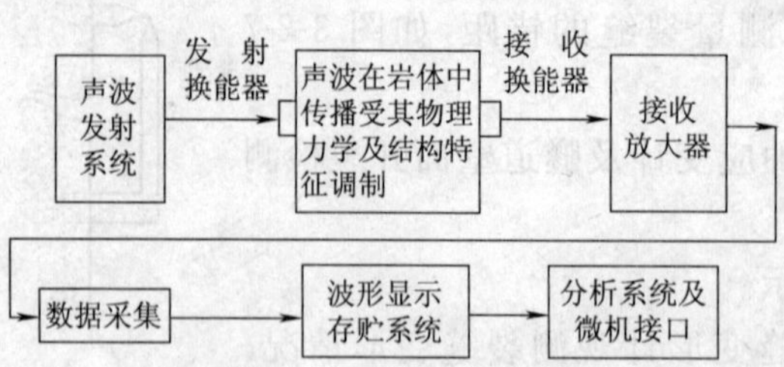

图 3-2-11　超声波测试原理框图

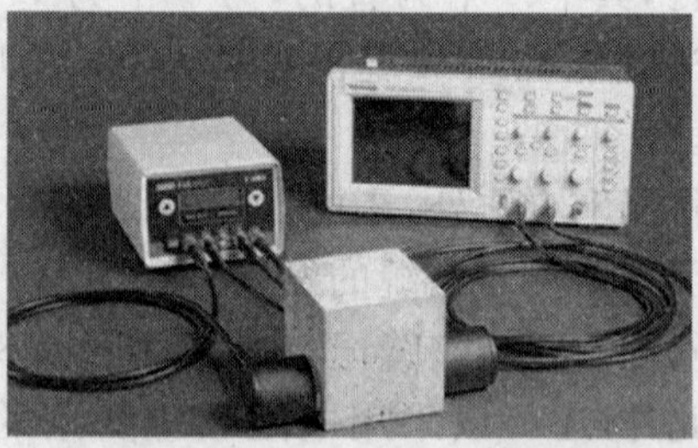

图 3-2-12　某超声波外形

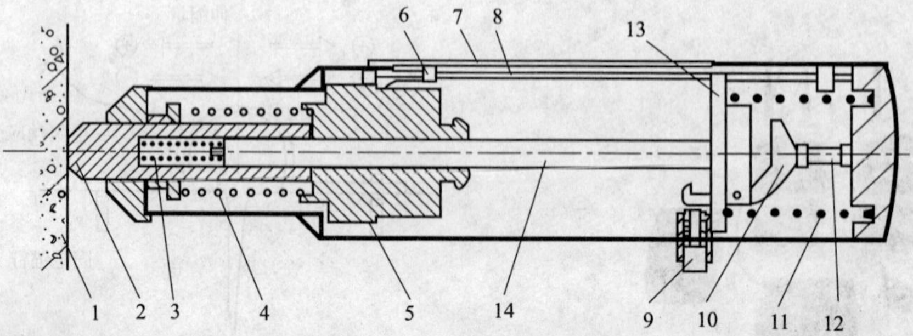

图 3-2-13　回弹仪的结构示意

1—结构混凝土表面；2—弹击杆；3—缓冲弹簧；4—拉力弹簧；5—锤；6—指针；7—刻度尺；

8—指针导杆；9—按钮；10—挂钩；11—压力弹簧；12—顶杆；13—导向法兰；14—导向杆

c. 地质雷达法

地质雷达技术是一种利用高频脉冲电磁波探测混凝土及下覆介质分布形态的一种无损伤检测方法。其原理是高频电磁波在介质中传播时，因介质介电常数变化或介质几何形状变化而产生相位及回波能量、波形的变化，并由计算机将接收器接收到的不同波阻抗界面产生的数字信号进行成像处理和分析计算，从而推断地质结构和构造、衬砌与围岩之间以及围岩(衬砌)中的空洞或欠密实区、围岩(衬砌)中的含水区或裂缝等情况。

地质雷达检测技术采用了先进的连续透视扫描无损探伤技术，探测精度比传统检测方法高，且又是连续扫描，可获得隧道探测的连续结果。

地质雷达的检测内容有：

ⓐ衬砌厚度；

ⓑ衬砌缺陷情况，如均匀连续性、密实度、蜂窝麻面缺陷、裂缝深度及其位置；

ⓒ初期支护背后、初期支护与二次衬砌之间空洞及其位置、深度、填充处理情况。

d. 激光扫描法

激光扫描技术是一种新型检测技术，安装在台车上的激光器以极高的速度旋转，通过衬砌表面的激光反射而获得衬砌内表面的分辨图，以此评价表面的裂缝、剥落和其他可见的异常现象。除了可视照片外，还能拍摄衬砌表面的红外图。由于其扫描速度快、测量精度高(可达 0.2～0.3 mm)，在获得三维空间数据的同时能获得三维图像等优点，目前在德国、瑞士等国家普遍应用。日本新研制的激光隧道裂缝检查车可以快速检查并快速合成衬砌裂缝的三维图像。

(5)隧道衬砌材质劣化的观测

隧道衬砌材质劣化，大多与漏水有关，此外还与冻害、衬砌混凝土腐蚀、衬砌材料的质量有关。在现场主要采用目视和锤击的方法检查。

①衬砌混凝土腐蚀情况调查。衬砌混凝土腐蚀情况调查主要是调查腐蚀位置、范围、扩展方向和发展速度；腐蚀深度的变化规律是由内向外还是由外向内，每年腐蚀深度是多少；腐蚀病害发生与发展的特征；腐蚀部位一年的冻融次数及干湿循环次数。

②水质检测。主要检测地下水具有何种侵蚀性成分；水量变化对水质的影响；水质逐年变化的情况等。

③漏水规律。检测漏水规律与腐蚀病害变化规律的相互关系；检测与侵蚀有关的地下水情况；调查排水不良和防水失效的原因等。

(6)衬砌混凝土强度的测定

①测定衬砌混凝土腐蚀前后的实际厚度。

②测定在腐蚀环境中经常浸水、干湿变化较大、经常干燥三种情况下的衬砌混凝土强度，判定腐蚀程度。

③对衬砌混凝土进行化学分析，检查有无因侵蚀作用而发生质变。

④对衬砌混凝土进行抗侵蚀性检验。

(7)山体滑动观测

对山体滑动的观测，一般采用设置观测桩并根据实际情况组成各种观测网，用经纬仪和水准仪观测各桩的纵横位移量和高程变化。通过这些数据来分析山体滑动的方向、范围、速度及滑动的发生原因。

(8)隧道围岩压力的量测

作用在隧道衬砌上的围岩压力的变化，是隧道衬砌产生裂损病害的主要原因之一。常常使用钢弦式压力盒和液压式压力盒直接量测围岩作用在衬砌上的压力及其分布规律。围岩和支护衬砌的应力应变测量，一般通过在围岩中埋设各种类型的应变计或应力计进行，通过了解围岩的应力应变状态，经过计算可以得到隧道围岩压力。常用的应变(应力)计有钢弦式和差动电阻式。

(9)隧道衬砌裂损劣化评定

铁路隧道衬砌裂损劣化等级评定见表3-2-6，隧道衬砌裂损类型包括变形或移动、开裂或错动、压溃三种。高速铁路隧道衬砌变形、移动、裂损等造成的对隧道功能的影响评定标准见表3-2-7。《铁路运营隧道衬砌安全等级评定暂行规定》中规定了隧道衬砌裂损的量化评定指标，并将其分为极严重、严重、较严重和轻微四级，见项目1知识拓展。

表3-2-6　铁路隧道衬砌裂损劣化评定

裂损等级 \ 裂损类型		衬砌变形或移动	衬砌开裂、错动	初砌压溃
A	AA	山体滑动使衬砌移动、变形、下沉发展迅速，危及行车安全	开裂或错台长度 $L>10$ m，宽度 $\delta>5$ mm，且继续发展或拱部开裂呈块状，危及行车安全	拱顶压溃范围 $S>3$ m^2；或衬砌掉块最大厚度大于衬砌厚度的1/4，危及行车安全
	A1	变形或移动速度 $v>$ 10 mm/年	①开裂、错台长度 10 m$\geqslant L\geqslant$ 5 m，宽度 $\delta>5$ mm； ②开裂、错台使衬砌呈块状，且有发展	压溃范围：3 m$^2\geqslant S\geqslant$ 1 m^{2}或有可能掉块

续上表

裂损类型 裂损等级	衬砌变形或移动	衬砌开裂、错动	衬砌压溃
B	变形或移动速度在10 mm/年≥v≥3 mm/年，且有新的变形出现	开裂、错台长度L<5 m，且宽度5 mm≥δ≥3 mm	拱顶压溃范围S<1 m^2，剥落块体厚度大于3 cm
C	有变形，但速度v<3 mm/年	开裂、错台长度L<5 m，且宽度δ<3 mm，或一般龟裂或无发展状态	压溃范围很小

表3-2-7　高速铁路隧道衬砌裂损劣化表(处/m)

类型等级	衬砌变形或移动	衬砌开裂、错动	衬砌压溃	仰拱及铺底损坏
AA	山体滑动使衬砌移动、变形、下沉发展迅速，危及行车安全；变形或移动速率>10 mm/年	①开裂、错台长度L≥3 m，宽度δ>5 mm； ②开裂、错台使衬砌呈块状，且有发展	拱部压溃有掉块可能；边墙压溃范围大于1 m^2	仰拱变形损坏及铺底损坏影响线路稳定等
A1	变形或移动速率v≥3 mm/年	开裂、错台长度L<3 m，且宽度5 mm≥δ≥3 mm	边墙压溃范围小于1 m^2，或有掉块可能	仰拱变形损坏及铺底损坏
B	有变形，但速率v<3 mm/年	开裂、错台长度L<3 m，且宽度<3 mm或一般龟裂或无发展	边墙压溃范围小	

表3-2-8、表3-2-9为对阳平关至安康线铁路隧道所做劣化等级评定情况示例。

表3-2-8　阳平关至安康线铁路隧道衬砌裂损劣化评定表

裂损类型 裂损等级	变形或移动	开裂或错动	压　溃
AA	山体滑动使衬砌移动加促；衬砌变形、移动、下沉发展迅速，危及行车安全	开裂或错台长度L>10 m，宽度δ>5 mm，且变形继续发展；拱部开裂呈块状，有可能掉落，危及行车安全	拱顶压溃范围S>3 m^2；或衬砌剥落最大厚度大于衬砌厚度1/4，发生时会危及行车安全
隧道数量	0座	0座	0座
A1	变形或移动速度v>10 mm/年	开裂或错台长度10 m≥L≥5 m，开裂或错台宽度δ>5 mm；开裂或错台使衬砌呈块状，在外力作用下有可能崩塌和剥落	压溃范围：3 m^2≥S≥1 m^2；或有可能掉块

续上表

裂损等级＼裂损类型	变形或移动	开裂或错动	压　溃
隧道数量	1座	1座	1座
B	变形或移动速度 10 mm/年≥v≥3 mm/年，而且有新的变形出现	开裂或错台长度 L<5 m，且宽度 5 mm≥δ≥3 mm，裂缝有发展，但速度不快	衬砌剥落规模较小，但可能对列车造成威胁；拱顶压溃范围 S<1 m^2，剥落块体厚度大于 3 cm
隧道数量	12座	34座	13座
C	有变形，但速度 v<3 mm/年	开裂或错台长度 L<5 m，且宽度 δ<3 mm	压溃范围很小
隧道数量	29座	37座	21座

表 3-2-9　阳平关至安康线铁路隧道渗漏水对隧道劣化评定表

渗漏水危害等级	隧 道 状 态	隧道数量
AA	水突然涌入隧道、淹没轨面，危及行车安全；电气化区段，拱部漏水直接影响接触网	0座
A1	隧道底部冒水、拱部滴水成线，严寒地区边墙淌水，造成道床严重翻浆冒泥，道床下沉，不能保持正常的轨道几何尺寸，危及正常运行	5座
B	隧道滴水、淌水、渗水等引起隧道内局部道床翻浆冒泥	25座
C	隧道漏水使基床状态恶化，钢轨腐蚀，养护周期缩短，继续发展将会升至B级	61座

在对隧道衬砌厚度及混凝土强度缺陷进行量化分析时，除了量值不足外，影响更大的参数是这两种缺陷的延长情况，见项目 1 中的知识拓展。

公路隧道通过专项检查后，确定衬砌在外荷载作用、材料劣化和渗漏水情况下的破损状态，并进行判定，判定标准见表 3-2-10、表 3-2-11、表 3-2-12。

表 3-2-10　外荷载作用所致结构破损的判定基准

判定＼异常情况	衬砌变形、移动、沉降	衬砌裂缝	衬砌起层、剥落	衬砌突发性坍塌
B	虽存在变形、位移、沉降，但已停止发展，已无可能再发生异常情况	存在裂缝，有一定发展趋势	—	—
1A	出现变形、位移、沉降，但发展缓慢	存在裂缝，但无发展趋势		衬砌侧面存在空隙，估计今后由于地下水的作用，空隙会扩大
2A	出现变形、位移、沉降，估计近期内结构物功能会下降	裂缝密集，出现剪切性裂缝，发展速度较快	侧墙处裂缝密集，衬砌压裂，导致起层、剥落，侧墙混凝土有可能掉下	拱部背面存在大的空洞，上部落石可能掉落至拱背

续上表

判定异常情况	衬砌变形、移动、沉降	衬砌裂缝	衬砌起层、剥落	衬砌突发性坍塌
3A	出现变形、位移、沉降，结构物应有的功能明显下降	裂缝密集，出现剪切性裂缝，并且发展速度快	由于拱顶裂缝密集，衬砌开裂，导致起层、剥落，混凝土块可能掉下	衬砌拱部背面存在大的空洞，且衬砌有效厚度很薄，空腔上部可能掉落至拱背

表 3-2-11　材料劣化所致结构破损的判定基准

判定异常情况	衬砌断面强度降低	衬砌起层、剥落	钢材腐蚀
B	存在材料劣化情况，但对断面强度几乎没有影响	难以确定起层、剥落	表面局部腐蚀
1A	由于材料劣化等原因，断面强度有所下降，结构物功能可能受到损害	—	孔蚀或钢材表面全部生锈、腐蚀
2A	由于材料劣化等原因，断面强度有相当程度的下降，结构物功能受到一定的损害	由于侧墙部位材料劣化，导致混凝土起层、剥落，混凝土块可能掉落或已有掉落	由于腐蚀，钢材断面明显减小，结构功能受到损害
3A	由于材料劣化等原因，断面强度明显下降，结构物功能损害明显	由于拱顶部位的材料劣化，导致混凝土起层、剥落，混凝土块可能掉落或已有掉落	—

表 3-2-12　渗漏水所致结构破损的判定基准

判定异常情况	渗漏水	结冰、砂土流出
B	从衬砌裂缝等处渗水，几乎不影响行车安全	有渗漏水，但现在几乎没有影响
1A	从衬砌裂缝等处漏水，不久可能会影响行车安全	由于排水不良，铺砌层可能积水
2A	从衬砌裂缝等处涌水，影响行车安全	由于排水不良，铺砌层积水
3A	从衬砌裂缝等处喷射水流，严重影响行车安全	在寒冷地区，由于漏水等，形成挂冰、冰柱，侵入规定限界；砂土等伴随漏水流出，铺砌层可能发生浸没和沉降

城市地下铁道区间隧道按照主体结构和附属结构分别从裂损劣化、渗漏水、材料劣化三个方面按照表 2-拓-2 进行状态评定。状态评定分为五级，一级为轻微病害，二级为中等病害，三级为较重病害，四级为严重病害，五级为极严重病害。评为一级时应进行日常养护维修；评为二级时应进行日常养护维修，并加强检查；评为三级时应加强监视，必要时进行中修；评为四级时应尽快进行中修或大修；评为五级时应立即进行大修。

3. 隧道裂损特点及分析

(1)隧道衬砌裂损的特点

①按照对衬砌的影响程度分，纵向裂缝影响最大，特别是其长度往往较长，有的甚至是纵

贯整个隧道而连成错台、崩落掉块甚至坍塌；斜向裂缝由于受破坏力复杂而往往引起张开的裂缝错台，严重的掉块；环向裂缝影响较小。

②按裂缝的走向分，纵向裂缝在拱腰部位出现的最多，在边墙及拱脚部位出现的机会次之，在拱顶部位出现的机会最少。环向裂缝多发生在因围岩级别变化、洞口浅埋段埋深变化以及不良地质影响之处，沉降缝、伸缩缝处理不好也会引起环向裂缝。斜向裂缝多因环向和纵向力组合作用形成，多发生在地质构造复杂地段。

③按受力导致裂缝的性质分，详见表3-1-1。

④按裂缝的发展部位分，衬砌开裂多发生在洞口段特别是有偏压或边、仰坡不稳固的洞口段，洞身穿过断层、构造破碎带、滑坡带等不良地质地段，寒冷地区围岩有冻胀现象的地段。施工中衬砌背后回填不密实及施工中发生大塌方的节段也是隧道裂损多发生处。

除此之外，衬砌的裂损发展一般有缓慢变化和急剧变化两个不同的阶段：

①衬砌成环之前出现的裂损，在成环之后可能渐趋稳定；

②衬砌背后回填不及时造成的裂损，在回填之后可能渐趋稳定；

③拆模过早造成的裂损，待混凝土强度提高后可能呈相对稳定；

④围岩膨胀引起的裂损，在雨期地下水增加或其他外部条件发生变化时，围岩软弱夹层可能软化而产生错动，冻胀与融沉等可能使已呈稳定的裂损重新发展，或使完好的衬砌发生裂损。

(2)隧道衬砌开裂面的应力状态与稳定性分析

隧道衬砌张裂往往是弯曲变形受拉或轴向受拉所致。如果裂缝面呈“V”字形，则此时衬砌并未完全失去承载能力，张开的一侧是结构变形受拉的一侧；如果张开裂缝的开口两侧呈平行状，则为轴向拉断，此时容易引起开裂部分失稳。

隧道衬砌呈闭合状裂缝并见错动，往往是由于弯曲变形挤压，或受轴向压力所致，这时会有表皮混凝土呈鳞片状剥落，此时裂缝若继续发展，衬砌就会失稳。

若隧道衬砌呈现张裂或压溃裂缝并伴有错动，则是衬砌结构在弯曲受拉或弯曲受压的同时产生错动，属于弯曲受剪的情形。这时虽然开裂面已贯通衬砌，只要错距不大，截面内必存在受压区，也就还能够承受一定的偏心压应力，开裂面仍未完全失去稳定。如裂损继续发展，受压区的压应力已完全超出其抗压极限时，该开裂面立即失去稳定；若隧道衬砌开裂不呈张裂或压溃痕迹，则多为直接受剪开裂。但当错距不大、缝宽微小时，说明开裂面同时有较大的轴向力作用，仍存在一定摩擦抗力，未必完全失去稳定；如开裂错距较大时可以认为其失去承载能力。

隧道衬砌出现的环向裂缝则往往是纵向受力不均或纵向位移将衬砌拉断，此时只要基础底承载力足够，衬砌混凝土强度未丧失，一般不会影响稳定。

(3)隧道衬砌开裂破坏块体的稳定性分析

一个裂面的失稳，只能表示该截面已失去承受外力和抵抗变形的能力，如果衬砌是整体灌注，则不会引起衬砌掉块。当有多个开裂面相互交叉(如形成“X”形或“米”字形等裂缝组合)时，可以用以下方法判断分析其稳定性：

①裂损衬砌截面外缘已经张裂时，碎裂衬砌块体坠落的可能性较大。

②裂损衬砌截面的形态要素变化大或块体有一个开裂面存在下沉和错动时，则块体处于不稳定状态。

③衬砌发生内鼓(拱顶下沉，仰拱上拱，墙腰、拱腰内鼓等)变形裂损时，若该裂损块无支撑，在荷载继续增加时裂损必然恶化。

④如果衬砌裂损块体周围已开裂并失去稳定条件，则该块体随时可能脱落。

(4)裂损衬砌的整体稳定性分析

一个块体的塌落可以使衬砌留下一个空洞但不一定能使整个衬砌坍塌。然而,被分割为碎裂的衬砌块体,因为出现了一定数量和产状的失稳裂面,一定数量和部位的块体脱落,就会导致衬砌的一部分失稳,继而引起整体失稳。因此,裂损衬砌的整体失稳可从以下几方面判断:

①若衬砌开裂或错台长度大于 10 m,宽度大于 5 mm,且变形继续发展,拱部开裂呈碎块状时,裂损衬砌可能失稳;

②若拱顶压溃范围大于 3 m^2,衬砌有可能剥离、剥落,掉块大于砖块时,裂损衬砌可能失稳;

③若滑坡滑动使衬砌移动加速,衬砌变形、移动、下沉发展速度大于 10 mm/d 时,则衬砌可能失稳。

对偏压或位于滑坡地段且滑动面有可能复活的隧道,可采用修建排水设施,防止地表水渗入岩体,同时修筑抗滑墙或抗滑桩来预防山体失稳与滑坡,避免危及隧道安全。

下面举例说明隧道衬砌裂损变形情况。如图 3-2-14 所示,由于施工时衬砌背后回填不密实或是由于长期的土砂流失造成隧道顶部空洞,引起围岩松弛而产生对衬砌顶的直接作用力,使衬砌产生纵向裂缝。

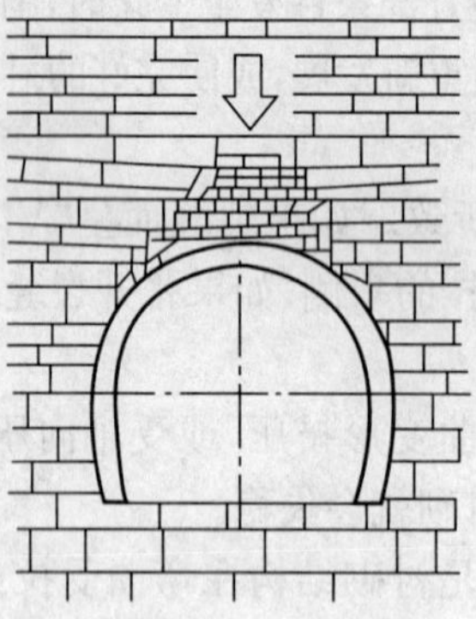

(a)水平成层围岩的情况

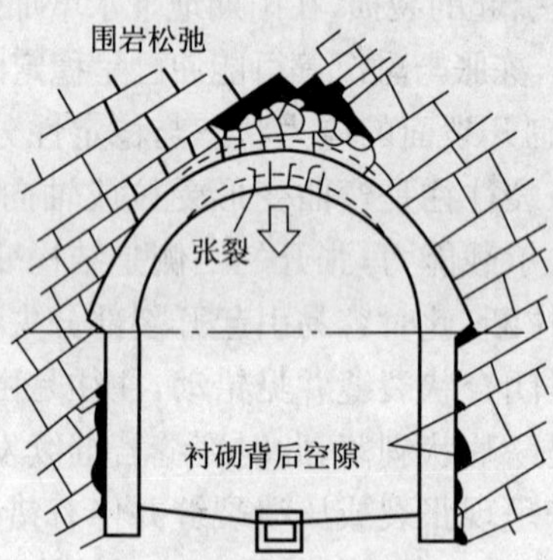

(b)非水平成层围岩的情况

图 3-2-14 松弛围岩压力的模式图

如图 3-2-15 和图 3-2-16 所示,是由偏压或滑坡引起的隧道衬砌变形、开裂、错台甚至局部压溃。

如图 3-2-17 所示,膨胀性地压会引起复杂的开裂,大多数情况是边墙张裂内移,拱顶上移并压裂。

图 3-2-15 偏压引起的衬砌变形和开裂

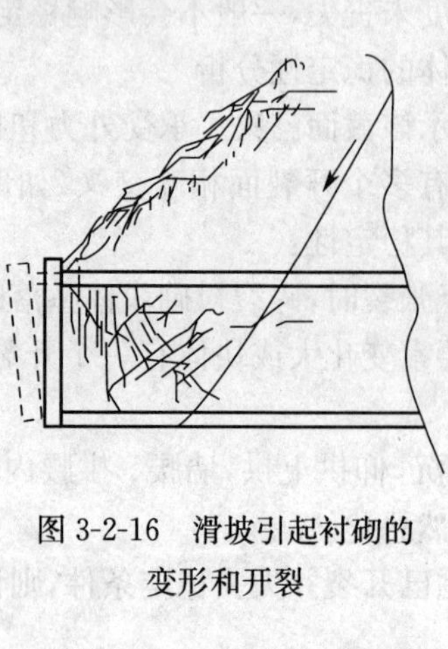

图 3-2-16 滑坡引起衬砌的变形和开裂

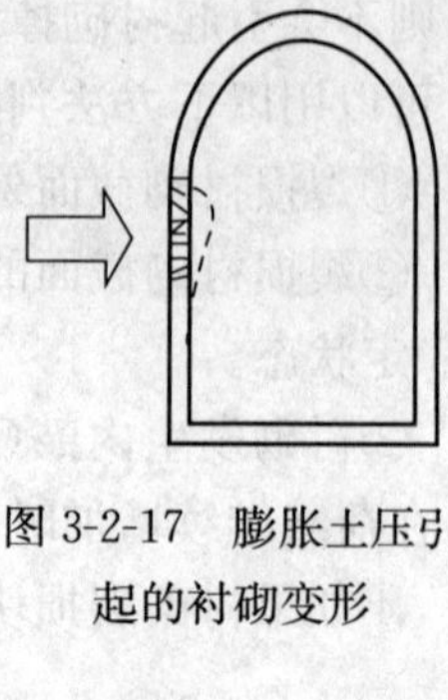

图 3-2-17 膨胀土压引起的衬砌变形

如图 3-2-18 所示，当因地基承载力不足时，往往会引起边墙的竖直裂缝，进而形成环形裂缝，也可能形成斜向裂缝。

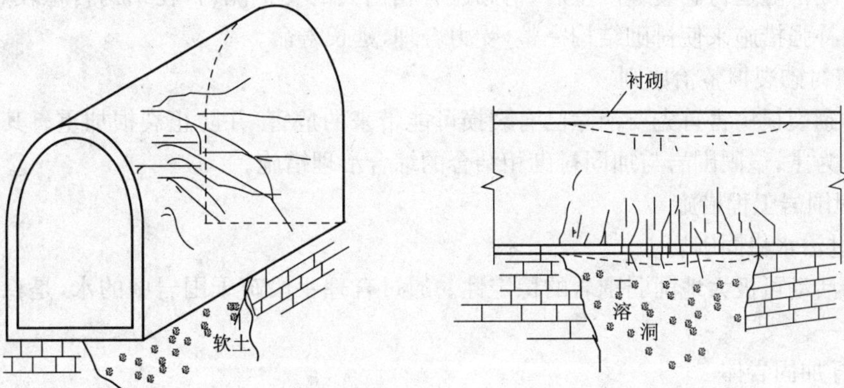

图 3-2-18　承载力不足引起的衬砌变形和开裂

典型工作任务 3.3　隧道衬砌裂损预防和整治

3.3.1　工作任务

通过对隧道衬砌裂损有关知识的学习，能够承担以下工作任务：

(1)能够对隧道衬砌裂损情况进行有效预防；

(2)能够选择适当措施并组织隧道衬砌裂损整治。

3.3.2　相关配套知识

1. 隧道衬砌裂损预防

在设计阶段应加强地质勘探工作，以位于龙岩至厦门的客运专线上的象山隧道为例，由于设计时对地质勘探分析不到位，致使对可能产生严重涌水的地下水状况以及对具有明显透水的地层带勘测不明，在施工中多次出现大压力的喷涌水事故，最大的地下水压可让水从杯口粗的水管中水平喷射 30 多米，隧道施工面多次被水淹没而停工。这也为该隧道的后期运营带来病害的极大压力。

在施工阶段也要及时掌握地质变动，采取动态施工的管理理念和先进的施工技术，确保施工质量，特别是初期支护、防水层以及二次衬砌的质量。应该特别提醒的是，要格外注意更新隧道的防水理念，严格掌握防水措施的标准。

施工中采用超前地质预报、超前钻探等技术，防止施工中发生坍塌、过大变形以及衬砌背后回填不实，留有空洞等，是预防隧道衬砌在运营阶段裂损的重要前提。

采取有效的超前支护加固地层措施及少扰动围岩的开挖方法是减轻围岩二次应力及形变，进而防止运营隧道衬砌裂损、变形的重要手段。采取喷锚支护(或锚喷挂网甚至是格栅、喷锚混凝土)等有效初期支护手段，并加强量测，在初期支护稳定以后再施作混凝土衬砌对衬砌变形裂损至关重要。

在运营管理阶段，采用先进的技术手段进行检查及维护，让隧道的病害得到尽早治理，这也是贯彻“预防为主、早期发现、及时维护、对症下药”隧道维修养护要点的具体体现。

一般情况下隧道衬砌裂缝产生后，衬砌还有相当大的支护能力，在结构自稳较好时，要及时采用加固补强措施来使衬砌结构完整，受力合理，延长寿命。

2. 隧道衬砌裂损整治原则

整治衬砌裂损病害首先要消除已有裂损可能带来的危害，并防止裂损加重。其次是采取以稳固围岩为主，稳固围岩与加固衬砌相结合的综合治理措施。

3. 稳固围岩工程措施

(1)通过治水稳固围岩

地下水活动可极大地削弱围岩的稳定性。通过合理手段疏干围岩中的水，是稳固围岩的根本措施之一。

(2)锚杆加固岩体

对Ⅳ级以下较好的围岩，从衬砌内侧向围岩内打入一定数量和深度(3～5 m)的锚杆，提高破碎围岩的整体性。

(3)注浆加固围岩

通过向破碎松动的围岩压入水泥浆液和化学浆液等以加固围岩。

(4)支挡加固岩体

对傍山、沿河偏压隧道或位于滑坡地带的隧道，除治水稳固山体外，尚可采用支挡措施，包括设支挡墙、锚固沉井、锚固钻(挖)孔桩等来预防山体失稳与滑动，这种工程措施只能用于洞外整治。

(5)回填与换填

如果衬砌背后与围岩之间存在着各种大小空隙(如超挖而没有回填密实等)，要用砂浆或混凝土将围岩空隙回填密实。如果隧底存在厚度不大的软弱不稳定的岩层或不稳定的填充物，可以采取换填办法处理。

4. 衬砌加固

(1)衬砌内表面补强

当隧道衬砌内表面出现张裂性裂损导致其强度下降时，可采用衬砌内表面补强法技术。

①衬砌内表面粘贴纤维材料补强

衬砌内表面粘贴的补强纤维材料主要有碳纤维、尼龙纤维、玻璃纤维等。一般情况下碳纤维应用最多，玻璃纤维很少应用。

如图 3-3-1 所示，纤维材料通过多层粘贴补强效果明显，而且几乎不占用隧道内的净空。

粘贴工艺流程为：定位放线→衬砌表面处理→涂底胶→修整找平→浸渍树脂的配制与涂刷→碳纤维粘贴施工→固化表面涂装防护→养护、检验。

进行黏接碳纤维时，首先根据要求裁剪好所需尺寸的碳纤维，再进行配制胶液，一次配胶量要以可使用期内施工所需量为限。最后进行粘贴，粘贴时尽量不使空气进入黏接碳纤维片和胶黏剂之间，碳纤维片搭接处要预留 10 cm 以上。贴好一层最好放置数小时，以达到脱泡、浸润的效果。随着结构胶黏剂反应使黏度增高至固化，再涂第二层时就可达到良好的效果，冬季最好一天粘贴一层。在其固化时要防雨淋、防风沙。固化好后应根据要求进行表面涂装，完成施工。

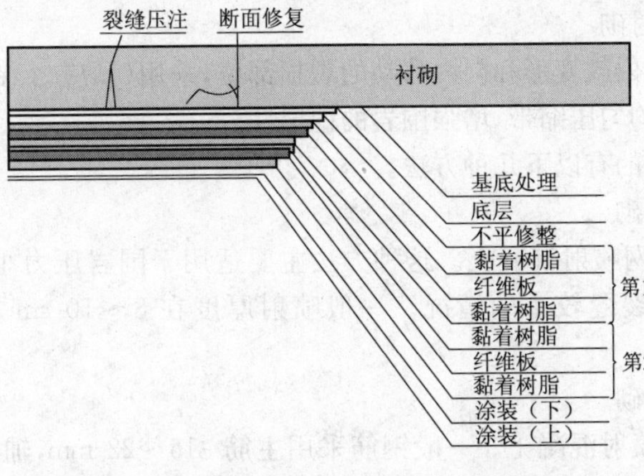

图 3-3-1　混凝土结构内表面纤维补强布置示意图

②衬砌内表面粘贴钢板补强

粘贴钢板补强加固施工工艺为：定位放线→粘贴面处理→锚固钎钉钻孔→配制结构胶→涂胶和粘贴→固化、锚固→检验→维护。

锚固钢板的锚孔深应不小于 200 mm。若锚固尚不满足设计要求时，应加设机械锚固件予以增强。钢板厚度一般在 5～10 mm。

采用此项技术会造成衬砌内部净空损失，见图 3-3-2。

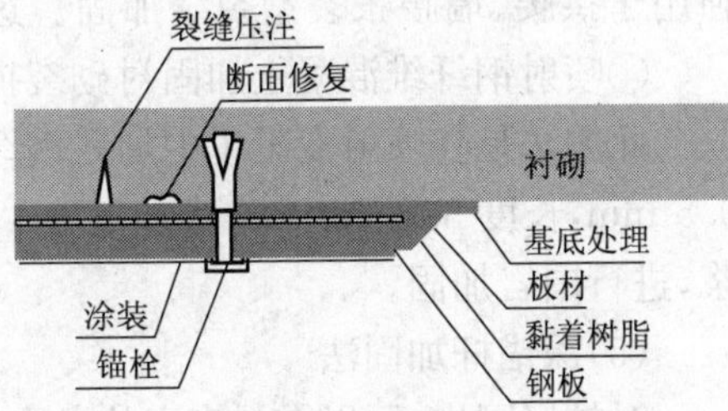

图 3-3-2　混凝土结构内表面钢板补强技术示意图

(2)注浆加固技术

①向衬砌混凝土内压浆加固

衬砌裂损发展非常缓慢或者已呈稳定时，可进行混凝土体内压浆，一般选择无水季节施工。施工工艺参考项目 1。

②衬砌背后注浆加固

在衬砌背后注浆可增加约束效果，提高衬砌刚度和稳定性，所以一般可以局部应用，主要在发生外鼓变形的部位。施工工艺参考项目 1。

(3)嵌补加固

对已呈稳定暂不发展的裂缝或衬砌剥落掉块，还可将裂缝修凿剔深凿除已劣化混凝土，如钢筋锈蚀，则应除锈并补充钢筋，在裂缝口或掉块处用水泥砂浆、环氧树脂砂浆或环氧树脂混凝土进行嵌补，如图 3-3-3 所示。

嵌补衬砌裂缝，即沿裂缝凿成内口稍大于外口的楔性槽，槽宽不宜小于 5 cm，槽深应接近缝深，并大于 5 cm。用水冲洗槽内。一般采用 M10 水泥砂浆嵌填捣实，最好用膨胀性水泥砂浆填灌。如裂缝宽度较大时，也可以采用混凝土填补。如果有条件，采用环氧树脂或环氧树脂砂浆嵌补裂缝效果更好。这种方法适用于衬砌局部开裂，且裂缝已经停止发展或者衬砌被各向裂缝分割，但仍是一个完整的整体，尚未丧失承载能力的情况。

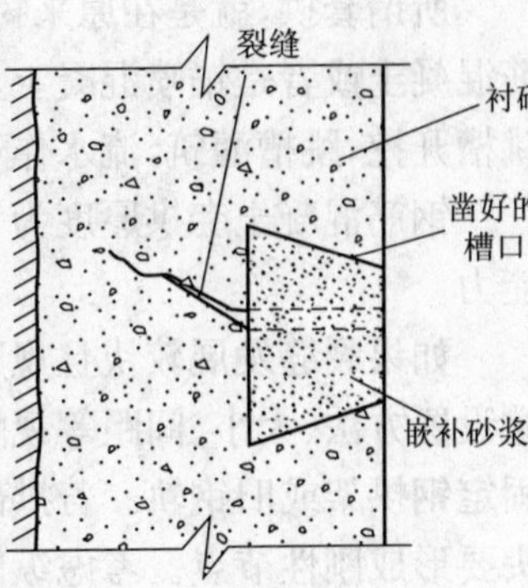

图 3-3-3　嵌补加固示意图

对于地下铁道盾构衬砌管片接缝、螺栓孔等残损病害的整治，可参考项目 1 有关内容。

(4)喷锚加固裂损衬砌

对裂损衬砌的所有内鼓变形和向内移动的裂损部位,采用(预应力)锚杆可将衬砌与围岩结合在一起,形成一个均匀压缩带,增强围岩的稳定性。

目前喷锚加固常用的有以下几种方法。

①素喷加固裂损衬砌

素喷,即不设钢筋网喷射混凝土。这种方法主要适用于围岩压力小,结构基本稳定,拱部衬砌裂损变形较轻,裂缝较小的情况。一般喷射厚度在 8～10 cm 左右,如图 3-3-4(a)所示。

②网喷加固裂损衬砌

网喷,即设钢筋网喷射混凝土。一般钢筋采用主筋 ϕ16～22 mm,辅筋 ϕ8～10 mm,网格 15 cm×15 cm～25 cm×25 cm,采用钎钉与衬砌相互联结。钎钉深度 20 cm 左右。此种方法适用于围岩压力大,病害地段仍在发展的情况,也可适用于衬砌局部裂损加固,如图 3-3-4(b)所示。

③锚网喷加固衬砌裂损

锚网喷,即加设锚杆进行网喷。一般锚杆采用 ϕ20～22 mm 的钢筋,长度采用 2～3 m,间距 1 m 左右。这种方法适用于围岩较整体或呈大块状,有成孔锚固条件地段。锚杆也可单独用于拱腰、墙腰张裂型裂缝加固。这种方法是目前采用较多的方法,如图 3-3-4(c)所示。

④喷射钢纤维混凝土加固衬砌裂损

此方法是在喷射混凝土中加入钢纤维。钢纤维一般为圆形或方形截面,直径或边长0.3～0.5 mm,长度 30～40 mm,掺入量为 1 m^3 混凝土 50～120 kg,并向衬砌周围破碎围岩体内注浆,进行围岩加固。

(5)深锚杆加固法

对较好围岩,可以在衬砌上均匀布置孔位,用 4～6 m 长的小导管进行压浆,使衬砌周围及破碎不稳定围岩体形成一个完整厚度的承载拱,防止和治理衬砌变形和裂损,效果不错。

(6)套拱加固

如果衬砌混凝土质量差,厚度不够,或开裂掉块剥落严重,或拱腰墙顶处有纵向开裂甚至错台但仍有一定承载能力,并且拱顶净空有富余时,可对拱部衬砌加筑套拱,或全断面加筑套拱。

所谓套拱,就是在原来衬砌的内部(或外部)增设一个圈拱形结构物。可以是素混凝土、钢筋混凝土或者是锚喷混凝土,甚至使用型钢与混凝土联合支护的结构物(图 3-3-5)。一般采用跳槽开挖,跳槽灌筑,流水作业。

钢筋混凝土套拱厚度为 20～30 cm,多采用单心圆拱以提高其适应不均匀的围岩压力的能力。

如果裂缝发展较快且规则,衬砌的整体性也较好,可考虑局部或全环嵌设钢拱支撑。钢支撑设置方法、大小、间距等视隧道限界、净空尺寸、外载的大小而定。一般是将衬砌凿开,埋入固定钢拱架或旧钢轨。若拱部设钢拱,拱脚要支撑在墙顶或预埋拱脚牛腿;若全断面支撑,接头要形成刚性节点。考虑纵向抗弯能力,并应加强纵向联结,一般用直径 ϕ12～16 cm 的钢筋,以间距 40 cm 左右焊接。如净空允许,在原衬砌外再浇筑混凝土套拱。若净空受限制,可在嵌设钢支撑处浇筑混凝土,使其与原衬砌连成一体。嵌轨套拱一般采用 38～43 kg/m 的钢轨。镶嵌钢轨拱架的间距不宜过小,一般在 50～120 cm。如果净空允许,钢轨还可以不完全嵌入原衬砌内,但外露部分应加作混凝土保护层。

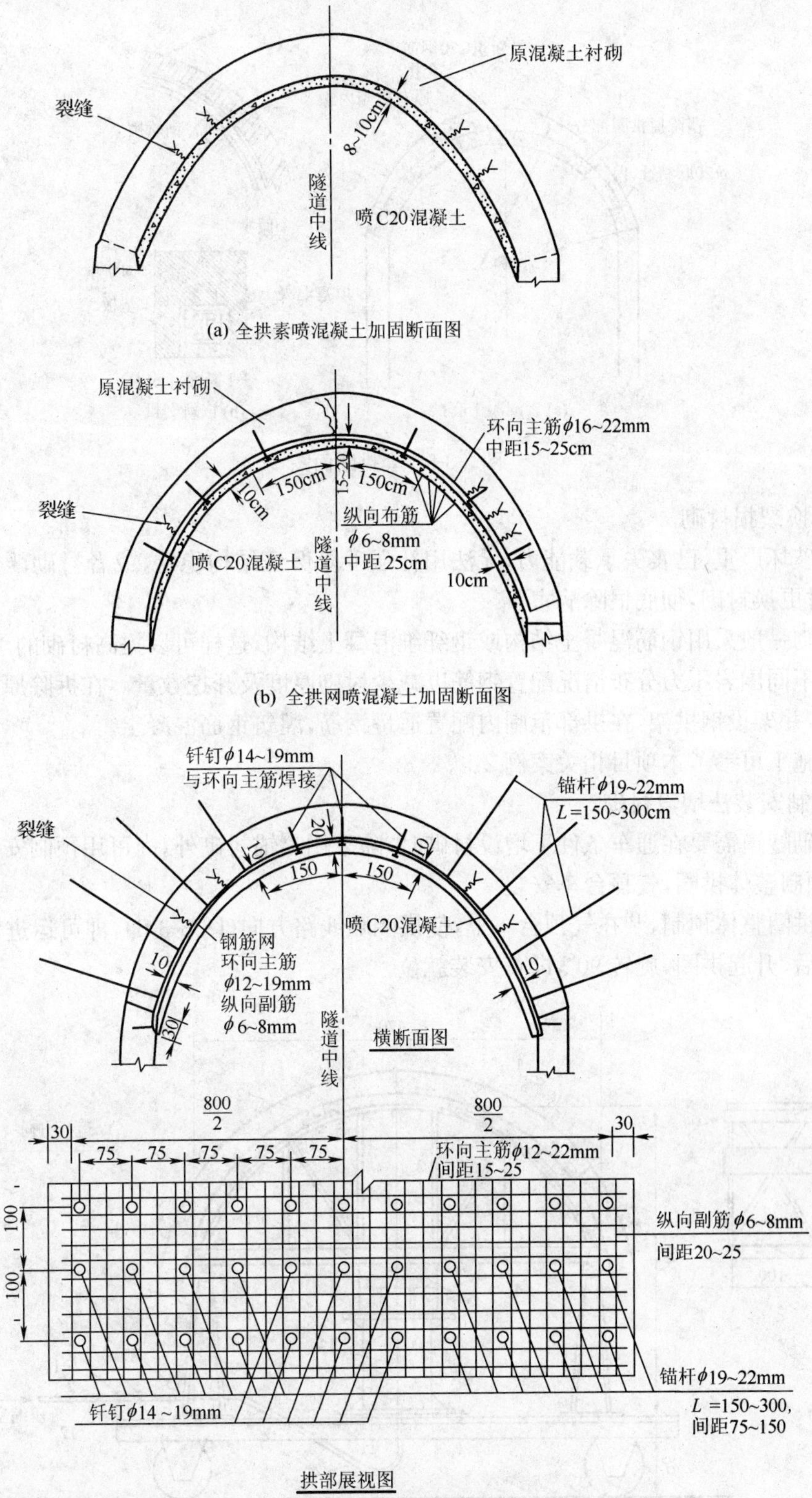

(a) 全拱素喷混凝土加固断面图

(b) 全拱网喷混凝土加固断面图

(c) 全拱锚网喷混凝土加固图 (单位: cm)

图 3-3-4　锚网喷加固衬砌裂损

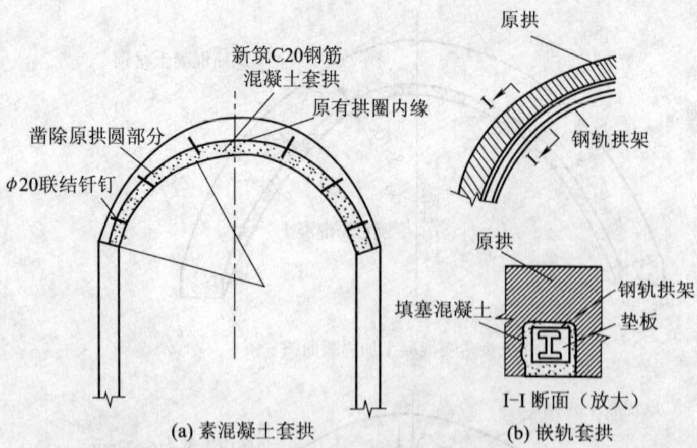

图 3-3-5　套拱断面图

5. 更换裂损衬砌

衬砌破坏严重，已丧失承载能力，无法用补强手段保证结构稳定，或者衬砌严重变形侵限时，应及时更换衬砌，彻底根除病害。

新衬砌一般采用钢筋混凝土结构或钢纤维混凝土结构，这样可以提高衬砌的承载能力，并且可针对不同围岩压力分布情况配置钢筋以减少衬砌厚度及开挖数量。在拆除原衬砌时可用跳槽开挖，并架设钢拱架，在拱部范围内配置适量钢筋，灌筑钢筋混凝土。

具体施工可参考本项目相关案例 2。

6. 预制安装法增设衬砌

无衬砌隧道需要在通车条件下增设衬砌时，除采用喷锚衬砌外，尚可用预制安装法施工。

(1)预制整体拱圈，气顶台车安装

先将拱圈整体预制，装在气顶台车上，使拱圈顺线路方向(图 3-3-6)，即可运进洞内。到达安装地点后，升起拱圈，旋转 90°，即可安装就位。

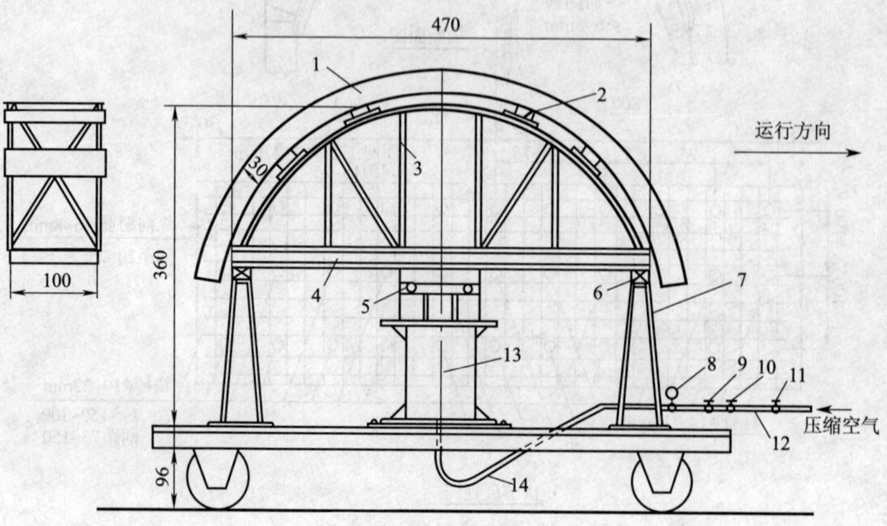

图 3-3-6　气顶旋转台车安装拱圈(单位：cm)

1—预制钢筋混凝土拱圈；2—支点木楔及垫板；3—拱托架钢管；4—拱托架工字钢；5—拱托架转动部分；6—垫木；7—型钢支架；8—风表；9—排风阀；10—逆止阀；11—进风阀；12—通风钢管；13—气动千斤顶；14—通风胶管

注意在架设拱圈过程中，拱托架旋转要占用一定空间，在每个合龙处，总有一定延长段仍需要采用就地灌筑衬砌，然后封口。

当隧道中心线与线路中心线偏离较大时，因气顶不能在台车上横移，影响拱圈正确就位，可考虑在气顶底盘下安设丝杠或齿条等设备，以调整偏移量。

此法施工的拱圈节长受限制，拱节太长旋转时需要的净空大，要增大超挖量。

(2)预制铰接式拱圈，架拱台车安装

①拱圈进洞方式

将拱圈分成 3 块，以铰链连成一体。在运送与架设过程中，两拱脚段可以活动收拢，其宽度小于隧道内净宽，以架拱台车(图 3-3-7)运进洞内安装地点，升起拱圈，将两拱脚张开，架在边墙上，就位后，将铰链固定，即成为无铰拱。

②拱背回填

为保证拱圈的稳定，拱背应尽快回填。回填应对称用片石砌筑，临时支撑短木要拆除。

回填片石后，可用压注砂浆填缝。

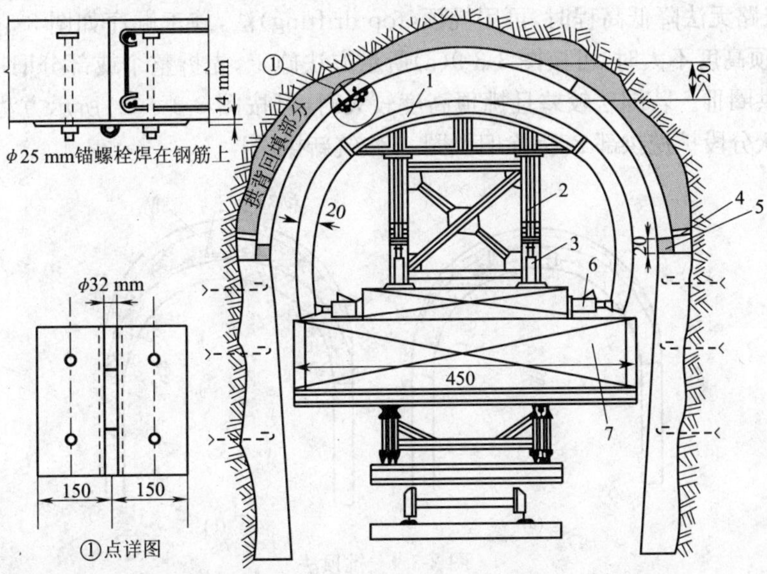

图 3-3-7　架拱台车安装图

1—预制铰链式拱圈；2—顶架；3—千斤顶；4—临时短木撑；5—混凝土垫块；6—起道机；7—枕木垛

③拱圈接缝处理

对于 10 mm 以下比较整齐的接缝，直接用较干的砂浆填塞抹平。

对于较宽或错牙的接缝，可沿拱圈方向在缝内安放 1～2 根钢筋，挂模板，用砂浆和小石块塞满填实，填一段再挂一段，逐段进行。最后可采用活模箱封顶。

最后一节拱圈安装时，即无法进行拱背回填，因而须要预留出 0.5～0.6 m 的空挡作为回填进料用。

7. 隧道断面扩大改建

如蒸汽牵引隧道改为电气化牵引隧道，单线隧道改为双线或多线隧道，线路中线改移等，都需要加大隧道的断面，可采用的方案有以下几种。

(1)加大隧道净空高度

若净空高度加大不多时，可在拱顶 90°范围内局部开挖并修好衬砌即可。

若拱部衬砌抬高难度较大时，可用落底方法，如图 3-3-8 所示。如基底围岩坚实且落底量不大时，可只挖有水沟的一侧，局部挖深道床，另一侧边墙底留有台阶，施工顺序如图 3-3-8(a)所示。当落底量较大，且基底围岩较差时，两侧边墙应同时加深，最后落底，施工顺序如图 3-3-8(b)所示。

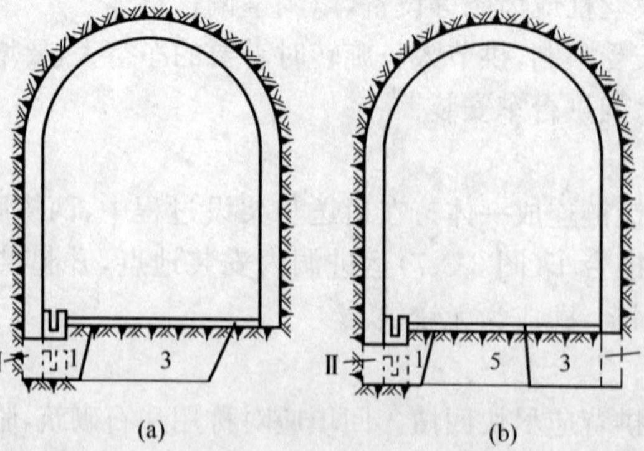

图 3-3-8 落底法

若洞外线路无法降低高程时，可用挑顶(top drifting)法，施工顺序如图 3-3-9 所示。如围岩坚实，且挑顶高度不大时，可按图 3-3-9(a)所示方法施工，先拆整个或部分旧拱圈 1，扩挖拱部 2，修筑新拱圈Ⅲ。若围岩较差且挑顶高度较大时，可按图 3-3-9(b)所示方法施工，先开挖小导坑 1，跳跃分段扩挖拱部 2，拆除旧拱圈 3，修筑新拱圈Ⅳ。

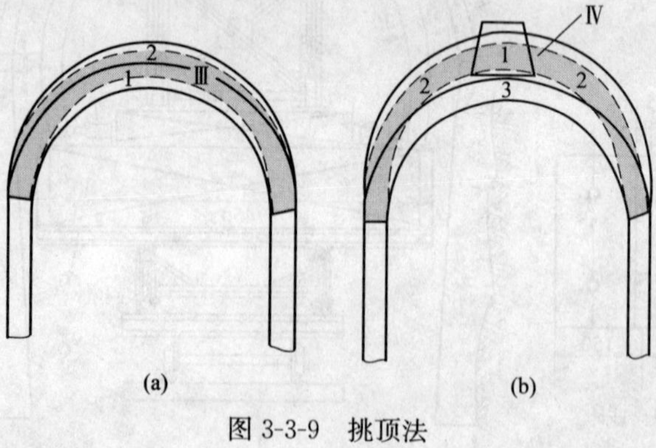

图 3-3-9 挑顶法

(2)加大隧道净空宽度

若加宽值不大，旧拱圈很坚固时，可只拆除边墙。若加宽值较大时，可用先墙后拱法或先拱后墙法施工，如图 3-3-10 所示。先墙后拱法的施工步骤如图 3-3-10(a)所示，拆旧拱 1，扩挖拱部 2，拆边墙 3，扩挖马口 4，修边墙Ⅴ及拱圈Ⅵ。先拱后墙法的施工步骤如图 3-3-10(b)所示，拆旧拱 1，扩挖拱部 2，修新拱圈Ⅲ，拆边墙 4，挖马口 5，修筑边墙Ⅵ。

(3)同时加大隧道净空高度和宽度

若加宽值不大时可用一侧施工方法，如图 3-3-11 所示，将不动侧的边墙Ⅰ加厚补强，开挖小导坑 2，扩挖拱部 3、4，拆除旧拱圈 5，修筑新拱圈Ⅵ，待拱部连续建成 20～30 m 后，下部分段扩挖 7、8，修筑边墙Ⅸ，拆除剩余的边墙旧衬砌Ⅹ。若加宽加高值较大时可在原隧道衬砌周围开挖，然后再修筑衬砌。当围岩较差时，用先拱后墙法，如图 3-3-12(a)所示，自上而下开挖、衬砌，最后拆除旧衬砌。当围岩坚固时，用先墙后拱法，如图 3-3-12(b)所示。除此之外，还可采用预制衬砌安装法。

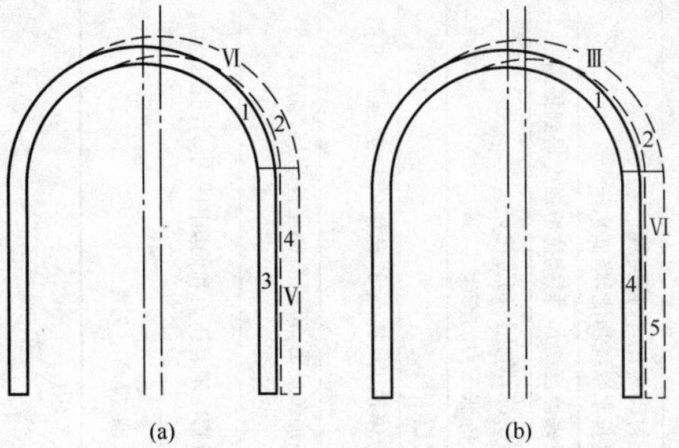

图 3-3-10　隧道净空加宽

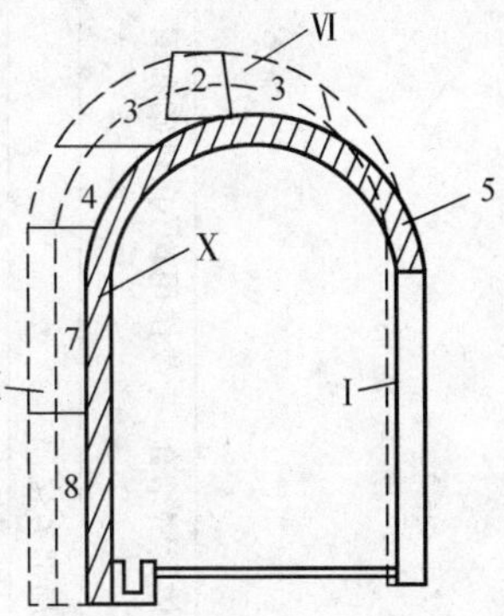

图 3-3-11　同时加大净空高度和宽度的方法一

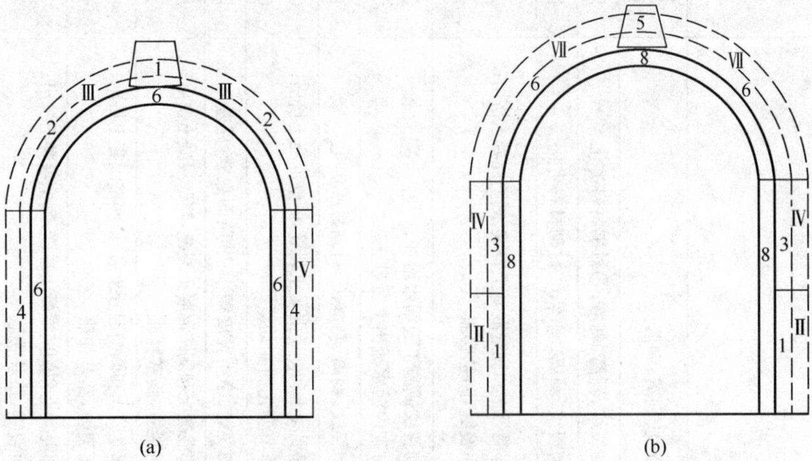

图 3-3-12　同时加大净空高度和宽度的方法二

知识拓展

1. 公路隧道病害处置方案表

表 3-拓-1 选自《公路隧道维修养护规范》。

2. 北京地下铁道制定的区间隧道分项状态评定标准(表 3-拓-2)

3. 几种常见的注浆材料比较

常见的注浆材料有水溶性聚氨酯、丙凝、乙凝、弹性环氧树脂、水溶性聚氨酯与高强度聚氨酯混合液、EAA(改性环氧树脂)水泥浆等。从上海地铁 1 号线和广州地铁 1 号线的结构裂缝注浆效果看:①水溶性聚氨酯的止水效果通常只有 6～9 个月,这是由于水溶性聚氨酯遇水发泡成为含气海绵体,且与裂缝的混凝土表面黏结力很低,在列车行驶振动条件下,海绵体逐步被破坏,重新漏水。②丙凝、乙凝是一种低强度胶凝体,在列车行驶振动和外水压力作用下,不出 1 个月胶凝体就被一点点挤出,重新漏水。③弹性环氧树脂注浆液黏度较高,且与水不相溶,在裂缝漏水的条件下灌注效果不太理想。④高强度聚氨酯混合液的可灌性和强度均较好,在广州地铁 1 号线东山口站注浆封堵裂缝收到良好效果,但浆材价格较贵。⑤EAA(改性环氧树脂)水泥浆液由于黏度可调至与水接近,与水有良好的相容性,且与混凝土有良好的亲和能力,固结体强度高于混凝土,因而是一种性能优良、耐久性和化学稳定性良好的注浆材料,在广州地铁 1 号线和上海地铁 1 号线注浆堵漏均收到良好的效果。

表 3-拓-1　病害处治方案选择表

处治方法	病害原因												病害现象特征	预期效果
	外力引起的变化							材料劣化	渗漏水	其他				
	松弛压力	偏压	地层滑坡	膨胀性土压	承载力不足	静水压	冻胀力			衬砌背面空隙	衬砌厚度不足	无仰拱		
衬砌背面注浆	★	★	★	★	★	★	★		○	★			衬砌裂纹、剥离、剥落	衬砌与岩体紧密结合，荷载作用均匀，衬砌和围岩稳定
防护网								★					①衬砌裂纹、剥离、剥落；②衬砌材料劣化	防止衬砌局部劣化
喷射混凝土	○	☆		☆	☆	○	○	☆			☆		①衬砌裂纹、剥离、剥落；②衬砌材料劣化	防止衬砌局部劣化
锚杆加固	☆	★	☆	★	★	○	☆	○			☆	★	①拱部混凝土和侧壁混凝土裂纹、侧壁混凝土挤出； ②路面裂缝，路基膨胀	①岩体改善后岩体稳定性提高，防止松弛压力扩大； ②通过施加预应力，提高承受膨胀性土压和偏压的强度
排水止水	○	○	☆	○	○	★	★		★				①衬砌裂纹或施工缝漏水增加； ②随衬砌内漏水流出大量砂土	①防止衬砌劣化，保持美观； ②恢复排水系统功能，降低水压
套　拱	○	☆	☆	☆	☆	○	○	☆			★		①衬砌裂纹、剥离、剥落；②衬砌材质劣化	由于衬砌厚度增加，衬砌抗剪强度得到提高
绝热层							★						①拱部混凝土和侧壁混凝土裂缝，侧壁混凝土挤出； ②随季节变化而变动	①由于解冻，防止衬砌劣化； ②防止冻胀压力的产生
滑坡整治		☆	★										①衬砌裂缝、净空宽度缩小；②路面裂缝，路基膨胀	防止岩层滑坡
围岩压浆	○	○				○		○	☆	☆	☆		①拱部混凝土和侧壁混凝土裂缝，侧壁混凝土挤出； ②路面裂缝，路基膨胀	周边岩体改善，提高了岩体的抗剪强度和粘结力
灌浆锚固	☆	★	★	★	★						○	★	①拱部混凝土和侧壁混凝土裂缝，侧壁混凝土挤出； ②路面裂缝，路基膨胀	由于施加预应力，可提高膨胀性岩层、偏压岩层的强度
增设仰拱		★	☆	★	★	○	☆					★	①拱部混凝土和侧壁混凝土裂缝，侧壁混凝土挤出； ②路面裂缝，路基膨胀	提高对膨胀围岩压力和偏压围岩压力的抵抗力
更换衬砌	☆	☆	☆	☆	☆	○	○	★	☆	☆	★	★	①拱部混凝土和侧壁混凝土裂缝，侧壁混凝土挤出； ②路面裂缝，路基膨胀	更换衬砌，提高耐久性

注：①★—非常有效的方法；☆—较有效的方法；○—有些效果的方法。
②松弛压力中包括突发性崩溃的情况。

表 3-拓-2 隧道分项状态评定标准

序号	类别	检查项目	一级	二级	三级	四级	五级
1	主体结构	洞体裂缝	一般龟裂或无发展状态	钢筋混凝土衬砌裂缝宽度 $\delta<0.3$ mm；普通混凝土衬砌裂缝宽度 $\delta<3$ mm 且长度 $L<5$ m	钢筋混凝土衬砌裂缝宽度 0.5 mm $\geqslant\delta\geqslant$ 0.3 mm；普通混凝土衬砌裂缝宽度 5 mm $\geqslant\delta\geqslant$ 3 mm，长度 $L<5$ mm 且裂缝有发展，但速度不快	衬砌出现贯通裂缝：钢筋混凝土衬砌裂缝宽度 $\delta>0.5$ mm；普通混凝土衬砌裂缝宽度 $\delta>5$ mm，长度 10 m $\geqslant L\geqslant$ 5 m 且裂缝密集	钢筋混凝土衬砌裂缝裂缝宽度 $\delta>0.5$ mm；普通混凝土衬砌裂缝宽度 $\delta>5$ mm，长度 $L>10$ mm，且变形继续发展；拱部开裂呈块状，有可能掉落
		洞体变形	有变形，但不发展，而且对使用无影响	有变形，但速度 $v<$ 3 mm/年	变形或移动速度在 10 mm/年 $\geqslant v\geqslant$ 3 mm/年，而且有新的变形出现用变形量表示。限界不能变小保证不能侵入限界	变形或移动速度 $v>$ 10 mm/年	衬砌变形、移动、下沉发展迅速，威胁行车安全
		变形缝	变形缝压条牢固、完整无破损	基本完好、无破损，个别空鼓、有裂缝、剥落	变形缝压条轻微翘起破损、残缺部分空鼓、有裂缝、剥落	变形缝压条翘起、脱落破损残缺严重	变形缝压条大部分翘起、脱落破损残缺严重
		渗漏水	有漏水，但对行车安全无威胁，并且不影响隧道的使用功能；混凝土表面有轻微腐蚀现象	漏水使钢轨腐蚀，养护周期缩短，继续发展将会升级为三级；混凝土表面容易变酥、起毛	隧道滴水、淌水、渗水及排水不良引起洞内局部道床状态恶化；在短时间内混凝土表面凹凸不平	隧底冒水、拱部滴水成线，边墙淌水，危害正常运营；水泥被溶解，混凝土可能会出现崩裂	隧道涌水，危及行车安全
		仰拱压溃	个别位置	压溃范围很小	压溃范围 $S<1$ m² 剥落块厚度<3 cm	压溃范围 3 m² $>S>$ 1 m² 或有可能掉块	压溃范围 $S>3$ m² 危及行车安全
		材料劣化	混凝土有起毛或麻面蜂窝现象，但不严重	混凝土有剥落，材质劣化，但发展较慢	混凝土剥落，材质劣化，衬砌厚度减少，混凝土强度有一定的降低	(1)材料劣化，稍有外力或震动，即会崩塌或剥落，对行车产生重大影响； (2)腐蚀深度 10 mm，面积达 0.3 m²； (3)衬砌有效厚度为设计厚度的 2/3 左右； (4)孔蚀或钢筋表面全部锈蚀	材料劣化严重，经常发生剥落，危及行车安全；衬砌厚度为原设计厚度的 3/5，混凝土强度大大下降； 由于锈蚀，钢筋断面明显减小，结构物功能受到损害

续上表

序号	类别		检查项目	一级	二级	三级	四级	五级
2	附属结构	联络通道		同主体结构	同主体结构	同主体结构	同主体结构	同主体结构
		迂回风道		同主体结构	同主体结构	同主体结构	同主体结构	同主体结构
		区间风道		结构完好	存在裂缝和渗水，不影响使用功能	裂缝较多；出现滴水现象	裂缝密集；出现淌水现象	裂缝密集，导致混凝土起层、剥落；出现涌水现象
		排水设施		结构完好	结构破损小于3%	结构破损在3%～10%	结构破损在10%～20%	结构破损达20%以上
		疏散平台		结构完好	结构破损小于3%	结构破损在3%～10%	结构破损在10%～20%	结构破损达20%以上

4. 隧道衬砌裂损整治发展方向

(1)对围岩进行加固稳定。其理论依据是:围岩是隧道的主要承载结构之一。加固方法主要有:对衬砌背后的围岩中进行深孔注浆以固结之;通过衬砌打入长锚杆,将不稳定的围岩形成整体的承载环;修筑支挡结构阻止山体失稳滑动。

(2)加固补强衬砌。主要方法有:往衬砌中注浆以封堵衬砌裂缝和内部空隙并加固衬砌;嵌补衬砌裂缝以加固衬砌;锚喷(网喷)(纤维)混凝土以加固初砌;加筑(钢)混凝土套拱以加固衬砌;锚贴钢板或纤维材料以补强衬砌。

(3)更换隧道衬砌。主要方法有:以钢筋混凝土衬砌替换原衬砌;以钢拱架(格栅)混凝土衬砌替换原衬砌;以锚喷(网喷)(纤维)混凝土替换原衬砌。锚杆重点发展中空注浆锚杆和自进式锚杆及预应力锚杆:锚固材料重点发展各种新型树脂材料;喷射混凝土重点发展钢纤维混凝土及各种不同种类的纤维(钢纤维、耐碱玻璃纤维、碳纤维、芳纶纤维、聚丙烯纤维或尼龙合成纤维等)进行排列组合的混合纤维混凝土;施工工艺重点发展各种湿喷和潮喷施工工艺。

5. 推行隧道病害整治标准化

随着交通隧道数量的日益增多,特别是各种交通车辆运行的速度不断提高,留给隧道病害整治的课题越来越多、越来越难。因此,有必要推行隧道病害整治的标准化。首先要做的工作是建立隧道各种病害的检查、观测、评定的量化标准,例如铁路系统已经通过内部规定出台了《铁路运营隧道衬砌安全等级评定暂行规定》(铁运函〔2004〕174号)。其次是建立隧道病害整治方案的标准。在日本,已经建立了隧道变异对策的设计标准,规定了原则、方法、流程、材料以及有关参数等。所以目前要加强隧道病害整治的基础性和应用性研究,包括进行隧道病害及其整治的大量模型试验,建立隧道病害及其整治的基础模型。同时还要建立隧道病害整治使用的各种材料的规范标准,以解决目前在公路隧道、铁路隧道、地下铁道等病害整治成为各种材料"试验场"的问题。最后是一定要花气力建立我国的隧道病害及其整治的专家系统。

6. 日本对隧道结构物的检查评定

结构物的性能,大体上可分为安全性能、使用性能、对第三者影响的性能和美观、景观及耐久性。对第三者的影响是指结构物的一部分(例如混凝土保护层)脱落对结构物下方的人造成危害的可能性。例如,隧道拱部掉块对列车或行人的危害,因与结构物的承载力无关,检查方法也不同。这里介绍日本隧道结构的碳化评定、氯离子侵入混凝土对钢筋腐蚀的评定、冻融作用评定及结构水密性评定的标准。

(1)碳化评定

$$y_d \gamma_i / y_{lim} \leqslant 1.0 \tag{1}$$

式中　y_d——碳化深度设计值;

y_{lim}——钢材腐蚀发生深度;

γ_i——结构物系数,一般取1.0,重要结构物取1.1。

(2)氯离子侵入混凝土造成的钢筋腐蚀评定

$$C_d \gamma_i / C_{lim} \leqslant 1.0 \tag{2}$$

式中　C_d——钢筋腐蚀位置氯离子浓度的设计值;

C_{lim}——钢筋腐蚀发生限界浓度;

γ_i——结构物系数。

(3)冻融作用评定

$$\gamma_i E_d / E_{min} \leqslant 1.0 \tag{3}$$

式中　E_{min}——相对动弹性系数的最小限界值；

E_d——相对动弹性系数的设计值；

γ_i——结构物系数。

关于冻融作用的集料膨胀飞出、剥落、微小开裂等混凝土冻害劣化程度和结构物性能的关系，目前还没有定量评价的研究成果。混凝土的抗冻性除与混凝土质量有关外，还受到最低温度、冻融循环次数、饱水度等多种因素的影响。

(4)水密性评定

$$\gamma_i Q_d / Q_{max} \leqslant 1.0 \tag{4}$$

式中　γ_i——结构物系数；

Q_{max}——单位时间的容许透水量(m^3/s)；

Q_d——单位时间的透水量设计值(m^3/s)，可按式(5)计算：

$$Q_d = \gamma_{pn}(K_d \cdot A \cdot h/L + Q_{ckd}) \tag{5}$$

式中：γ_{pn}为考虑单位时间透水量的设计值(m^3/s)离散性的安全系数，一般取1.15；K_d为结构物中混凝土透水系数的设计值(m/s)，$K_d = K_k \cdot r_c$，K_k为混凝土透水系数特性值；r_c为混凝土材料系数，一般取1.0；A为相当透水径路断面的混凝土全面积(m^2)；h为结构物内面和外面的水头差(m)；L为相当透水径路长度的核查部分的断面厚度期待值(m)，一般取设计断面厚度；Q_{cjd}为核查部分的开裂或施工缝的透水量设计值(m^3/s)。

混凝土结构物的水密性不仅取决于健全混凝土部分的水密性，也与开裂和施工缝等不连续处的水密性有密切关系。一般情况下，开裂和垂直施工缝的透水量比健全混凝土部分要大得多。因此，在结构物具有水密性要求的场合，要避免开裂的发生，可以通过配置控制开裂钢筋和采用膨胀材料来控制开裂的发生和裂缝宽度。

不能防止开裂和有施工缝等不连续而存在的场合，确定核查部位时应考虑其位置，对其影响要进行评价。核查部分的透水过程按一维问题处理的场合，可用式(5)计算的健全部分透水量和开裂及施工缝的透水量的总和来评价。

项目小结

本项目主要学习隧道衬砌裂损的类型及对隧道的影响与危害，要求掌握隧道衬砌裂损的检查方法与裂损描述，并分析隧道衬砌裂损特点及其原因；掌握隧道衬砌裂损的预防与整治措施及特点。

复习思考题

1. 隧道衬砌裂损有哪几种类型？
2. 如何描述隧道衬砌裂损部位及衬砌裂缝？
3. 如何进行隧道衬砌裂缝观测？如何描述、表达隧道衬砌裂缝？
4. 隧道衬砌裂损有哪些特点？
5. 整治隧道衬砌裂损与隧道稳固岩体有什么关系？应该怎样处理？
6. 如何进行隧道衬砌喷锚加固？
7. 隧道衬砌的加固补强有哪些方法？
8. 隧道更换衬砌主要有哪些方法？
9. 铁路隧道、高速铁路隧道、公路隧道和地下铁道对隧道衬砌裂缝的评定标准各是什么？

项目4　铁路隧道整体道床的病害整治及基底处理

项目描述

铁路隧道内的道床经历了碎石道床、轨枕板道床及整体道床等发展阶段，其对应的道床病害为碎石道床排水设施失效、翻浆冒泥、整体道床破损下沉、支撑块破损失效，严重的甚至是道床及其基底突然沉降使线路悬空，因此需采取有效的手段，在对铁路运输干扰最小的前提下，对隧道整体道床病害进行整治。本项目主要讲述道床的病害现象、观测分析以及治理、翻修改建等内容。

拟实现的教学目标

1. 能力目标

(1)能对运营隧道整体道床的病害进行有效地观测、检测；

(2)能够确定隧道整体道床的病害类型并分析原因；

(3)能够进行隧道整体道床病害防治措施选择并组织施工。

2. 知识目标

(1)掌握隧道整体道床病害产生的现象；

(2)掌握隧道整体道床病害原因；

(3)掌握隧道整体道床病害防治措施和施工工艺。

3. 素质目标

(1)培养学生良好的职业道德和吃苦耐劳的优良品质；

(2)培养学生分析问题、解决问题、积极思考、勇于创新的能力；

(3)培养学生的业务能力。

相关案例：成昆铁路整体道床病害整治

成昆铁路的隧道中最早采用整体道床，在运营后不断发生短枕木头松动腐朽、道床承轨台断裂下沉、中心排水沟开裂、翻浆冒泥等病害。1988年起，将隧道整体道床中短枕木逐步更换为钢筋混凝土支撑块，成段封闭中心水沟，改建深侧沟排水，这时又引发了支撑块松动及支撑块挡肩损坏等病害。其原因可归结为受 20 世纪 60 年代施工技术限制，隧底普遍超、欠挖，造成整体道床基础承载能力低且不均匀；隧道穿越地质构造复杂，在岩层节理、裂隙发育地段，道床局部受力超过基底容许应力；丰富的地下水以及中心排水沟较浅，排水能力不足和排水不畅使道床基础积水而长期处于浸泡状态，在列车反复作用下出现翻浆冒泥，甚至基底局部被掏空，线路下沉。这些病害在提速、重载、大密度运行的条件下会更加严重。如全长 3.904 5 km 的尼日 1 号隧道，对其整体道床 121 m 开裂下沉地段进行压注 TGRM 水泥基浆治理(图 4-0-1)，同时还尝试对 33 块松动支撑块四周压注同样的浆液，对 104 处挡肩损坏支撑块，采用钢筋加焊钢板挡肩盒与支撑块主筋联结，挡肩盒用高分子材料加豆石进行嵌补，并用水泥砂浆封闭。虽然费用较高，但是施工方便，效果好。

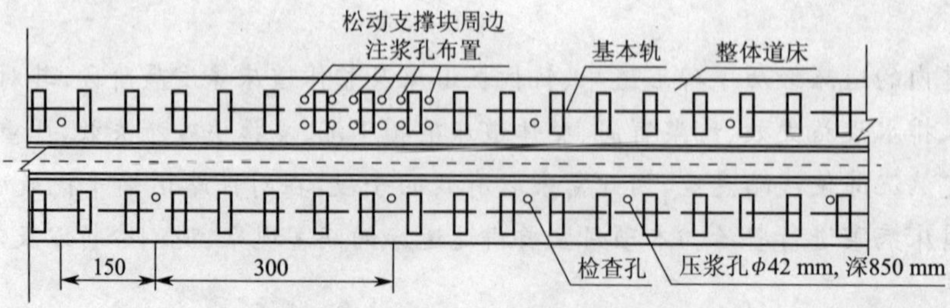

图 4-0-1　压浆孔平面布置示意图

TGRM 水泥基是一种无机复合的水硬性注浆材料，无毒无污染，耐腐蚀性强，具有超早强、可灌注性好、自密实自流平(流动性大)、微膨胀、遇水不分散、凝结时间易调、施工简便等突出特点。30 min 后抗压强度超过 8 MPa。保证了天窗加固的时间要求。施工工序为：准备工作→钻孔→清孔→注浆→封孔→清洗回收机具。

为检验整治加固效果，经钻孔取芯检查，发现道床压浆地段注浆饱满、密实；中心水沟不再渗水。营运后，道床稳定无后续下沉，承轨台横向断裂无开裂、错台等发展迹象；支撑块、浆液、道床混凝土间黏合紧密、牢固，无裂纹和松动现象，整治效果较好。但对道床下沉 30 mm 以上比较严重的地段，仍以更换道床较为有效。

通过案例可知，隧道的道床病害往往与结构的裂损、水害等病害伴随而生，所以要对整体道床的病害进行观测分析，找出根本原因，同时连同隧道的衬砌、水害一同整治，强调广泛使用新材料、新工艺、新技术，加强施工组织管理，确保维修期间线路的行车安全。

典型工作任务 4.1　铁路隧道整体道床病害分析

4.1.1　工作任务

通过铁路隧道整体道床病害及其整治有关知识的学习，能够承担以下工作任务：

(1)能够对铁路隧道整体道床病害的情况进行有效地观测；

(2)能够对铁路隧道整体道床病害原因进行分析；

(3)能够选择适当的措施并组织铁路隧道整体道床病害的整治。

4.1.2　相关配套知识

铁路隧道整体道床是在坚实的地基上或仰拱上构筑的混凝土或钢筋混凝土整体轨下基

础，是以混凝土代替道砟道床，用钢筋混凝土代替支承块或钢筋混凝土代替轨枕。整体道床这类轨下基础目前在地下铁道及铁路隧道特别是在长大隧道内普遍使用，优点有：

(1)结构简单，便于就地取材现场建造。

(2)地基稳固的整体道床，线路稳定平顺，能有效减少铁路隧道内线路的维修工作量。

(3)改变了传统的维修作业内容，免除道砟清筛、捣固等繁重作业，改善了养路人员的工作环境。

1. 整体道床分类

我国隧道及地下铁道中的整体道床目前主要有：支承块侧沟式整体道床、整体灌筑侧沟式整体道床、中心水沟式整体道床、(弹性)长枕埋入式整体道床、(弹性)短枕埋入式整体道床等结构形式，如图 4-1-1、图 4-1-2 和图 4-1-3、图 4-1-4 所示。

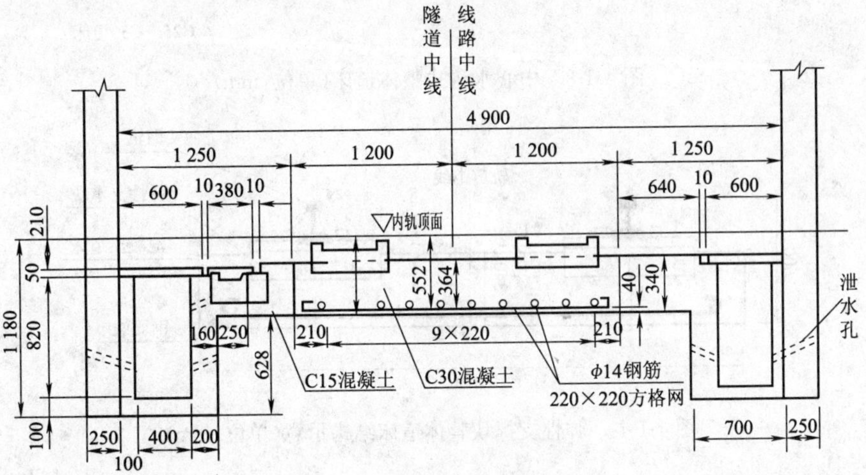

图 4-1-1　支承块侧沟式整体道床

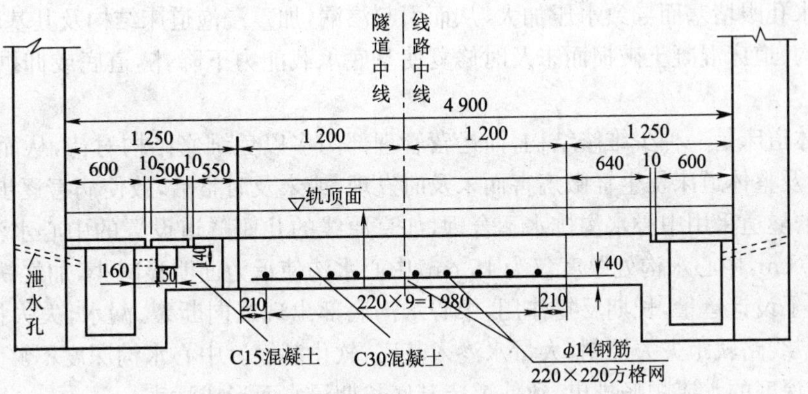

图 4-1-2　整体灌注侧沟式整体道床

2. 隧道整体道床病害类型和原因

隧道道床的损坏从根本上说就是道床下面的基底由于各种原因承载力不足、产生过大的形变甚至是有些基底材料被水冲走形成空洞，在列车荷载作用下出现整体道床下沉裂损、上隆裂损以及其他一些病害。这些病害产生的原因可具体分析如下：

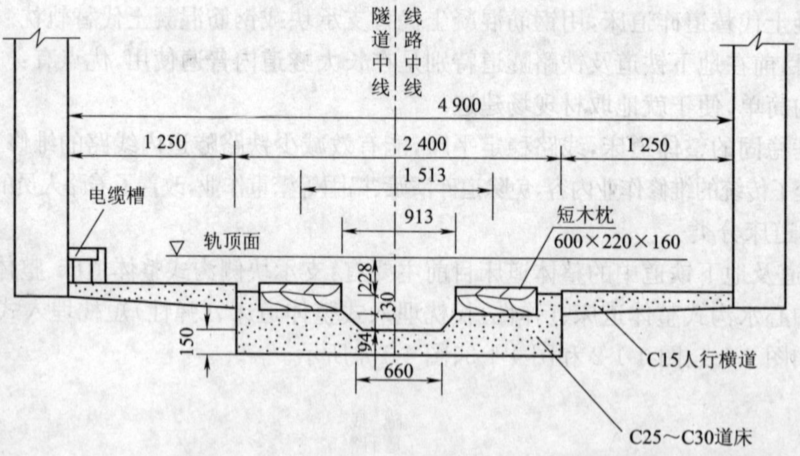

图 4-1-3　中心水沟式整体道床(单位:mm)

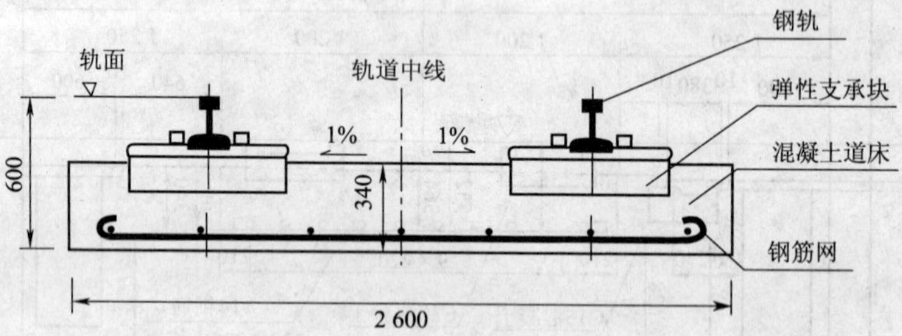

图 4-1-4　弹性支撑块整体道床结构示意(单位:mm)

(1)排水设施清理不及时,产生淤积阻滞,造成地下水水漫道床并使其长期浸泡,使基底软化,隧底或仰拱结构强度降低。

(2)泄水孔眼堵塞而导致水压加大,从而引起渗漏,加重浸泡道床结构及其基底。

(3)水沟、道床混凝土破损而未及时修复使基底承载能力下降,隧道底或仰拱结构失去承载能力。

(4)整体道床是一种少维修结构,而运营管理部门多以免维修结构对待,从而疏于管理造成隧底结构及整体道床发生轻微病害而未及时发现,或未及时整治,致使病害逐步扩大。

(5)有的隧道采用中心水沟排水不合理,如京原线的几座隧道设置的中心水沟,钢轨下道床厚度为 35 cm,中心水沟处厚度仅为 15 cm,中心水沟使承力面明显减小,加之铁路的实际运量远远超出了设计运量,长期反复作用,中心水沟底部出现纵向断裂、漏水,失去排水作用,整体道床分离,线路轨距失去控制,大量水渗入基底,软化基底。中心水沟深度不够大,难以使隧底以下一定深度的水流顺畅排出,致使道床基底长期浸水而形成病害。

(6)防水设计中,不重视隧底防水,仅靠混凝土自防水能力,施工接缝多却处理不好或不处理,极易在接缝处产生渗水。

总结以上问题不难看出:

①地下水是隧道道床及其基底发生病害的必要条件和决定因素。在几乎所有的此类病害中,无一例外都是在富水的地层或地下水位高的区域。

②列车长期的动荷载反复作用是重要因素。现场试验表明,列车动荷载对隧道边墙以上的结构产生的拉应力极小,而对隧道底部的仰拱会产生 0.2 MPa 的主拉应力,对隧道底部的

基底会产生 0.06 MPa 的主拉应力。

③结构设计薄弱是人为因素。一是隧道底部铺底或仰拱的厚度较小，不能满足日益增长的运输需要；二是仰拱的设置并不普遍；三是仰拱的形状过于扁平，受力不合理。

④排水沟布置不合理为病害创造了条件。大多数富水地区的隧道内排水沟内的水面高于隧道道床面，不仅不能疏干基底的地下水，而且可能使大量水渗入基底。

⑤施工质量的不足加速了病害发展。检查结果显示，普遍存在着道床下隐埋着不同厚度的浮砟，甚至有的还隐埋大量的木枕。

以京广铁路衡阳至广州段的大瑶山隧道为例，2007 年 11 月 13 日 6 时 40 分，工务调度员接到行车调度通知，K97 次旅客列车司机反映罗家渡至土岭间下行线 K1980＋730 地段晃车。6 时 50 分，大瑶山南养路工区接到通知后派工作人员立即进洞检查，发现隧道中的下行线 K1980＋730 处中心水沟边墙开裂“吊空”，高度达 200 mm，长度 15 m，列车通过时中心水沟及侧沟有翻浆冒泥现象，而且中心水沟、侧沟底部有混凝土块外挤，线路下沉达 15 mm，10 时 10 分该段下沉线路实行限速 60 km/h，对线路几何状态作临时处理。调查发现病害集中段的围岩级别为Ⅲ级，在该段衬砌上发现较多的竖向裂缝，分布较密集，涌水量大，地下水对道床形成浸泡，基底软化，列车通过时隧底开裂与翻浆冒泥之间形成恶性循环，基底与围岩之间空隙不断扩大，造成道床下沉、吊空，威胁行车安全。

表 4-1-1 综合了铁路隧道整体道床主要病害类型及产生原因。

表 4-1-2 为综合铁路隧道整体道床病害的预防措施。

表 4-1-3 对部分铁路隧道的道床病害现状、形成原因以及整治措施进行了统计。

表 4-1-1　整体道床病害类型及产生原因

顺序	整体道床主要病害类型		产 生 原 因	实　例
1	下沉裂损型	整体道床与人行道分离纵裂，中心水沟纵裂、错台；道床横裂；道床下沉。列车通过时，道床裂缝处冒水、冒泥、冒砂。轨距、轨平不能保持，线路纵坡坑凹不平	地下水位高，整体道床基面软弱松散层被水浸泡；列车动载重复作用，道床弹性下沉形成动水冲刷作用，使硬岩基面浮渣层中细颗粒流失或挤出，形成淘空，道床支承状态改变为多支点的地基梁，使整体道床受弯、受剪超过极限强度，发生下沉裂损。使软岩基面，特别是软质岩层的浮渣层，迅速软化、泥化、丧失承载力，伴随翻浆冒泥，迅速加重下沉裂损病害	成昆线：一支山江头村等花岗岩地基下沉裂损段； 成昆南段：大雀堡、凉伞坡、空心山、白虎山、竹菁口、碧鸡关等隧道道床严重下沉裂损段
2	上隆裂损型	整体道床上隆、横裂、纵裂；轨距、轨平发生变化，线路纵坡隆起不顺	地基局部含膨胀性岩层，如硬石膏、蒙脱土、黏土质页岩等，吸水膨胀，仰拱设置不合理，整体道床上隆裂损	成昆线：百家岭、莲地、凉伞坡、空心山，梅七线崔家沟隧道道床上隆裂损段
3	其他	(1)支承块松动； (2)支承块挡肩破损； (3)螺旋道钉锈蚀拧断； (4)TF-Y 型铁垫板断裂； (5)TF-Y 型弹条断裂	支承块下部道床混凝土震捣不密实； 施工中操作不当； 洞内潮湿，未作防锈处理； 材质不良；支承块或铁垫板表面不平，受力不均； 材质不良，或扭矩过大	

表 4-1-2 铁路隧道整体道床病害的预防措施

顺序	病害预防措施	适用条件及要求
1	增建或改建加深排水沟、防止地表水漫流下渗	(1)适用条件:整体道床新建、改建,既有清基不彻底又有地下水浸蚀的有病害隐患的隧道整体道床; (2)要求完善排水设备,达到整体道床基底和顶面两干燥,以防止基面软化和淘空,产生下沉裂损病害;防止扣件、垫板腐(锈)蚀损坏
2	加强调查,切实掌握工程地质情况,针对不同的地基条件,采用相适应的整体道床结构设计形式	(1)对于Ⅳ、Ⅴ、Ⅵ级围岩地基,必须采用曲墙仰拱衬砌;对膨胀性、冻胀性围岩,断层破碎带地段松软地基,必要时采用钢筋混凝土仰拱加强;使整体道床修建在可靠的仰拱上; (2)对Ⅲ级硬岩或软岩地基,不设仰拱,须彻底清基,并采用双侧深沟,布钢筋网加强的板式整体道床断面; (3)对Ⅰ、Ⅱ级围岩的硬质岩石地基,有裂隙水和浅埋季节水下渗影响地段,也要在加强排水和清基工作同时,按最少配筋率加强整体道床断面,以增加可靠性

表 4-1-3 部分铁路隧道道床病害及整治情况统计表

线名	隧道名	长度(km)	结构形式	道床形式	病害形式	水文工程地质	成 因
京广	大瑶山	14.295	曲墙式	整体道床	整体道床下沉	浅变质碎屑岩,碳酸块岩,地质复杂	施工质量不良,整体道床混凝土中夹有杂物或基底松散
	南岭	6.062	曲墙式	宽枕道床	道床翻浆冒泥甚至涌水涌泥	灰岩,含有大量岩溶水	铺底基面长期被水浸泡而软化,吊空
包兰	猩猩湾	0.802	直墙式	碎石道床	道床翻浆冒泥	泥质砂岩、页岩互层	地基软弱层受地下水浸泡
	东岗	0.575	曲墙式	宽枕道床	翻浆冒泥,边拱混凝土渗漏水,衬砌腐蚀剥落	硫酸盐型地下水,强腐蚀,地层上部黄土质黏砂土,底层卵石土,下伏砂层	地下水浸泡,排水系统堵塞
兰新	乌鞘岭	20.05	曲墙式	整体道床	整体道床底臌、多处纵横开裂	富水,岩性复杂,泥岩、砂岩、页岩均有分布	排水沟设置不当
青藏	关角	4.010	直墙式	整体道床	整体道床开裂翻浆	片岩与灰岩互层	偏压、排水不良、膨胀地层、地下水侵蚀、衬砌强度不足
成昆	沙马拉达	6.383	直墙式	整体道床	整体道床下沉、裂纹、破碎、翻浆冒泥	硫酸根离子含量高,有腐蚀性,泥质砂岩、页岩互层夹石膏	膨胀地层,地下水侵蚀,基岩受水浸泡软化

续上表

线名	隧道名	长度(km)	结构形式	道床形式	病害形式	水文工程地质	成因
成昆	百家岭	2.046	直墙式	整体道床	道床翻浆冒泥	硫酸根离子含量高,有腐蚀性,灰岩、泥灰岩、白云质灰页岩夹页岩及硬石膏层,岩溶发育	膨胀地层、地下水侵蚀
滨锥	杜草	3.849	曲墙式	整体道床	基底软化,道床翻浆冒泥	花岗岩破碎带	地质条件、水、施工质量综合影响
西延	九燕山	2.523	直墙式	整体道床	道床翻浆冒泥	砂岩夹薄层泥岩,洞身主要通过第二系红黏土	地下水丰富、施工质量不良
西延	蔺家川	1.137	直墙式	碎石道床		风化黏质黄土,砂岩夹页岩	铺底基面长期被水浸泡、软化
神延	榆林桥	0.827	直墙式	整体道床		砂岩夹页岩	长期浸泡软化

《铁路运营隧道衬砌安全等级评定暂行规定》中将整体道床及隧道底的损坏分为如表4-1-4所示的4级,为病害整治打下基础。

表4-1-4 隧道整体道床、隧道底板病害的等级评定标准

病害项目 \ 病害等级	1	2	3	4
	轻微	较严重	严重	极严重
整体道床破损	整体道床有局部轻微裂损	整体道床变形、错牙,下沉小于3 mm	整体道床变形、错牙、下沉3～5 mm,可能影响轨道稳定	整体道床变形、错牙、下沉大于5 mm,已影响轨道稳定
仰拱或底板裂损	连续长度小于或等于1 m	连续长度大于1 m、等于或小于3 m	连续长度大于3 m、等于或小于5 m	连续长度大于5 m
基床软化、翻浆	基床局部软化、翻浆	基床软化、翻浆,轨道几何尺寸变化较小	基床软化、翻浆较严重、轨道几何尺寸变化较大	基床软化、翻浆严重,轨道何尺寸变化异常

典型工作任务4.2 铁路隧道整体道床病害整治及基底处理

4.2.1 工作任务

通过铁路隧道整体道床病害及其整治有关知识的学习,能够承担以下工作任务:

(1)能够对铁路隧道整体道床病害的情况进行有效地观测分析;

(2)能够掌握铁路隧道整体道床病害整治方法和特点;

(3)能够选择适当的措施并组织铁路隧道整体道床病害的整治。

4.2.2 相关配套知识

通过我国铁路部门几十年整治隧道病害的实践总结,已经形成道床病害整治明确的思路,

即完善整体道床的排水和防水设备,是预防和整治既有隧道整体道床产生下沉裂损病害的基本措施;设置密井暗管对隧道浅基边墙稳定较有利,且施工和维修方便,技术经济效果较好,宜推广应用;对破损的整体道床,采用横向轨束梁法或轨下支墩法,翻修改建为钢筋混凝土板式整体道床较为安全可靠;而采用注浆加固整体道床或注胶抬升加固整体道床则更具有推广的意义。在实际操作中具体采用基底换填加固、基底压浆加固、对松动支承块采用化学注浆和凿除周边混凝土嵌补加固等整治方法。

1. 增设降排水设施

主要有增设直径大于 30 cm 的密井暗管、增设侧沟、增建渗水中心水沟以加强排水能力,排走隧道底部的积水。

2. 整体道床基底换填

对整体道床的基底进行换填需封锁线路,将整体道床分段抬起到一定高度,掏挖出基底下松软泥化的岩层,换填混凝土,然后使整体道床落下就位。此法适用于道床与人行道开裂或下沉,而道床左右两片纵梁完好或有少量横裂(间距>3.0 m)的病害道床,换填深度一般为 15~40 cm。其施工方法叙述如下:

(1)加强轨道联结

将道床纵横方向凿断,使之纵向分段,横向分块,便于换填操作。为此要采取轨道加强联结措施。一般每 1.5~2 m 安装轨距杆一根,道床与隧道边墙之间加临时顶撑,以控制轨距和方向。

(2)开挖两侧及中心沟槽

开挖两侧人行道下混凝土①及道床中心沟混凝土Ⅱ,每次只能作一段,并向下开挖沟槽,使其底面较预定换填高程低一些,如图 4-2-1 所示。

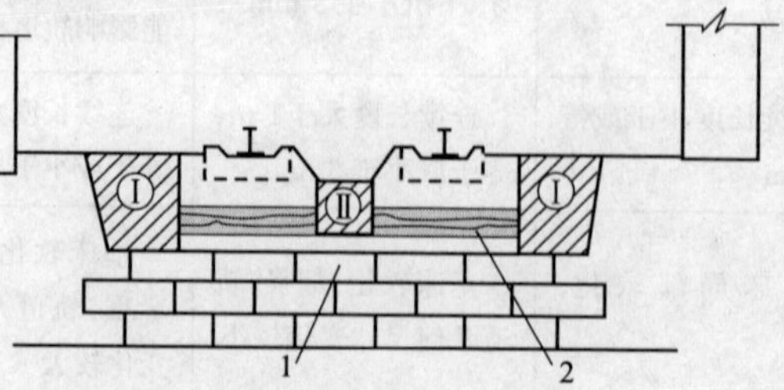

图 4-2-1 道床掏挖示意图

1—基底岩层较完整;2—软弱层

(3)横向铲断道床

根据起重能力,裂缝及沉降缝的实际分布情况决定分段长度,最长不宜超过 8~12 m,但不宜分得太短。铲断一段,换填一段,再铲另一段,不能一次全部铲断。

(4)抬垫道床

逐段抬垫道床,同一段内左右两块要同时抬垫。抬起量根据下沉量大小而定,一般宜较设计轨面略高 2 cm。要随抬随垫,每隔一对支承块下都要用预制的混凝土垫块垫好、垫牢。垫块平面尺寸为 40 cm×20 cm,厚度分为 7 cm、11 cm、15 cm、20 cm 数种。垫块要对准每股钢轨及支承块中心。填入垫块之前,要先将放垫块处的软土挖至预定换填线(包括加挖嵌入岩层的深度)。

根据需要抬起的总高度、换填深度、抬垫能力、列车间隔时间长短和抬垫速度决定抬垫批次顺序，每次抬垫高度约 5 cm 为宜。每抬一次，均要保证本段的每一支承块下都能垫好、垫牢。左右两块要同步操作。抬垫后，仍保持轨面高低、水平、轨距和方向良好，前后要按《铁路线路修理规则》要求做好顺坡。列车要减速通过。

这种方法换填深度不能太大。如一次列车间隔时间短，不能完成抬、挖、垫工作，也可以先逐对(左右对称)支承块挖垫，待全段应垫的支承块下的垫块已落在预定换填线上时，再按要求抬起量进行抬垫。

(5)掏挖基底软化岩石

所有分段抬垫完毕，即可对道床下软化岩石进行掏挖，但不能扰动垫块。

(6)灌填混凝土

精细调整线路并加以固定后，即可用干硬性混凝土捣填道床下全部空隙，待全部捣填密实后，再灌填中心水沟及道床四周，可掺适量的早强剂提高混凝土早期强度。如道床下混凝土灌填质量可疑，应事后补作压浆充填。

为防止施工中道床下垫块支垫松紧不一致，可在掏挖完毕并调整线路后，对原垫在每个支承块下的垫块，每隔一个垫块，取下加垫在垫块上与道床底之间的调平薄木板，改用喷射早强硫铝酸盐混凝土来喷射充填，待强度达到 4 MPa 后，作为永久性垫块来承载，保持减速行车。然后用模筑速凝混凝土(加 1.0%～1.5%速凝剂)换填，边填边拆除其余垫有薄木板的临时性垫块。

(7)进行下一段施工

按前述顺序逐段进行换填完毕后，进行下一段施工。

(8)恢复线路及附属设备

恢复线路及两侧人行道的原状。对于两侧沟槽，可结合增设侧沟排水，以利根治病害。无增设侧沟计划时，对沟槽中深挖部分应以贫混凝土填平，不产生积水。

3. 注浆加固整体道床

注浆加固就是在道床完好，而基底有空隙、浮砟或有少量开裂、冒浆、下沉地段，向道床下压浆充填空隙和裂缝(图 4-2-2)，达到固结岩体，提高基底承载能力，改善道床的支承状态，稳定道床的目的。待浆液硬化到一定强度后方可放行列车，故须封锁区间，减速行车。常用的是水泥—水玻璃双液，有的隧道用硫铝酸盐水泥加促凝剂[氯化锂(LiCl)]的单液浆，也取得了较好的效果。下面主要介绍水泥—水玻璃双液注浆。

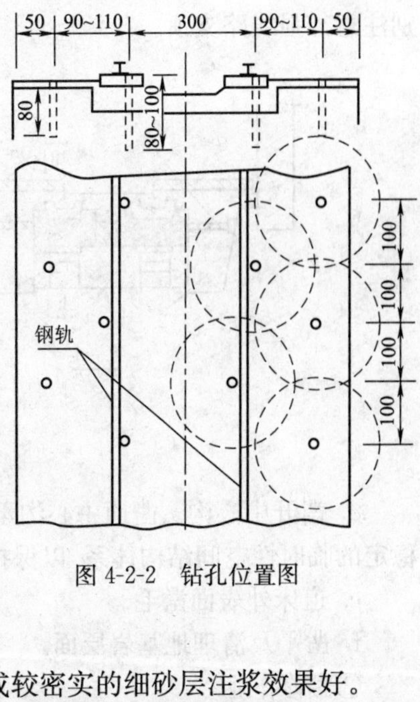

图 4-2-2　钻孔位置图

(1)水泥—水玻璃浆液早期强度高，凝结快，能避免地下水冲淡或冲失浆液。在压注过程中往往有压力猛然下降的情况，这说明裂隙间的堵塞物被压力挤开所致。试水时间应保持不少于 10 min。但要监测线路变化。

为了保证浆液压注以后达到预定的强度，施工封锁线路时间除去操作时间外应不少于 1.5～2.0 h。

(2)浆液的可灌性好，对于岩石裂隙宽 0.1～0.2 mm 或较密实的细砂层注浆效果好。

(3)控制好浆液压力。因为道床压浆深度一般不超过1 m，通常在道床下的扩散半径为

0.6～1 m。压力过大容易穿过覆盖层冒浆。故浆液配比、钻眼深度、浆液扩散半径及孔眼距离，均须试验选择。

优选配比时先固定水泥和水玻璃的品种和型号，以隧道内温度、搅拌与压注的时间差优选水灰比和水泥浆与水玻璃的流量比，即在固定水灰比条件下，水玻璃容积与水泥浆容积的比率可选 25%～35%，个别的也有选 20%～40%。

(4)注浆注意事项如下：

①随时量测浆液流量，使之与设计流量相近似。

②堵孔应严密，杜绝漏浆。观察附近孔口、道床、人行道的裂纹和边墙泄水孔、水沟底有无跑浆现象。孔内浆液变稠，说明孔眼灌满。

③孔眼布置应合理，孔眼过密既浪费工时材料造成大量窜浆冒浆，压力又不能达到预定强度，降低了压浆效果。因此，按浆液扩散半径布眼是很重要的。

④压浆检查。凡是漏压的孔眼，或孔眼布置过稀者通过检查压浆进行补压，才能保证质量。

注浆加固铁路隧道整体道床的工艺同项目 1 典型工作任务 1.2。

4. 整体道床翻修

(1)吊放法(凉伞坡隧道施工实例)

先开挖两侧沟，采用整体道床换填的办法，将道床基底的残砟及软弱层掏空，再架立临时的简易起重设备，撤除道床底部垫块，将原道床吊放在基本岩层面上，最后灌筑新道床混凝土将原道床包在里面。该法适用于道床基底掏挖深度≥40 cm 的整体道床翻修，其施工方法如下述。

①准备作业

a. 划分一次施工长度，并在两端横向切断混凝土道床，切口宽度 20 cm，用短枕木撑紧。

b. 将开挖好的两侧排水沟用混凝土铺底。

c. 道床基底掏挖(图 4-2-3)。以左右侧沟为进路，掏挖基底松软层并加垫支承垫块，要特别注意加强线路支顶。

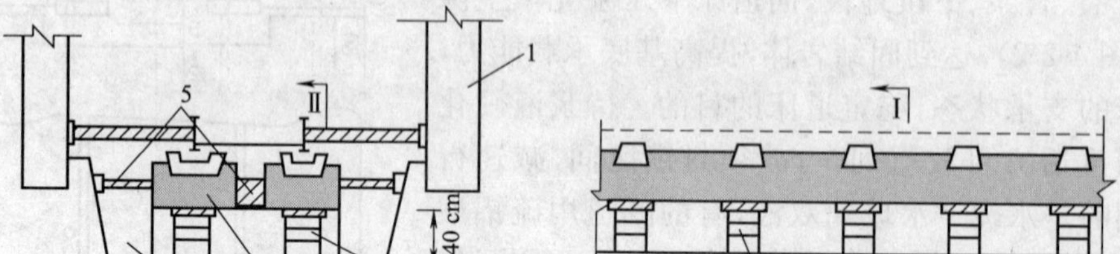

图 4-2-3　道床开挖图

1—边墙；2—侧沟；3—道床；4—支承垫块；5—支撑

d. 凿开中心沟。凿通中心沟至道床底并用短枕木撑紧，使已破坏了的道床形成一个比较稳定的临时性空间结构体系，以保持施工期间列车慢行 5～10 km/h 通过。

e. 道床外表面凿毛。

f. 凿平及清理地基岩层面。

②翻修作业

a. 拆除钢轨全部扣件，两端按规定顺坡。

b. 搭设吊放混凝土道床的支架、横梁、纵向扣轨梁(二组 3 根轨),如图 4-2-4 所示。

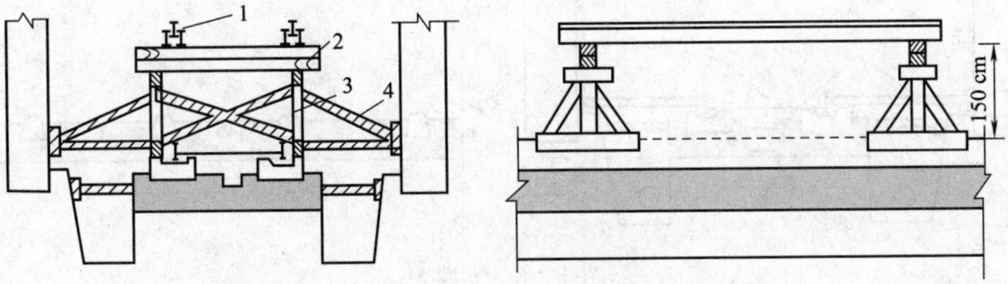

图 4-2-4　吊放架示意图

1—纵向扣轨;2—横梁;3—支架;4—支撑

c. 在纵向扣轨梁上安设带链滑车。

d. 基岩面上铺 10 cm 厚 C20 半干硬性碎石混凝土垫层。

e. 吊放道床。微微吊起混凝土道床,拆除下面的支承垫块,直接将道床落到混凝土垫层上,用预制的钢筋混凝土垫块将其垫平。图 4-2-5 为道床吊落后的示意图。

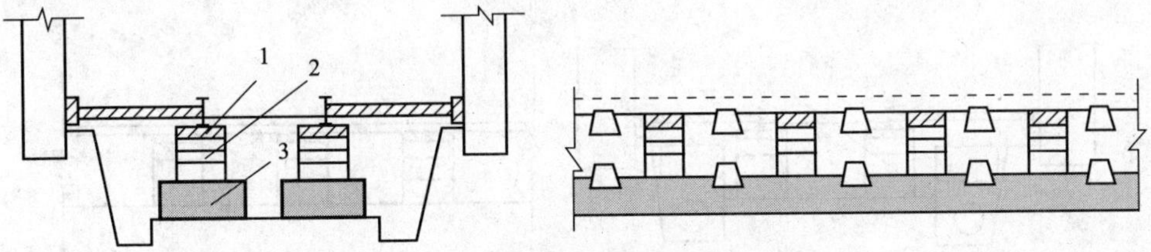

图 4-2-5　道床吊落后示意图

1—木垫板;2—支承垫块;3—混凝土道床

沿纵向在两块相邻钢筋混凝土支承垫块间,安设垫块及木垫板(垫块为几种不同厚度的 C30 预制钢筋混凝土块,垫块之间的接触面需用高等级砂浆进行"座浆"处理),并预留轨顶沉落量 0.5～1.0 cm。

上紧钢轨扣件,按规定设好轨距杆及支撑,开通线路,慢速行车。

③灌筑作业

a. 按规定位置吊挂线路钢筋混凝土支承块,安设扣件,上紧轨卡螺栓,保持支承块的轨底坡度,如图 4-2-5。

b. 灌筑 C30 混凝土新道床。

c. 灌筑混凝土 4 h 后,松开支承块的轨卡螺栓,取出轨底橡胶垫板,使支承块"卸载"。

d. 新道床混凝土达到 70%的设计强度后,拆除垫块上木垫板,安设轨底橡胶垫板,上紧轨卡螺栓,使支承块受力。

(2)横移法(竹箐口隧道施工实例)

当道床下的软化层较薄,基岩坚固,不便于进行掏挖时,可采用横移法施工。

①准备作业

a. 划分一次施工长度,并在两端横向切断混凝土道床,用短枕木撑紧。

b. 做好两侧排水沟,并回填混凝土至道床底面上 20 cm。

c. 凿开中心沟至道床底,并用短枕木撑紧,如图 4-2-6 所示。

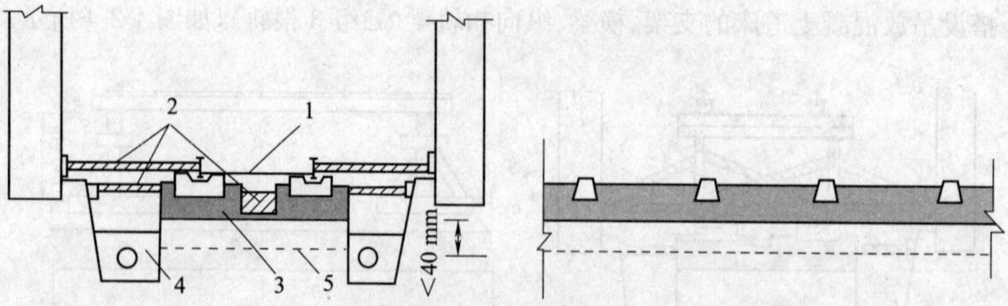

图 4-2-6 支撑图

1—轨距杆；2—支撑；3—道床；4—侧沟；5—基岩

②翻修作业(封锁线路施工)

a. 拆除翻修段钢轨全部扣件，两端按规定顺坡。

b. 分别横向移出混凝土道床至两侧人行道上。

c. 清除道床底浮渣及软弱层，并冲洗干净。

d. 支垫 C30 钢筋混凝土预制垫块(要求同吊放法)。

e. 调整好线路，上紧各部扣件及支撑，开通线路(减速行车)。图 4-2-7 为道床移动示意图。

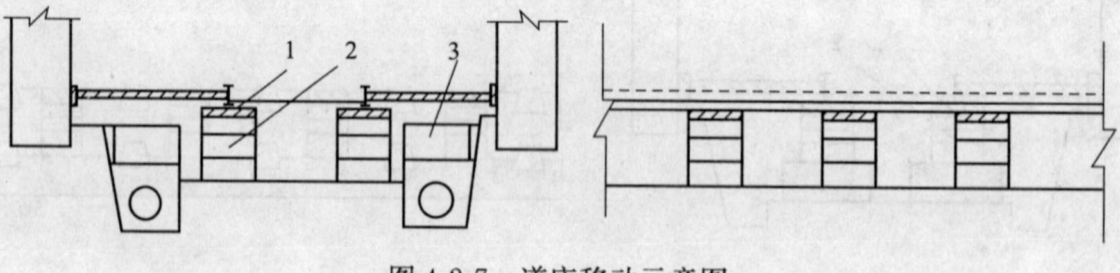

图 4-2-7 道床移动示意图

1—木垫板；2—预制垫块；3—横移道床

③灌筑作业(封锁线路施工，或利用较大列车间隔施工)

灌筑各项作业及要求同吊放法。

(3)抬道法

此法适用于隧道限界大，道床底松软层大于 40 cm，翻修地段较长的道床。其施工方法简述如下：

①做好两侧排水沟。

②铺设纵梁。纵梁可用方木、钢梁或现浇混凝土。将纵梁顶抄平，计算垫木厚度，铺设纵向垫木。

③架设纵向扣轨梁(5 根一组)，如图 4-2-8 所示。

图 4-2-8 扣轨架设示意图

1—临时行车轨；2—横向扣轨梁；3—纵向扣轨梁；4—纵向垫木；

5—混凝土支墙(代替纵梁)；6—排水沟

④封锁施工。拆除施工段线路，架设横向扣轨（3 根一组），铺设临时行车轨，恢复线路，并做好两端顺坡。同时必须加强各部联结和临时支护工作。开通线路后，限速行车。

纵向扣轨梁跨度及横向扣轨梁间距应经计算确定。

⑤凿除道床混凝土。在翻修地段道床上钻孔，用控制爆破法开挖，并将破碎道床混凝土清理干净，使基底达到设计尺寸。

⑥灌筑新道床混凝土。在基本轨上挂好钢筋混凝土支承块，调整好线路，立模，灌筑 C30 道床混凝土。如在临时行车轨上挂支承块，要调整好线路高程，并在承轨槽内放入木垫片。封锁开通前将木垫片取出，以保证支承块不受钢轨传来的荷载。

⑦道床混凝土达到设计强度后，拆除横向扣轨及支护，恢复线路。

⑧拆除纵向扣轨，灌筑表层混凝土。

5. 碎石道床改为整体道床

通车条件下把碎石道床改为混凝土整体道床的施工，其关键问题有以下两类：一是行车条件下的施工工艺，既要保证行车安全，又要便于施工；二是钢筋混凝土支承块的定位，既要利用基本轨，又要消除列车运行的不利影响。下面结合实例进行说明。

(1)基本轨下支墩法（枫叶岭隧道施工实例）

在每一枕木盒内设轨下混凝土支墩，作为轨道的临时支撑[图 4-2-9(a)]保持行车，然后分段开挖，清除碎石道床，灌筑混凝土整体道床。适用于轨底至整体道床底的深度不大于 60 cm 的情况。封锁线路施工，作业地点按限速 15 km/h 行车。

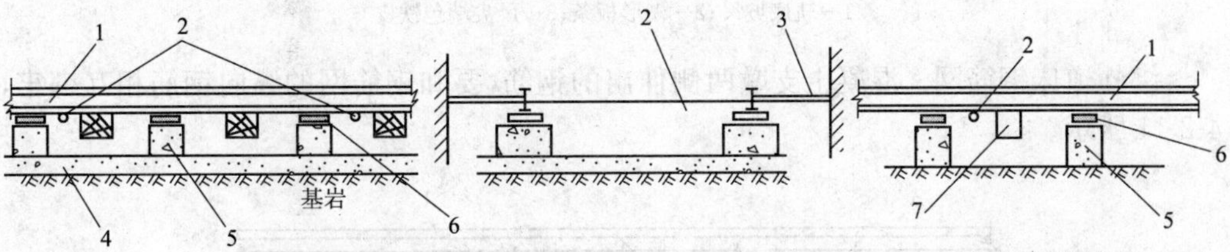

(a)混凝土支墩布置　　(b)挂支撑块的情况

图 4-2-9　混凝土支墩及支承块安设示意图

1—钢轨；2—轨距杆；3—支撑木；4—隧底混凝土；5—混凝土支墩；6—木垫板；7—钢筋混凝土支撑块

施工程序如下：

①同时增设侧沟时，应先做好侧沟。

②开挖道床。按施工分段流水作业计划的顺序编号，进行道床开挖。对 25m 长的支撑轨，分四段施工，间隔三段，开挖一段，如表 4-2-1 所示。

表 4-2-1　分段开挖顺序

28×6.25 m=175 m

3×6.25 m

开挖编号	1	2	3	4	5	6	7	8	9	10	11	12	13	14	15	16	17	18	19	20	21	22	23	24	25	26	27	28
轨缝位置	√				√				√				√				√				√				√			
开挖编号	1	8	15	22	2	9	16	23	3	10	17	24	4	11	18	25	5	12	19	26	6	13	20	27	7	14	21	28
工作项目	灌筑混凝土				已立完模	作业车停留点			立模冲洗				挂块绑钢筋				出土				开挖				开挖			

边开挖边撤除线路枕木，随即在两枕木空间(留出安装轨距杆位置)，安设预制混凝土 C30 支墩，其顶面与轨底间加设厚木垫板，支墩位置不能影响支承块的设计位置。

③出砟。将挖出的道砟、拆除的枕木及旧水沟盖板等，随挖随之装车运出洞外。

④混凝土支墩填垫砂浆，绑扎道床钢筋网。

a. 用起道机稍顶起钢轨，把混凝土支墩移出，将其底部清扫、清洗干净，按设计位置垫铺 2～5 cm 厚的 1∶2 干硬砂浆，再把支墩移回正位，落下基本轨。此时实际轨面可较设计轨面略高 1～2 cm。

b. 按照设计轨枕位置，挂设钢筋混凝土支承块，如图 4-2-9(b)所示。在轨底与承轨槽面间加垫楔形板条，使用轨底坡尺做出轨底坡后，拧紧螺栓，如图 4-2-10 所示。

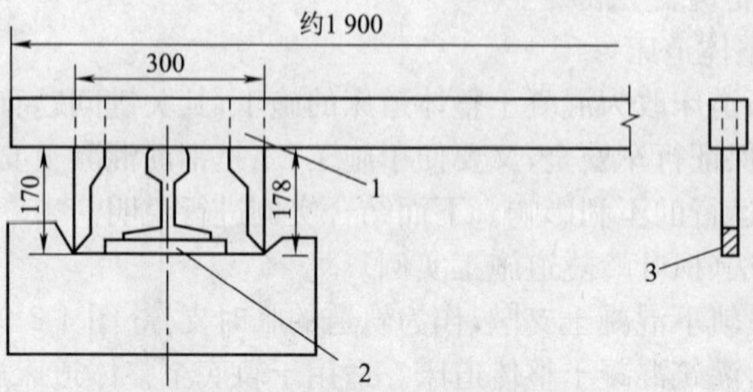

图 4-2-10　轨底坡尺(单位:cm)

1—轨底坡尺;2—楔形板条;3—尺尖端包铁皮

c. 绑扎道床钢筋网。混凝土支墩两侧伸出的钢筋，要和钢筋网的纵向钢筋相互绑牢，如图 4-2-11 所示。

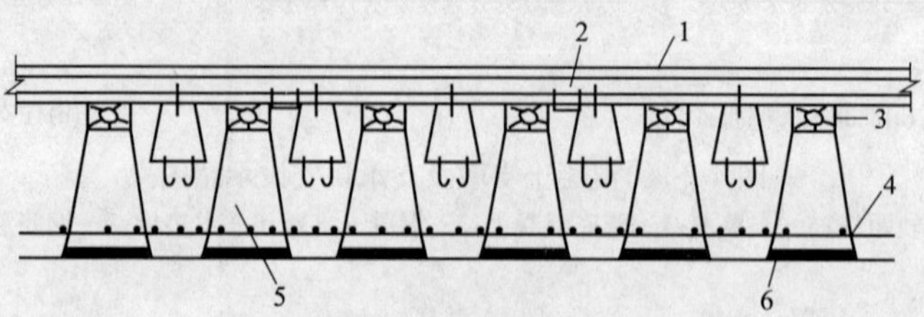

图 4-2-11　钢筋网示意图

1—钢轨;2—轨距杆;3—厚垫板;4—钢筋网;5—混凝土支撑;6—干硬砂浆层

⑤复核灌筑段的标准线路及立模。

a. 复核与校正设计中心线及线路轨面线。

b. 复测与整正支承块承轨槽的轨底坡。

c. 组立模型板，并按每隔 6.25～12.5 m 设伸缩缝一处。

⑥灌筑道床 C30 混凝土。

a. 使用压力水冲洗并刷净基础顶面的泥土、浮渣和杂物。

b. 灌筑道床混凝土。为提高早期强度，可掺入 1%的速凝剂。

c. 捣固混凝土过程中要随时检查支承块位置及高程是否符合定位精度。

d. 混凝土灌筑完毕线路开通前，再复核每个支承块的轨底坡，确认合格后，松开螺帽，抽出轨下填塞的楔形板条，使支承块不承受活载。

⑦钢轨落槽。道床混凝土达到设计强度后，用起道机顶起基本轨，撤掉混凝土支墩上的厚

木垫板，使钢轨落到支承块的承轨槽内，上齐扣件。

⑧道床抹面。凿除整体道床混凝土顶面的凸出部分，冲刷干净后，抹 1∶2 砂浆层，并做好排水坡度。

(2)纵横扣轨梁架设法

在道床两旁布置纵向扣轨梁，在其横向扣轨支承轨道通车。纵向扣轨梁下每隔 3～5 m 立一个混凝土支墩，如果同时增设侧沟，则可加宽侧沟边墙并安排先行施工，用侧沟边墙作横扣轨，取消该侧纵扣轨及其下的支墩。此法适用于轨底至道床下最低开挖线深度大于 60 cm(曾用于深达 140 cm 的)的情况。这种架设方法能将整体道床施工范围全部架空。故可以按正台阶分段开挖、灌注，实行流水作业。

梁下支墩可先预制，一墩一块，用轨道走行小吊车吊装，墩高分几种，并利用基坑深浅变化来适应之。支墩开挖及吊装可利用列车间隔停车防护施工。图 4-2-12 及图 4-2-13 为某隧道施工方法示意图，其横向扣轨用两根短轨拼接而成，如图 4-2-14 所示，横扣轨侵入道床部分留出沟槽，待拆扣轨后补灌，此法适用于坚硬岩层较深，轨底至道床底或换填底面深度 60～150 cm的情况。

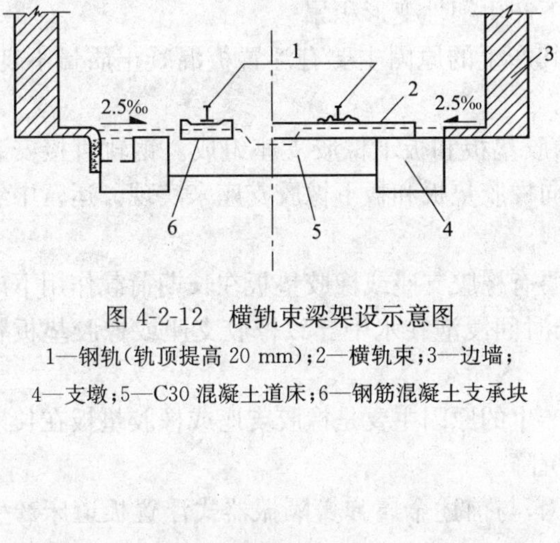

图 4-2-12　横轨束梁架设示意图

1—钢轨(轨顶提高 20 mm)；2—横轨束；3—边墙；4—支墩；5—C30 混凝土道床；6—钢筋混凝土支承块

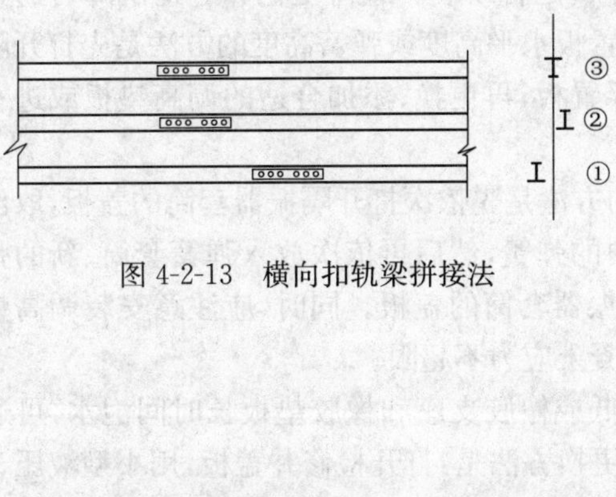

图 4-2-13　横向扣轨梁拼接法

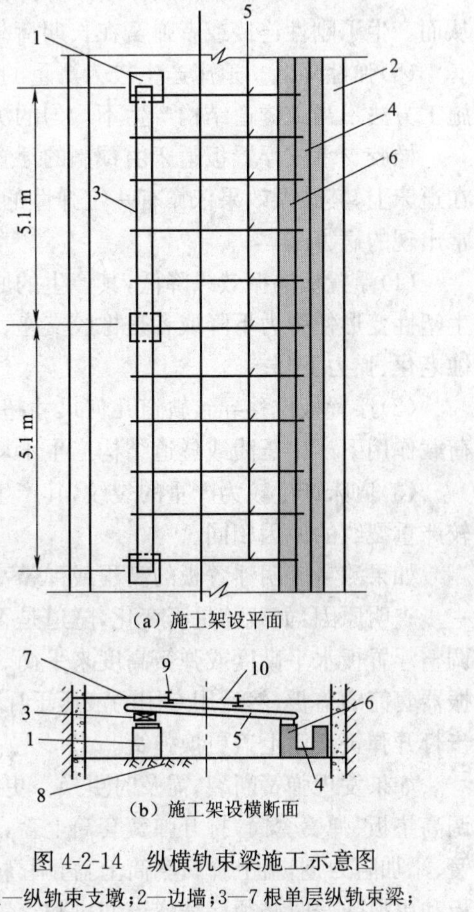

图 4-2-14　纵横轨束梁施工示意图

1—纵轨束支墩；2—边墙；3—7 根单层纵轨束梁；4—原内侧水沟；5—3 根拼接横轨束梁，长约 3.8 m，跨 3.0～3.1 m，间距约 1 m；6—侧沟内侧沟邦；7—横撑；8—隧底或基岩；9—基本轨；10—轨距拉杆

6.地下铁道中的减振整体道床病害及维修

在地下铁道中常采用减振整体道床，主要类型有弹性短轨枕式整体道床、橡胶支承式浮置板道床和连续现浇金属弹簧隔振器式浮置板道床等。

金属弹簧隔振器式浮置板道床为弹簧阻尼集成隔振系统，主要是利用弹簧隔振器将轨道道床与周围结构全部隔离开，短轨枕与浮置板浇注成整体而构成浮置板道床的轨道板。轨道板通过弹簧隔振器支承在基础道床上，轨道板可以提供足够的惯性质量来平衡车辆产生的动荷载，只有静荷载和少量的动荷载会通过弹簧隔振器传到基础道床上。此类道床在运营中经常出现的病害是：

(1)弹簧隔振器的套筒或其他部件的保护层损坏，其产生的原因主要有金属材质不良易锈蚀、施工时作业方法不当破坏了套筒的喷涂层或喷涂层质量不良。

(2)弹簧挠度增大或断裂，其产生的原因主要有弹簧金属材质不良或者弹簧在长期荷载作用下产生疲劳破坏。

(3)浮置板出现突出或缓慢发展的变形导致轨道几何尺寸超限，其产生的原因主要是由于同一区域内多个弹簧断裂或隧道结构产生不均匀的沉降。

(4)噪声和振动增大，隔振效果降低，其产生的原因主要是隧道与浮置板之间塞入了杂物，从而产生了刚性连接或者弹簧在长期荷载作用下产生塑性变形积累。

(5)弹性降低。道床产生较为严重的裂纹，其产生的原因主要有浮置板混凝土质量不良、施工方法不当或隧道结构产生不均匀的沉降等。

橡胶支承式浮置板道床由预制的浮置板、橡胶垫板和板下橡胶支座组成。钢轨直接安装在道床上，其减振效果依靠有一定弹性的纵、横向橡胶垫板和板下橡胶支座来实现。运营中经常出现的病害是：

(1)浮置板隔振效果降低，其产生的原因主要有橡胶支座或橡胶垫板在长期荷载作用下产生塑性变形使弹力下降或者是橡胶支座、垫板长时间浸泡在水中导致橡胶支座或橡胶垫板腐蚀老化、弹力下降。

(2)浮置板位移导致轨道几何尺寸超限，其产生的原因主要是橡胶支座或橡胶垫板在长期荷载作用下产生压溃或隧道结构产生不均匀的沉降。

(3)道床产生较为严重的裂纹，其产生的原因，与前述金属弹簧隔振器式浮置板道床产生较严重裂纹的原因相同。

如果测量表明浮置板的高程或弹簧高度与初始安装的测量结果相差超过 2 mm，则需进一步查明原因：如载荷是否变化，隧道是否沉降，弹簧是否断裂。载荷变化和隧道沉降可通过调整浮置板水平高度或弹簧高度来平衡。调整浮置板水平高度或弹簧高度的方法是先打开隔振器套筒的盖板，然后用专用的液压千斤顶顶升浮置板，再更换、添加合适的调高垫板或进一步打开弹簧套筒上盖更换弹簧。

如果发现弹簧断裂，需及时更换。更换弹簧的方法是先依次打开隔振器套筒的盖板，取出调高垫板、弹簧套筒，打开弹簧套筒上盖，取出断裂的弹簧，然后再依次放入弹簧套筒、新的弹簧、添加阻力剂，盖上弹簧套筒上盖，调高垫板、隔振器套筒的盖板。同时，应注意安装调高垫板和更换弹簧时必须保证隧道仰拱和浮置板的混凝土应力不超限。

如果运营过程中发现浮置板隔震效果明显降低或橡胶支座和橡胶垫板长时间泡水，可通过检修井更换橡胶支座和橡胶垫板。橡胶支座的更换方法是：打开检修井盖板，用小型液压千斤顶顶升浮置板，从检修井将相邻的两个板下橡胶支座取出，更换；纵向橡胶垫板和横向橡胶垫板直接更换,不需移动浮置板。

弹性短轨枕式整体道床由短轨枕、枕下橡胶垫板和橡胶套靴组成,其减振效果依靠有一定弹性的橡胶垫板和橡胶套靴来实现。运营中经常出现的主要病害及原因是:

(1)噪声和振动增大,隔振效果降低,其产生的原因主要是橡胶套靴或橡胶垫板在长期荷载作用和长时间泡水,腐蚀老化,使弹力下降。

(2)短轨枕位移导致轨道几何尺寸超限,其产生的原因主要是橡胶套靴或橡胶垫板在长期荷载作用下产生压溃。

如发现橡胶套靴、橡胶垫板和短轨枕压溃,需进行更换。更换维修需要全部凿除,重新施工。若橡胶套靴、橡胶垫板的压溃不是很严重,可通过调整轨道几何尺寸来处理。

知识拓展

1. 对地下铁道道床的状态评定

北京地下铁道总公司制定的《城市轨道交通设施养护维修技术规范》将线路状态评定分为三级,满分 100 分,采取病害扣分的办法进行评定。扣分后分值 85~100 分为优良,60~85 分为合格,60 分以下为失格。评定为优良、合格表明线路处于较好状态,应进行日常养护维修。评定为失格表明线路存在病害,应进行中修或大修。

在线路分项评定中,对道床中的翻浆冒泥每处扣 0.2 分。在道岔分项评定中,道床项中,碎石道床翻浆冒泥每处扣 2 分,碎石道床肩宽不足,不饱满每组扣 4 分,整体道床开裂每处扣 2 分,整体道床轨枕块松动每处扣 2 分。

2. 地下铁道整体道床的病害特征及整治

(1)整体道床病害的起始特征为道床两侧水沟渗水、漏水。水沟长期流水量过大,导致混凝土内碳酸钙的沉淀流失较大。

(2)随着区间隧道混凝土结构水的渗流,钙质流失,道床与两侧水沟出现裂缝,隧道主体出现裂缝、冒水、冒泥浆。列车运行振动时,整体道床出现振动拍打,冒泥、冒沙严重,以致发展到水沟受挤压破碎,沟内流水渗漏至道床底部。

(3)两侧水沟破裂,水沟内无流水存在,整体道床出现横向裂缝,变形缝严重漏水、冒泥,并与隧道主体结构产生严重剥离。

当道床底部渗漏水影响到与隧道主体结构的接触部位时,使接触面混凝土胶结料钙质流失,出现溶蚀破坏,强度下降。在列车运行振动的影响下,整体道床及与之相连的边墙出现竖向、横向振动。振动使接触面产生错位、磨耗,整体道床剥离空脱,与之相连的两侧水沟受整体道床的横向挤压出现碎裂破坏。在列车运行振动和渗漏水形成的润滑作用下,混凝土产生严重磨耗,整体道床的病害加速恶化。根据调查,当水沟破碎、水沟返水、整体道床出现横向裂缝的情况发生 3 个月后,病害发展迅速,要增加 1~1.5 倍的治理量。

在整治整体道床底部病害时,通常对注浆材料的要求是:

(1)材料应具有在水中与被加固体有良好的黏结性能,且能满足整体道床在列车运行中产生的振动要求。

(2)为确保对整体道床与隧道主体结构剥离间隙渗透填充,注浆材料应具有优良的渗透性,同时凝胶时间不能过快,以免影响注浆充填性。

(3)由于加固的整体道床内被水充填,注浆材料应具有在水中优异的渗透排水性;同时,要求在水中注浆时不发生离散现象，以确保材料的固结性和固结强度。

(4)由于隧道夜间可供注浆加固时间不长，为确保注浆的连续性和挤密充填性，注浆材料必须具有多次重复注浆的特性。

(5)注浆材料必须具有优良的力学性能和耐久性。

隧道整体道床的病害治理方法和要点如下：

(1)为确保注浆材料在整体道床底部扩散充填，应根据整体道床的结构形式和暗挖隧道的结构形式进行布孔。布孔时要便于排水、排气，并根据加固需要，设计钻孔深度。

(2)根据整体道床的剥离空脱间隙，设计水泥注浆充填级配，以封堵串浆跑浆通道，确保注浆材料向渗透性较低的微细裂隙渗入并固结补强。

(3)为防止病害治理中，出现跑浆、串浆问题，在整体道床的治理前应做好道床两侧水沟的修复和封闭处理。

(4)为确保排水、置换固结效果，应采用按孔序，滚动形进行施灌，并争取在有效的时间内连续施灌。

(5)注浆施工中，应严格控制注浆结束压力的标准，做到既不使整体道床产生抬动，有保证浆液在充分的压力下被充填到剥离空脱的间隙并黏结。

3. 应用 EAA 环氧树脂材料进行整体道床病害治理

在广州地铁 1 号线暗挖区间隧道整体道床的施工过程中，因受地下水渗漏和基面清理不彻底等影响，道床与仰拱之间存在间隙，且长期受地下水和列车行驶动载作用，部分地段水沟及整体道床出现冒泥、冒沙，两侧排水沟出现剥离、破损，并存有过量的钙质沉积物，以致水沟无法排水。

经反复论证，认为要想整治整体道床病害，要从以下几方面考虑：

(1)使仰拱与整体道床之间的钙质、泥质和砂杂质等充填物固结改性，使整体道床与仰拱黏结牢固；

(2)充填因冒水、冒浆、冒泥产生的剥离间隙和通道，使之成为一个整体；

(3)在有水流的情况下，做好水沟的修复等。

结合 EAA 环氧树脂材料有优良的亲水性、渗透性和黏结能力，有较高的综合力学强度，并有对裂缝中的杂填物固结补强作用，有在列车振动荷载作用下固化黏结的特性，有较好的耐老化性能，无毒、无污染等特殊的性能，最后确定采用 EAA 环氧树脂材料作为治理整体道床病害的注浆材料。

整治施工前，首先对水沟进行封闭处理，然后再进行整体道床的注浆加固。

对破损水沟进行封闭处理时，先对破损部位进行清凿，根据破损状态布孔注浆，孔距300～350 mm，孔径 8～10 mm。破损部位如渗水的水流较大，应采用速凝水泥封堵，然后进行混凝土修复，最后采用水泥一EAA 环氧树脂材料进行复合注浆。注浆压力原则上控制在 0.5 MPa 左右，并要求重复注浆。对未破损水沟的缝隙也应进行嵌缝封闭和埋管注浆处理，即沿水沟与整体道床接合部位钻孔，孔径 ϕ10 mm，孔深 150 mm，孔距 350～400 mm，如图 4-拓-1 所示。

对整体道床进行施工时，先在整体道床上布 3 排注浆孔(排距 400～450 mm，如图 4-拓-2 和图 4-拓-3所示)，孔分Ⅰ、Ⅱ序号，按顺序注浆，孔径 ϕ32～36 mm，孔距 550～600 mm，孔深要达到二次衬砌混凝土内 200～250 mm，但不能钻穿防水层，要求清渣清孔，采用早强水泥封孔埋管，所示。纵向每 10～15 m 利用钻孔进行压水试验，如无压力显示，则应先压注水泥浆，注浆压力为 0.5～0.6 MPa，水灰比为 0.8∶1。注浆完毕，扫开注浆孔，重新埋管压注 EAA 环氧砂浆，注浆压力为 0.6～0.8 MPa。注浆压力稳定后闭浆待凝，并对所有注浆孔进行二次或多次重复注浆，注浆待凝 2 天后进行拆管和饰面修复。

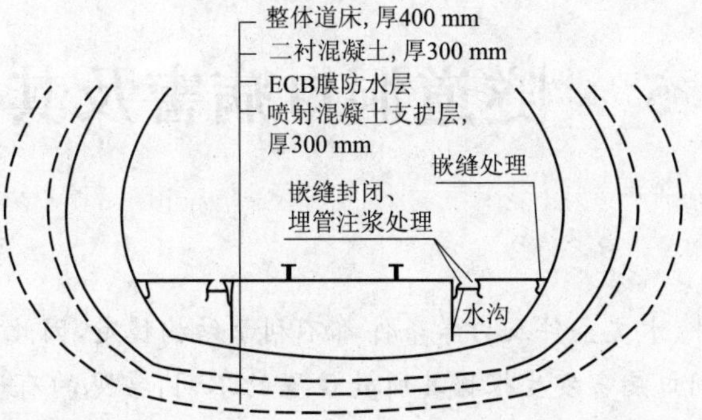

图 4-拓-1　整体道床两侧水沟与二衬间的封闭处理示意图

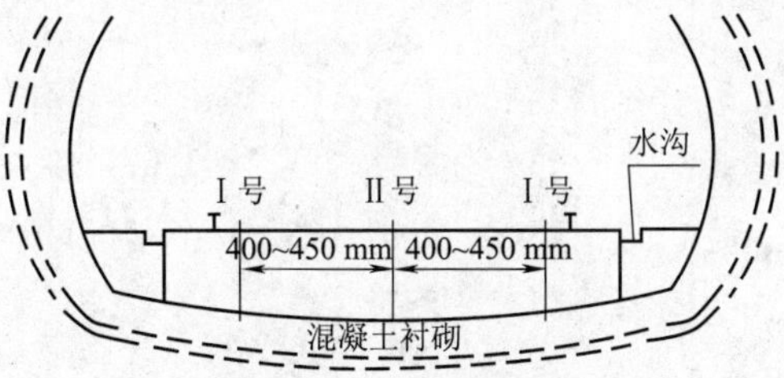

图 4-拓-2　整体道床注浆孔布置横剖面示意图

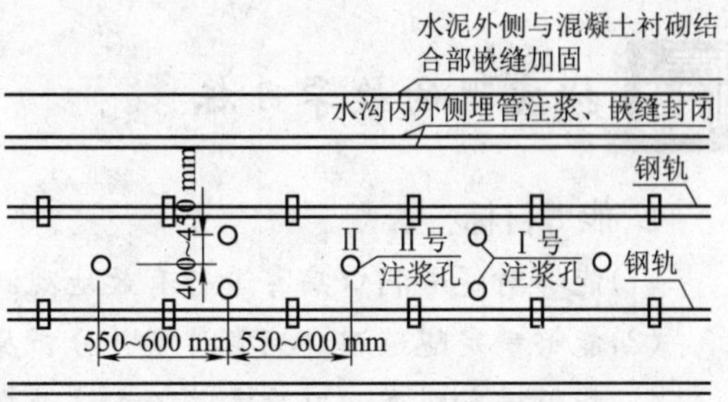

图 4-拓-3　整体道床注浆孔平面布置示意图

项目小结

本项目主要学习隧道整体道床的类型、整体道床病害及原因分析，整体道床病害对隧道的影响与危害。要求掌握隧道整体道床病害预防措施；掌握基底换填、注浆加固、翻修等整体道床基底处理方法和特点以及施工工艺。

复习思考题

1. 为什么要在铁路隧道中广泛使用整体道床？
2. 隧道整体道床主要有哪几种类型？在地下铁道中比较有发展前途的是什么类型的整体道床？
3. 铁路隧道底部结构病害主要有哪几种形式？
4. 铁路隧道整体道床病害主要有哪些原因？
5. 铁路隧道注浆加固整体道床的原理是什么？
6. 试述铁路隧道横移法翻修整体道床施工工艺。

项目 5　隧道洞口病害及其防治

项目描述

洞口处的地质条件、水文条件及力学条件都不利于结构稳定，因此要加强洞口边(仰)坡的维修养护工作。隧道洞口病害发生根据其所处位置的不同，常见的有边(仰)坡裂缝、垮塌，失稳；洞门端墙下沉、变形、裂缝；明洞变形、裂缝；洞顶截水天沟变形、破坏等病害。本项目主要讲述洞口病害及整修洞门。

拟实现的教学目标

1. 能力目标

(1)能够对隧道洞口病害进行有效地观测、检测；

(2)能够确定隧道洞口病害类型并分析原因；

(3)能够进行隧道洞口病害防治方法选择并组织施工。

2. 知识目标

(1)掌握隧道洞口病害基本知识；

(2)掌握隧道洞口病害类型和原因；

(3)掌握隧道洞口病害防治措施和施工工艺。

3. 素质目标

(1)培养学生良好的职业道德和吃苦耐劳的优良品质；

(2)培养学生分析问题、解决问题、积极思考、勇于创新的能力；

(3)培养学生的业务能力。

相关案例：洞口病害及其整治

在 2007 年 7 月重庆发生的百年不遇的特大暴雨中，作为连接城市内环与外环线之一的华福路华福隧道出口边仰坡，在雨水浸泡后，左侧仰坡开始坍塌，右侧仰坡顶部和底部均出现裂缝和错台，喷混凝土层部分起壳，存在较大的安全隐患。

分析原因，是由于洞口边仰坡在土、水压力联合作用下出现失稳，支护强度不足；截水天沟在仰坡失稳，出现排水不畅导致雨水大量渗入仰坡土体中。因此，整治措施上首先应加强洞口地表水的疏排，将截水天沟改移至山体一侧。对于支护结构的补强，还要考虑到施工、美观、与原支护的结合等多种因素。通过比较，采用 R51 迈式锚杆结合喷 20 cm 厚的 C20 混凝土，并设置暗格子梁加固措施，工期 40 天，效果良好。隧道出口加固设计立面见图 5-0-1。

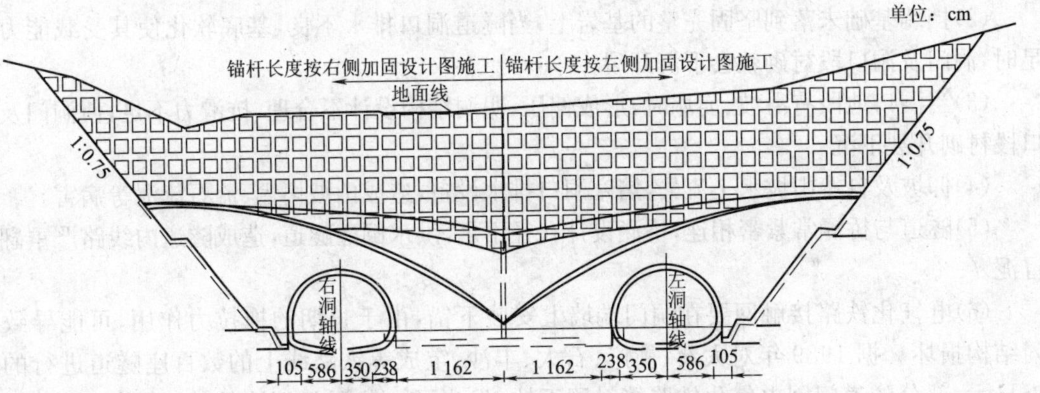

图 5-0-1　隧道出口加固设计立面图

通过案例，可以感受到洞口是隧道病害的重灾区，治理时一定要以稳固围岩为主导，同时要对地表及地下水进行处理，而对于电气化铁路隧道，由于接触网在洞门端墙下锚长期作用可使洞门端墙出现局部裂损变形，甚至造成整体稳定问题。在维修中接触网带电而必须保障有安全的隔离措施，给维修工作增加了难度和风险。

典型工作任务 5.1　隧道洞口病害及其原因分析

5.1.1　工作任务

通过隧道洞口病害及其观测有关知识的学习，能够承担以下工作任务：

(1)能够对隧道洞口的病害情况进行有效地观测和分析；

(2)能够确定隧道洞口病害类型并分析原因。

5.1.2　相关配套知识

洞口病害主要发生隧道进出口附近仰坡、路堑边坡及自然山坡上，常见病害有崩塌、落石、滑坡、流泥漫道、洞口路基冲毁及洞门结构病害等。

由于贯彻"早进晚出"原则不力，而盲目追求短隧道、少挖洞，于 1952～1956 年修建的我国首条宝成电气化铁路，隧道洞口病害远较其他山区铁路如成昆线(1965～1970 年)、襄黔线(1970～1973 年)要多，尤以略阳工务段管辖内的情况最为严重。其中略阳工务段管内逐年增建和接长的明洞至 1981 年止共计 67 座隧道，总长 6.553 km。由于崩塌、落石、滑坡等原因而增设和接长的明洞约占 90%(其中主要是落石病害，占 70%)。1981 年前该段线路长度 167 km，隧道、明洞 140 座，隧道总长计 35.100 km，1981 年后不少洞口病害仍继续发生发展。更有甚者，由于崩塌、滑坡产生洞口病害严重，无法就地整治而被迫改线绕避。如该段管内桑树梁隧道进口，1992 年雨季发生崩塌性滑坡，先后中断行车 3 次计 726 小时。经全力就地抢修，整治无效，最后被迫改线，改线长 5 km，4 次跨越嘉陵江，修建了 4 座桥梁，4 座隧道，改线施工历时一年，经验教训深刻。

1. 产生洞口病害的主要原因

(1)没有贯彻"早进洞、晚出洞"原则，导致进出口处深堑高坡，是造成山区隧道洞口病害的根本原因。

(2)挡墙基础未落到坚固完整的基岩上，当隧道洞口排水不良，基底软化使其受载能力不足时，洞门及洞口段衬砌就会下沉开裂。

(3)当洞口地段有滑坡、崩塌时，形成偏压，明洞结构设计不合理，抗滑力不足，使洞门及洞口段衬砌开裂下沉。

(4)仰坡及自然山坡水土流失，堵塞洞口排水设备，造成山坡坍塌、流石流泥等病害。

(5)隧道与桥涵常紧密相连，桥涵设计孔径不足，洪水倒灌隧道，造成隧道内线路严重翻浆冒泥。

(6)电气化铁路接触网要在洞门端墙上安装下锚，由于长期的拖拉力作用，可能导致洞门结构损坏。据 1989 年对大秦、衡广、石太、丰沙、宝成等铁路线上的数百座隧道进行的调查显示，部分隧道门因电气化铁路接触网下锚，发生了一些洞门端墙外鼓、开裂、变形、漏水等病害。其中石太线阳榆段的病害较为严重，在总计 23 座隧道中，由于电气化下锚力的作用，引起 30%的隧道洞门端墙发生病害。在上行 K150＋528 处隧道门(端墙式，建筑材料为浆砌片石)的病害最为严重。主要是洞门端墙在下锚处严重外鼓，洞口段衬砌顶部与端墙外侧联结处出现挤压剥落，洞门墙背与其背后仰坡分离，其裂缝宽达 15～20 mm，长约 6 m，严重危及行车安全。

2. 隧道洞口及洞门的检查及状态评定

以公路隧道为例，对洞口及洞门的检查评定分为日常检查评定和定期检查评定，评定标准分别见表 5-1-1 和表 5-1-2。

表 5-1-1　公路隧道洞口及洞门日常检查的结果判定

项目名称	检查内容	判定	
		B	A
洞口	边(仰)坡有无危石、积水、积雪；洞口有无挂冰；边沟有无淤塞；构造物有无开裂、倾斜、沉陷等	存在落石、积水、积雪隐患；洞口局部挂冰；构造 物局部开裂、倾斜、沉陷，有妨碍交通的可能	坡顶落石、积水漫流或积雪崩塌；洞口挂冰掉落路面；构造物因开裂、倾斜或沉陷而致剥落或失稳；边沟淤已妨碍交通
洞门	结构开裂、倾斜、沉陷、错台、起层、剥落；渗漏水(挂冰)	侧墙出现起层、剥落；存在渗漏水或结冰，尚未妨碍交通	拱部及其附近部位出现剥落；存在喷水或挂冰等，已妨碍交通

表 5-1-2　公路隧道洞口及洞门定期检查的结果判定

项目名称	检查内容	判定	
		B	A
洞口	山体有无滑坡、岩石有无崩塌的征兆；边坡、碎落台、护坡道等有无缺口、冲沟、潜流涌水、沉陷、塌落等	存在滑坡、崩塌的初步迹象，尚不危及交通	山体开裂、滑动，岩体开裂、失稳。已危及交通
洞门	护坡、挡土墙有无裂缝、断缝、倾斜、鼓肚、滑动、下沉或表面风化、泄水孔堵塞、墙后积水、周围地基错台、空隙等	存在此类异常情况，尚不妨碍交通	挡土墙、护坡等产生开裂、变形、位移等，可能对交通构成威胁

续上表

项目名称	检查内容	判定	
		B	A
洞门	墙身有无开裂、裂缝	墙身存在轻微开裂，尚不妨碍交通	由于开裂，衬砌存在剥落的可能，对交通构成威胁
	衬砌有无起层、剥落	存在起层、剥落，不妨碍交通	在隧道顶部发现起层、剥落，有可能妨碍交通
	结构无倾斜、沉陷、断裂	墙身存在轻微的开裂或下沉等，尚不妨碍交通	通过肉眼观察，即可发现墙身有明显的倾斜、下沉等，或洞门与洞身连接处有明显的环向裂缝，有外倾的趋势，对交通构成了威胁
	混凝土保护层剥落，钢筋外露，受到锈蚀，对交通安全构成威胁	混凝土钢筋有无外露	存在轻微的外露现象，尚不妨碍交通

在高速铁路中，隧道洞口坍方落石对隧道状态的影响被认定为两个最严重的等级，即AA级和A1级，具体见表5-1-3。

表5-1-3　高速铁路洞口坍方落石对隧道劣化等级的评定标准

类型等级	坍方落石(处/m)
AA	洞口仰坡坍方落石；　洞口仰坡有危石未处理
A1	洞口仰坡防护设施损坏

3. 洞口病害的防治措施

(1)应坚决贯彻“早进晚出”的方针。

(2)在经常发生崩塌、落石、滑坡等不良地质现象的地段，不宜选择短隧道群方案，而应该选用长隧道方案。

(3)桥隧相连处或两座隧道相距较近时，应采用在明洞上设置渡槽连接，避免落石或山沟泥石流侵害。

(4)严禁在禁耕区和铁路地界内开荒种地，破坏植被。

隧道洞门病害原因及防治措施见表5-1-4。

表5-1-4　隧道洞门病害及防治措施

顺序	洞门病害类型	产生原因	防治措施
1	端墙前倾，洞口段衬砌拱墙环向裂开	①仰坡山体坍滑； ②端墙后岩土冻胀	①清除坍滑土体，必要时修建支挡工程，稳定仰坡； ②更换墙后冻胀土，并加强排水
2	端墙及洞口段衬砌纵裂	洞口段为土质地基，地表水下渗软化基底，衬砌下沉	①加固地基，如注浆； ②封闭地表面，防止地表水下渗； ③网喷加固裂损衬砌
3	崩塌落石	隧道洞口陡峻的山坡落石	①修建支挡墙或喷锚加固危岩； ②接长明洞防护

续上表

顺序	洞门病害类型	产生原因	防治措施
4	洪水或泥石流淹埋洞口	洞口位于泥石流通过区域，无可靠防护措施	①修建拦挡和排导工程； ②接长明洞防护
5	斜交洞口衬砌被压裂	两侧围岩压力严重不对称形成偏压	①加固斜交洞口衬砌； ②改斜交洞口为正交洞口

典型工作任务 5.2　整修洞门与增设明洞

5.2.1　工作任务

通过隧道洞口病害防治及其有关知识的学习，能够承担以下工作任务：

(1)能够掌握隧道洞口病害防治的各种措施；

(2)能够进行隧道洞口防治措施的选择并组织施工。

5.2.2　相关配套知识

1. 洞口加强段衬砌更新

隧道洞口附近一般均为浅埋、岩层风化严重地段，具有典型的"软、散、浅埋、地下水"等不良地质特点，地层压力大。如覆盖层很薄时，可采用明挖法施工。覆盖层较厚时，可从洞顶仰坡开挖导洞施工或采用管棚支护全断面开挖整体浇筑衬砌。

2. 洞门墙加固

洞门墙发生前倾、下沉、滑动，发生竖、横、环状裂纹时，可影响到紧连洞门的环节衬砌。洞门墙加固方法如下：

(1)增设支撑

支撑可采用翼墙和扶壁两种形式，如图 5-2-1 所示。

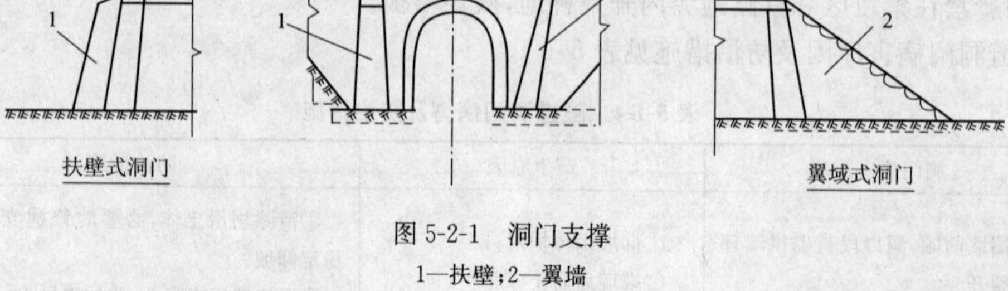

图 5-2-1　洞门支撑

1—扶壁；2—翼墙

当翼墙采用砌块石结构时，应先按翼墙坡度斜面大致砌成台阶形，再在台阶上砌斜面石或按坡度立模板灌筑混凝土。材料运输可以利用路堑边坡做台阶或搭设不陡于 1∶3 的脚手架。

(2)附加洞门端墙

附加洞门端墙，即在原洞门端墙前再修筑一个附加端墙结构，对原端墙形成支撑和保护作用。

3. 增建明洞

应按不同的地质、地形条件选择不同形式的明洞结构。

(1)明洞基础施工

①一般架设法。如地形、地质不复杂，且基础开挖较浅时，可在线路两侧按设计位置架设纵向扣轨梁，分段掏空开挖施工。

②路基墙法。常用于明洞外侧岩层陡峻，基础很深的情况。施工程序如图5-2-2所示。

a. 确定路基墙与马口开挖宽度和扣轨梁跨度及组数。

b. 架设扣轨梁。

c. 开挖路基内侧边墙马口，砌浆砌片石路基墙。

d. 路基墙混凝土强度达设计强度后，开挖明洞外墙基础并砌筑。

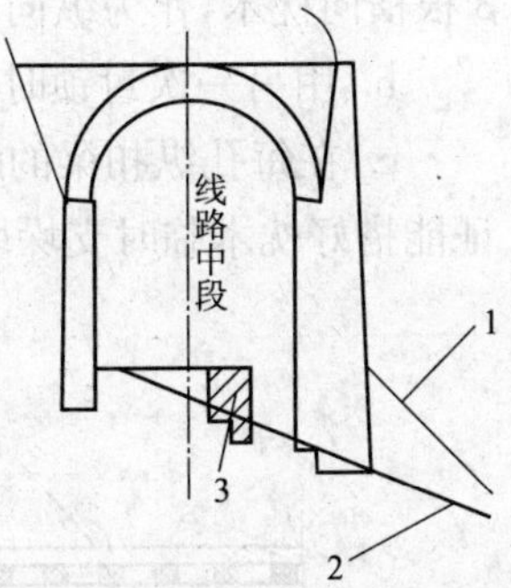

图5-2-2　路基墙施工法

1—原回填土；2—基岩线；3—浆砌片石基墙

③便梁法。适用于明洞基础中间一段突然变深很多，而两端较浅的情况，可用拼装梁作大跨度纵向架设，进行施工，如图5-2-3所示。施工程序如下：

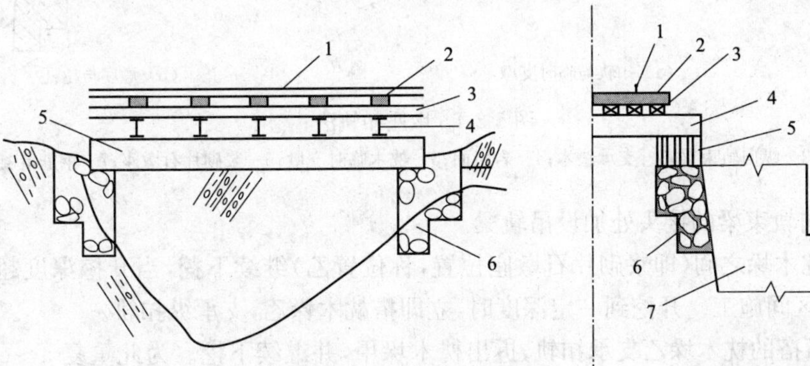

图5-2-3　便梁施工法

1—基本轨；2—枕木；3—30 cm×30 cm方木；4—工字钢梁；5—便梁；6—浆砌片石基座；7—边墙基础

a. 施工时，外边墙尽量由两端向中间砌筑，墙内侧要同时砌筑便梁基础，达到预定距离、高度且基座强度足够时，将便梁架上。

b. 在便梁上架设工字钢梁，作横抬梁(工字钢断面，间距经计算确定)，在其上铺30 cm×30 cm方木或纵向扣轨梁支承枕木、钢轨，限速行车并施工。

c. 上述架设工作完工后，即可在墙中部开挖，砌筑或灌注基础。

④便线法。适用于正线外侧有较宽阔的场地或土石方数量不大，拨移正线不受控制的地段。施工程序如下：

a. 根据基坑开挖宽度、深度、坡度确定两线间的距离，并适当留出富裕宽度。

b. 开挖便线路基土石方，按标准做好路基，铺设便线。

c. 开通便线，限速行车。

d. 封闭正线，进行明洞基础开挖、砌筑或灌注基础。

⑤墩座扣轨法。当明洞内外墙基础特别深，其他各法均不适宜时，可采用此法施工，如图5-2-4所示。施工步骤如下：

a. 在列车间隔时间内，用停车防护。每隔 5 m 左右，挖两个枕木空，在路基面上并排横放 3 根横向枕木，作为纵向轨束梁支座。然后回填石砟，放行列车。

b. 用另一次封锁时间，在轨枕下架设纵向轨束梁。

c. 在每孔纵扣梁的跨中（称位置甲）向下开挖，根据一次封锁时间长短，决定开挖深度，保证能搭好枕木临时支垛甲，方可限速放行列车。

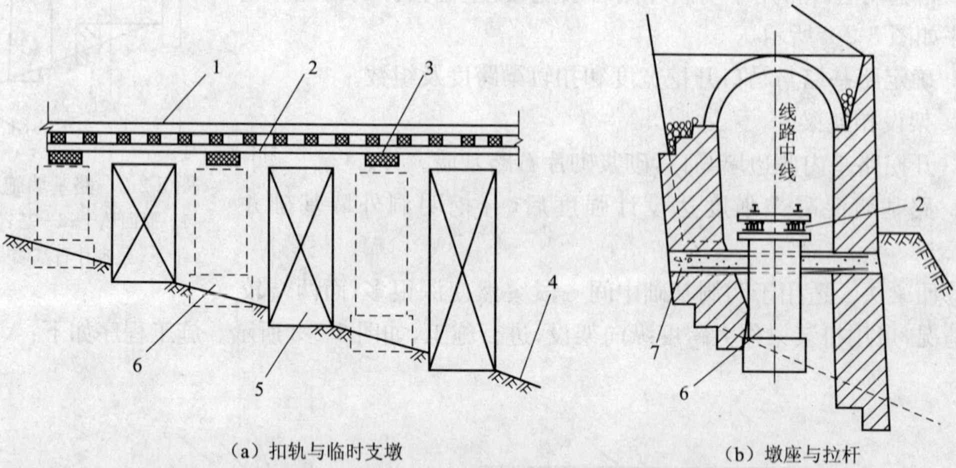

图 5-2-4 墩座扣轨法

1—基本轨；2—纵向轨束梁；3—支承垫木；4—岩层面；5—枕木临时支墩；6—浆砌片石墩座；7—钢筋混凝土拉杆

d. 在纵向轨束梁的接头处加设吊轨梁。

e. 在两枕木垛之间（即浆砌片石墩座位置，称位置乙）继续下挖，当开挖深度超过枕木垛底时，要封锁区间施工。开挖到一定深度时，立即搭枕木垛乙，支承纵扣轨。

f. 利用新搭的枕木垛乙支承扣轨，拆出枕木垛甲，并继续下挖。为此重复 a～e 直至枕木垛甲落在坚实基岩上为止。

g. 拆去枕木垛乙，在位置乙上砌筑浆砌片石墩座。

h. 墩座强度达设计要求后，在其上加垫，使之支承纵扣轨。

i. 拆除枕木垛甲，即可进行明洞墙基开挖。

j. 随着墙基砌筑高度进行明洞底部回填。

k. 待墙基超出路基面，达到设计强度的 70%后，即可撤出扣轨，铺设道床，恢复线路通车。

(2)明洞边墙施工

明洞基础施工完成，即可接筑边墙，接筑边墙的施工方法可参照有关规定办理。下面介绍两种特殊情况的施工方法。

①利用路堑挡墙进行施工（图 5-2-5）

施工程序：

a. 检查既有挡墙位置、厚度、强度和质量，确定是否还需加固。

b. 清除既有挡墙坡面污物，进行凿毛并安设灌浆楔缝锚杆。

c. 改移旧有路堑侧沟，必要时进行线路吊轨或扣轨。对开马口跳槽开挖边墙基础，根据土质及坑深进行支护。

d. 砌筑或灌筑边墙基础及边墙。

②利用原有路肩挡墙进行施工(图 5-2-6)

施工程序参照前述。

(3)拱部施工

①现浇拱圈法

a. 边墙衬砌快到起拱线时,设置砌块丁头、牛腿或预制构件,以作拱架支座,随即架立拱架及模型板,浇灌混凝土或钢筋混凝土。

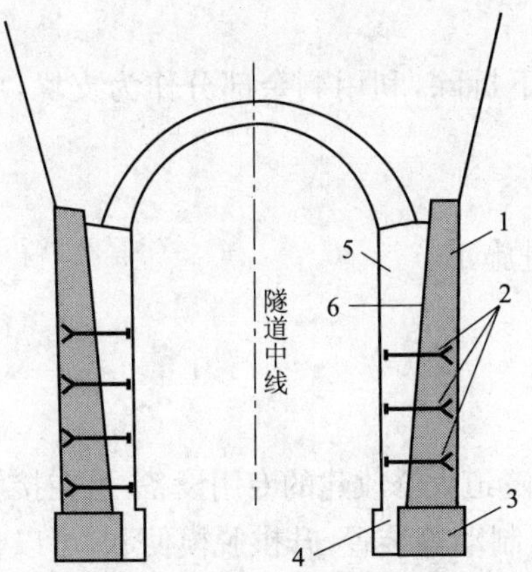

图 5-2-5　利用路堑挡墙增建明洞

1—既有挡墙;2—锚杆;3—既有挡墙基础;4—接长基础;5—新作边墙圬工;6—挡墙表面凿毛

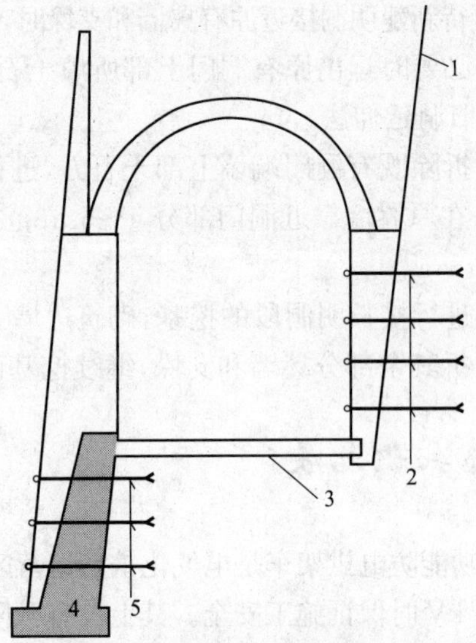

图 5-2-6　利用原有路肩墙增建明洞

1—坚硬岩层坡面凿成台阶;2—锚杆相距 1 m 成梅花形嵌入岩层 1.5 m 以上;3—锚杆;4—既有路肩;5—锚杆穿过路肩墙 0.5 m 或深入路肩墙 1.7 m

b. 混凝土达到 25%设计强度后,拆模,用灰浆找平,作防水层;并按设计填黏土隔水层。

c. 拱背回填土应自两侧拱脚对称向拱顶进行,每层厚 0.3 m 并夯实。填过拱顶 0.3 m 时,即满铺填筑。

②预制安装拱圈法

此法的边墙系砌筑或现浇混凝土,边墙筑完后再安装预制拱圈。墙顶与拱脚相接处,应留出能与预制砌块吻合的斜面,施工方法可参考项目 2 有关“预制安装法增建衬砌”内容。

4. 接长明洞

接长明洞的施工方法与增设明洞的施工方法基本相同,但施工顺序,拆除既有隧道洞外建筑物,加设临时支撑等工作,与增设明洞稍有不同。接长明洞可分为下列三种情况。

(1)既有洞门外无翼墙、支垛、路堑挡墙

既有洞门外无翼墙、支垛、路堑挡墙时,施工方法与增设明洞同。但既有隧道洞门圬工应凿毛或加牵钉,使新旧圬工容易粘合。若在新旧隧道交界处作沉降缝时,则对原洞门基础纵向伸出部分应作凿断处理。

(2)既有洞门处设有翼墙、支垛、路堑挡墙

既有洞门处设有翼墙、支垛、路堑挡墙时,在拆除此类建筑物不致引起既有洞门端墙倾覆或显著变形时:

①先行拆除洞外建筑物,再行接长明洞。

②也可按设计保留洞外部分建筑物，以作接长明洞圬工的一部分。

(3)既有洞门外设有翼墙、支垛、路堑边墙

既有洞门外设有翼墙、支垛、路堑挡墙等，拆除时，可能引起原有洞门端墙倾斜或显著变形时，其施工方法有：

①新洞回头法，新建明洞逐步向隧道连接。

a. 自增长明洞洞门起，逐步向原有隧道或明洞进行施工。

b. 待新建明洞接近原有翼墙和支垛时，可分段进行拆除翼墙和支垛，随即砌筑一段新明洞。

c. 必要时运出原有洞门上部所填土石方，以期对洞门卸载。

②旧洞延伸法。

a. 拆除既有洞门端墙上部土石方，进行减载。

b. 在原翼墙靠近洞门部分 4～5 m 范围内，自上而下拆除，利用剩余部分作为支垛，中间加支撑。

c. 进行接长明洞段的挖基，砌筑边墙。

d. 拆其余部分翼墙和支垛，继续挖基砌筑，向前推进施工。

知识拓展

多功能防电拱架车是电气化铁路运营区段增设明洞、隧道大修改建的专用设备，可在接触网带电 25 kV 时保证施工安全。其上设有升降、收拢、走行、制动等装置，升拱脱模便利，可以整体移动，一次可以浇筑 5 m 长的拱圈混凝土，车下净空可允许列车安全通行，如图 5-拓-1 所示。

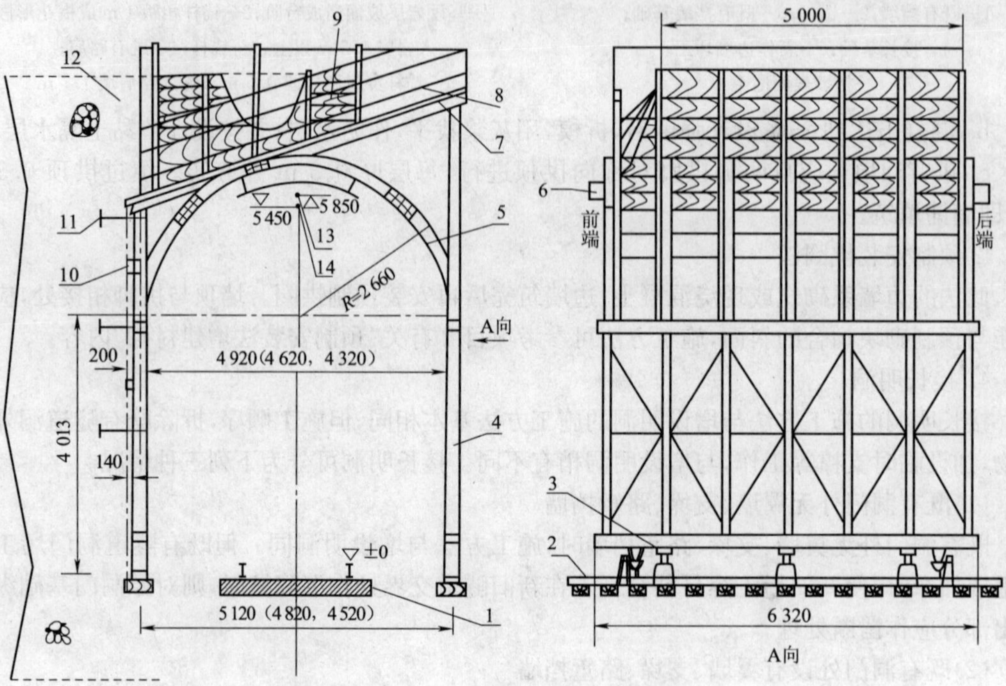

图 5-拓-1　多功能防电拱架车结构示意图

1—线路；2—走行轨；3—升降千斤顶；4—桁架；5—拱架；6—防电系；7—斜梁；8—栏杆；9—木模板；10—木撑；11—预埋铁线；12—混凝土；13—承力索；14—接触网导线

拱架车按下列三种断面类型设计：

甲型：R＝300～700 m 地段，按加宽值 w＝700 mm 之断面设计，隧道宽度 b＝5 600 mm。

乙型：R＝701～3 000 m 地段，按加宽值 w＝400 mm 之断面设计，隧道宽度 b＝5 300 mm。

丙型：R＞3 000 m 及直线地段，按加宽值 w＝100 mm 之断面设计，隧道宽度 b＝5 000 mm。

工地组装拱架车的程序为：以隧道中线为准，放出桁架位置，铺设走行轨；安装下纵梁及走行、升降装置；将升降导向座卡在走行轨上，把下纵梁调整到设计高程，梁下用枕木垫平，并检查两纵梁的间距，位置要端正；安装接地线；依次吊装立柱，正位后在柱与边墙之间塞以木楔，用预埋在边墙中的铁丝将立柱捆牢，再安装水平杆与斜杆；安装上纵梁，调平活动框架支座；停电组装拱架、纵向连接杆及悬挂防电板；安装活动框架；铺木模板；由下至上铺设薄钢板，注意活动框架的上沿搭接部分不要钉死；安装防护栏栅与堵头板和外模。

施工完成后将拱架车推出洞外，在桁架外侧设立脚手架，并以铁线连接，按与组装相反程序拆解。

升拱灌筑混凝土拱圈按下面操作程序进行：

将升降导向座卡在走行轨上，摇动升降千斤顶，使拱架车拱模顶部上升到设计高程(预留沉降量)；在桁架每个未放千斤顶立柱的下方垫短木枕与下纵梁底座顶紧，以支承浇筑拱圈的重量；同步伸开活动框架，使下端模板与边墙贴紧，堵严缝隙；装设外模板，用预埋的铅丝拉紧上纵梁和立柱，并在其后用木楔塞紧；在拱模表面涂隔离剂；灌筑混凝土拱圈。

落拱操作按照下面程序进行：

在已灌筑拱圈混凝土达到设计强度 70%时进行落拱。收拢活动框架，使两侧模板先脱模，并拆除有妨碍的栏栅和堵头板；解除上纵梁和立柱上的铁丝，打掉柱后木楔；拆除立柱下短枕木；摇动升降千斤顶，使车顶下落脱模，让走行轮落到轨面上；展长接地线。将车前端两根接地线接于下一施工段行车线的轨底上；推车至下一施工段，整正拱架车位，立即将车后端两根接地线夹卡在就近行车线的轨底上。

施工安全措施主要有：遵守《电气化铁路有关人员电气安全规则》和有关施工安全的规定；拱架车在行车线上安装、拆除及对靠近接触网的部件维修时，接触网必须停电，并按电气安全有关要求设置施工防护；施工中要求供电部门密切配合，由接触网工区指派专人指导施工；在安装车体下部时应及时接地，任何情况下，至少保留两根接地线；防电板每年应打耐压一次，试验不合格时，应及时更换；施工人员及其所持工具，对接触网带电部分应保持 2 m 的距离，不足 2 m 时应在有关部分加设绝缘挡板，以防触电；拆装拱架车的人员应遵守有关安全作业的规定，戴安全帽，扎安全腰带，所用工具装在工具袋内；升、降、移动拱架车应在“天窗”时间或列车间隙时间进行，并在两端按规定设置施工防护。在接触网带电时，不准用竹竿、塔尺、钢尺、皮尺、绳尺等物测量车体高度，要用专用的绝缘测杆、尼龙绳线坠、尼龙绳尺等，操作人员应戴绝缘手套。

项目小结

本项目主要学习隧道洞口病害的类型及对隧道的影响与危害，要求掌握隧道洞口病害整治方法并组织施工。了解电气化铁路隧道施工安全方面的有关知识。

复习思考题

1. 产生隧道洞口病害的主要原因有哪些？
2. 隧道洞口病害的主要类型有哪些？如何防治？
3. 洞门病害及其整治措施有哪些？
4. 增建明洞基础施工有哪些方法？各自的特点是什么？
5. 增建明洞边墙施工有哪些方法？如何施工？
6. 接长明洞有几种方法？
7. 多功能防电拱架车的作用是什么？

项目 6　运营隧道的通风、照明与防灾救援

项目描述

隧道在运营过程中，交通车辆、电气设备、抛弃的废弃物等释放出多种有害气体，瓦斯隧道本身还会释放出瓦斯气体，而隧道是一个狭长的空间，有害气体不能很快消散，当积累的浓度超过一定值时，会对隧道的正常运行安全造成严重影响。我国交通隧道长度与数量逐年增加，要减小隧道内灾害事故发生的可能性和事故发生后造成的危害，就必须采取更有效的安全措施。隧道运营灾害主要可分为铁路机车脱轨翻车、隧道内火灾两类。一旦发生灾害，会造成巨大的损失。因此，掌握灾害事故的实际情况，对灾害发生的种类及其发生原因进行分析研究，是采取有效防范措施的重要前提。铁路隧道的防灾和救援要遵循“以防为主，以消为辅，防消结合，立足自救”的原则。本项目主要讲述运营隧道通风的原理和方式、照明与通风设施维护、隧道防灾救援。

拟实现的教学目标

1. 能力目标

(1)能够进行隧道通风、照明的选择及维护；

(2)能够分析隧道火灾原因；

(3)能够组织进行隧道火灾求援。

2. 知识目标

(1)掌握隧道有害气体基本知识；

(2)掌握隧道通风、照明类型的基本知识；

(3)掌握隧道防灾求援方法。

3. 素质目标

(1)培养学生良好的职业道德和吃苦耐劳的优良品质；

(2)培养学生分析问题、解决问题、积极思考、勇于创新的能力；

(3)培养学生的业务能力。

相关案例：乌鞘岭铁路隧道的火灾救援措施

设计长度达 20.05 km 的乌鞘岭双洞单线隧道位于兰新铁路兰(州)武(威)段上打柴沟站与龙沟站之间，整个隧道处于11‰的连续下坡段，是这条客货共线的火灾防范重点，设计者遵循了“以洞内人员疏散逃逸及救护为主，左右线互为紧急疏散通道，兼顾一般货车，对油罐车采取一定措施，防止火势蔓延至相邻隧道”的火灾防灾救援原则，体现以“防”为主，而“消”则以将

着火列车解体拉出洞外施救为主要救援手段。

具体措施有：

(1)按照以防止和减少火灾为主的思路，列车运营期间的防灾救援疏散主要有：两线隧道每 420 m 设置横通道，在隧道中部设置 5 处救援旅客疏散点，每 100 m 设置连接两线的联络通道。

(2)隧道救援防灾报警系统包括：无线电话和区间电话柱，每 420 m 设置 1 台固定电话。

(3)列车灭火按设在进口和出口的两个“定点”消火栓进行灭火，一旦列车着火，迅速将列车解体拉出洞外进行定点灭火。

(4)隧道内安设 60 台射流风机控制火势的蔓延，每 420 m 安置 1 处灭火栓，大小避车洞内配备移动手推式和手提式灭火器及消防面具供洞内灭火。

(5)隧道内每 28 m 设置能提供 60 min 供电的应急照明灯具，指示人员安全逃逸。

(6)在列车上、下行隧道的进口处，各设置红外线车辆温度监测系统，如车轴及车顶温度过高，可自动报警。

(7)由国内组织研发的“铁路特长隧道防护门”安装在横通道及联络通道的两端，共安装 102 扇，在两条单线隧道间起着“防火、防爆、封闭”等作用，是防止火势蔓延至相邻隧道和保证逃生人员的安全疏散屏障。

2009 年 7 月 26 日，行至乌鞘岭隧道内的 1043 次旅客列车牵引机车着火。兰州铁路公安干警进入隧道组织旅客利用疏散通道疏散，行车部门利用机车进入隧道救援，将着火机车与车体分离。现场公安干警和广大铁路职工将事故机车推至距出口约 3 km 处，利用隧道出口洞外消火栓将火扑灭。灭火救援过程中，1 716 名旅客分别被紧急转移至现场的 7 条横通道内，在防护门的保护下，大家情绪稳定，无人员伤亡。隧道内照明、通风、消防设备器材良好，客车车辆、接触网等行车设备无损坏。

另外，乌鞘岭隧道的双洞单线设计本身就有利于隧道的防灾救援。

运营隧道的通风随长大隧道的不断修建越来越重要，要充分利用既有辅助坑道和自然通风，加强机械通风。运营隧道中的灾害预防是一个重大难题，设计有效的防灾措施和充分利用现代科学技术加强列车在隧道中运营的监测，对减轻和避免灾害十分重要。

典型工作任务 6.1　铁路运营隧道通风、照明及有害气体防治

6.1.1　工作任务

通过隧道通风及有关知识的学习，能够承担以下工作任务：

(1)能够对隧道有害气体进行分类并分析原因；

(2)能够进行隧道通风系统的规划和维护。

6.1.2　相关配套知识

1. 隧道内空气的卫生标准和主要有害气体

对铁路隧道来讲，污染物来源主要有三个方面：第一是机车车辆；第二是瓦斯(瓦斯隧道)，地层中的有害气体；第三是抛弃的废弃物。这些污染物对长、特长隧道影响尤其严重。

(1)铁路隧道内空气的卫生标准

《铁路运营隧道空气中机车废气容许浓度和测试方法》(TB/T 1912—2005)规定，铁路隧

道内空气的卫生标准为：

①列车通过隧道后15 min以内，空气中CO浓度在30 mg/m³以下，氮氧化物(换算成NO_2)浓度在10 mg/m³以下。

②电气化铁路运营隧道内的卫生标准还应符合：隧道内空气湿度应小于80%，温度应低于28 ℃，臭氧浓度应小于0.3 mg/m³，含有10%以下游离SiO_2的粉尘浓度应小于10 mg/m³。

③瓦斯隧道运营期间，必须进行瓦斯检测，隧道内在任何时间、任何地点保证运营安全的瓦斯浓度都不得大于0.5%。

(2)主要有害气体

蒸汽机车排出的有害气体主要成分为CO及少量的SO_2等。

内燃机车排出的主要有害气体为NO、NO_2、N_xO_5(氮氧化物)，以NO_2的浓度作为卫生检查的控制指标。

柴油机在燃烧不良的情况下，也会在尾气中排放较多的CO。另外，油烟(包括废气的臭味)亦不可忽视。

电力机车通过的铁路隧道内，臭氧、氮氧化物及轮轨摩擦产生的SO_2是其主要的有害气体。

综合以上，运营隧道中的有害气体主要为CO、NO_2、SO_2、臭氧、多环芳烃以及粉尘等。

穿过瓦斯地层的隧道，如隧道衬砌封闭不好，会有大量瓦斯渗入隧道内。

上述这些有害气体都要采用机械通风稀释和排除。

下面介绍一些有害气体的性质。

①CO_2

CO_2是一种无色略带酸味的气体，俗称碳酸气。不助燃，不能供给呼吸，易溶于水。

空气中CO_2达到5%～10%时，对眼、喉、鼻的黏膜有刺激作用。CO_2能刺激人的呼吸，当CO_2含量增加2%时，呼吸量就要增加1倍。当氧气不足时，CO_2就形成窒息的气体，而产生缺氧症。

②NO_2

氮氧化合物(NO_x)主要为NO和NO_2等，它们进入人体的呼吸道，缓慢地溶于肺泡中，与水化合形成硝酸和亚硝酸，对肺组织产生剧烈的刺激与腐蚀，使肺毛细血管通透性增加，导致肺水肿。一般认为NO比NO_2毒性低4～5倍。

当气体中以NO_2为主时，对肺的损坏明显；当以NO为主时，产生高铁血红蛋白症并对中枢神经损坏明显。

③CO

CO是一种无色、无味、无臭的气体。燃烧时火焰呈黄色，相对密度为0.967。由于与空气重量相近，易均匀散布在空气中，微溶于水。CO是一种性质极毒的气体，日常生活中的煤气中毒，就是CO中毒。

CO之所以有害于人体健康，是因其与血液中的血红蛋白Hb结合成CO-Hb的结合力特强，是O_2与血红蛋白结合成O_2-Hb的结合力的300倍。一旦CO进入人体过多，O_2在血液中的输送量就不足，使人患缺氧症。

CO-Hb饱和度(即CO-Hb取代O_2-Hb的百分率)超过10%后，就会引起程度不同的症状；饱和度为10%～20%时，将会引起轻度头疼；饱和度达到20%～30%时，将会引起剧烈头痛；若血液中CO达到饱和时，就会引起死亡。

④SO_2

SO_2是一种无色、具有强烈硫磺味的气体，并有强烈的刺激性。不助燃，也不自燃，易溶于水,相对密度为2.212。由于SO_2与呼吸道潮湿的表皮接触后能形成硫酸,对呼吸器官有腐蚀作用,使喉咙及支气管发炎,呼吸麻痹,甚至引起肺气肿。

隧道内的SO_2与潮湿空气中的水分接触而生成亚硫酸或硫酸,并且由于SO_2密度大,常聚在隧道底部,对隧道内的轨道和衬砌造成严重腐蚀。

⑤瓦斯(CH_4等)

瓦斯(化学名称叫甲烷)的主要成分是沼气,此外还含有CO_2和N_2,有时还含有微量的氢气(H_2)、乙烷(C_2H_6)、硫化氢(H_2S)、二氧化硫(SO_2)及一氧化碳(CO)等。

瓦斯为无色、无味的气体,但与碳氧化合物合在一起,则发生类似的苹果味。瓦斯本身无毒,但有窒息性,当空气中瓦斯浓度增大到43%~57%时,含氧浓度就会降低到9%~12%,从而使人窒息。

瓦斯密度约为空气的1/2,故瓦斯集中在隧道顶部。瓦斯扩散速度比空气大1.6倍,很容易透过缝隙。瓦斯不易溶解,当大气压约为101 kPa,温度为20 ℃时,溶解度为3.5%。

瓦斯不能自燃,但极易燃烧,与火源接触即点燃。

图6-1-1是瓦斯爆炸界限示意图。从图中可以看出,当瓦斯浓度在5%~16%时,瓦斯能爆炸,浓度在9.5%时爆力最强。瓦斯浓度为3%~5%时或浓度大于16%时会发生燃烧,应予以足够的重视。3%以下不燃不爆。

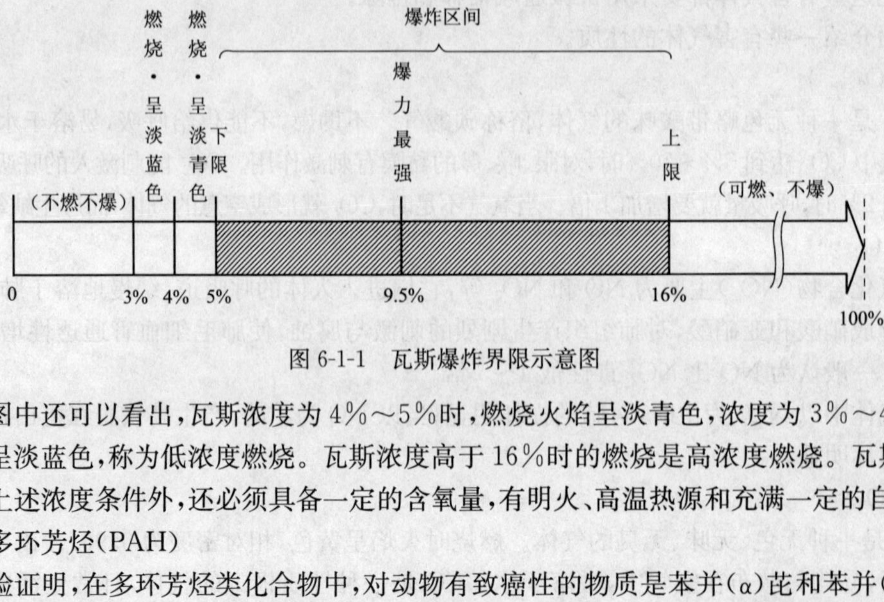

图6-1-1　瓦斯爆炸界限示意图

从图中还可以看出,瓦斯浓度为4%~5%时,燃烧火焰呈淡青色,浓度为3%~4%时,燃烧火焰呈淡蓝色,称为低浓度燃烧。瓦斯浓度高于16%时的燃烧是高浓度燃烧。瓦斯燃烧和爆炸除上述浓度条件外,还必须具备一定的含氧量,有明火、高温热源和充满一定的自由空间。

⑥多环芳烃(PAH)

实验证明,在多环芳烃类化合物中,对动物有致癌性的物质是苯并(α)芘和苯并(α)蒽等。其中苯并(α)芘分布较广泛,性质稳定,致癌性强,常以它作为多环芳烃的致癌指示物。它不易溶于水,但易溶于油苯、甲苯等有机溶剂。内燃机车排放出的苯并(α)芘主要吸附在飘尘、炭烟等微粒物上,通过呼吸进入肺组织。动物试验表明,苯并(α)芘可使100%动物诱发肿瘤,而对人的致癌性还未定论。

2. 运营隧道内有害气体的综合防治

解决运营隧道内有害气体对养护维修人员和机车乘务人员的危害,以及对各种设备的腐蚀,是防治有害气体的主要任务。

解决这个问题可从以下途径着手:将有害气体在一定时间内排出洞外;减少隧道内和司机室内有害气体的浓度;加强隧道内人员的个人防护,避免呼吸到高浓度的有害气体;减轻养护维修劳动强度和时间。

《铁路隧道设计规范》(TB 10003—2005)及《铁路桥隧建筑物修理规则》均提出综合采用以下方法,防治列车在隧道内排放的烟气和有害气体。

(1)提高列车行驶速度

机车通过隧道会排出烟气和有害气体。行车速度愈快,有害气体侵入司机室的可能性愈少。列车通过隧道的运行速度大于 25 km/h 时,一般就可保证乘务人员不受影响。

同时,列车速度快,列车的活塞风压力就大(活塞风大),排烟时间也就会相对缩短。因此,提高列车通过隧道的车速,不仅可以改善司机室的环境,还可以削减高峰浓度及有利于将有害气体排出洞外。

(2)改善隧道内道床结构,减少洞内道床维修工作量

隧道内养护维修作业条件差,工作效率低,特别是碎石道床、维修工作量大,体力劳动强度也大,增加了有害气体对维修养护人员的危害。在隧道内铺设整体道床,可减轻有害气体对养护维修人员的危害。

(3)增设防烟门

在铁路隧道内的大(小)避车洞口加设防烟门(墙),可使避车洞内有害气体的浓度低于隧道中的浓度,对于隧道养护人员躲避列车通过后的瞬时烟雾气体高峰浓度效果很好。

(4)加强个人防护

口罩或专用的安全呼吸器等,都有一定的效果。

(5)增设机械通风设备

机械通风是一项加速隧道排除烟气的实效措施。尤其是长度在 2 000~3 000 m 的隧道,效果明显。

(6)瓦斯的防治

运营铁路隧道防治瓦斯,可采用带仰拱的封闭式衬砌并提高衬砌材料的密闭性和抗渗性,在衬砌的各种缝隙处敷设防瓦斯层;压注水泥、水泥砂浆或沥青及其他化学浆液,在衬砌背后形成一个帷幕,隔绝瓦斯通路。

当空气中瓦斯浓度高,靠衬砌本身封闭不能防止渗入隧道内时,为保证运营安全,有必要设置机械通风,或利用施工斜井、竖井、平行导坑等施工辅助坑道加强机械通风,稀释渗入的瓦斯气体浓度。

3. 自然通风和列车活塞风

隧道两端洞口因气压不同或因洞外自然风而推动洞内空气流动的现象称为自然通风,而列车活塞风是列车在隧道内运行时,挤压隧道内列车前方气体,产生活塞作用,促使列车后面的空气因负压而尾随列车运动,形成所谓的"活塞风"。活塞风对运营隧道的通风影响很大,在自然通风和机械通风中,都应考虑活塞风的联合作用。

活塞风大小与列车通过隧道的运行速度以及与列车横断面积(F_0)和隧道横断面积(F)的比值(阻塞比)、列车的组成、机车正面的形状等许多因素有关。显然,列车速度越高,活塞风越大,阻塞比的比值愈大,活塞风也愈大。因此,在同样条件下,单线铁路隧道的列车活塞作用要更加明显。

活塞风随列车行进的方向改变而改变,而自然风则不然,这一点要特别注意。

4. 利用施工竖井、斜井、横洞等进行自然通风

实践证明,施工竖井、斜井、横洞在自然通风方面的能力依次增强。

5. 机械通风

在自然通风不能满足要求时,应采用机械通风,主要的通风方式如下:

(1)洞口风道式通风

洞口风道式通风是目前采用最广泛的一种通风方式，一般在隧道高程低的洞口修建通风道，安设通风机，以吹入式将新鲜空气送入隧道(列车上坡时排烟多，此时列车形成的活塞风和吹入风方向一致，有利于将洞内污浊的空气从高处洞口压出)而当列车下坡时，排烟少，仅利用活塞风就能满足通风的需要。但当自然风由高洞口吹向低洞口时，可将通风道和风机设在高洞口，采用吸出式通风。洞口风道式通风又分为不设帘幕与设帘幕两种方式。

①不设帘幕的洞口风道式

当中长隧道送风方向与常年自然风一致时，风道方向设置应与隧道的夹角尽可能减小，以提高吹入风速度，达到高效通风的目的。

当不具备上述有利条件时，如隧道坡度较大，列车速度小，其形成的活塞风作用不大，或有较大逆向自然风，或曲线隧道进出口在同一方向等时，不设帘幕，隧道口的漏风将相应增大，通风效果差，如图 6-1-2 所示。

②设帘幕的洞口风道式

对于长大隧道，由于各种原因满足不了隧道通风的要求时，可在隧道洞口设置可开启的帘幕，防止空气泄漏，提高通风效果。帘幕的启闭应与附近车站行车信号联锁，受车站和通风机操作的共同控制，并设有遮断信号机保证行车安全；当距车站较远时，帘幕遮断信号通过轨道电路独立显示，见图 6-1-3。

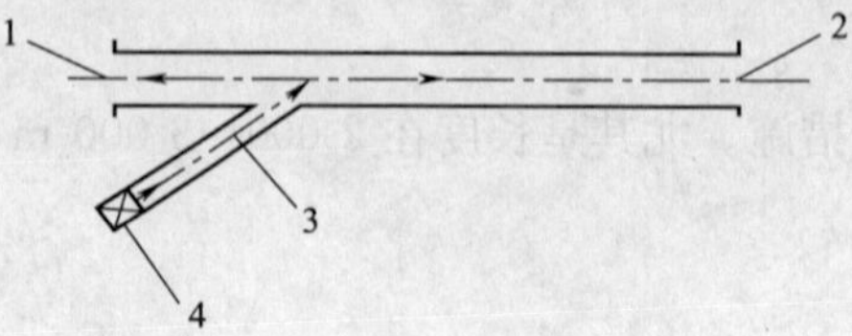

图 6-1-2　不设帘幕的洞口风道式

1—低洞口；2—高洞口；3—通风道；4—通风机

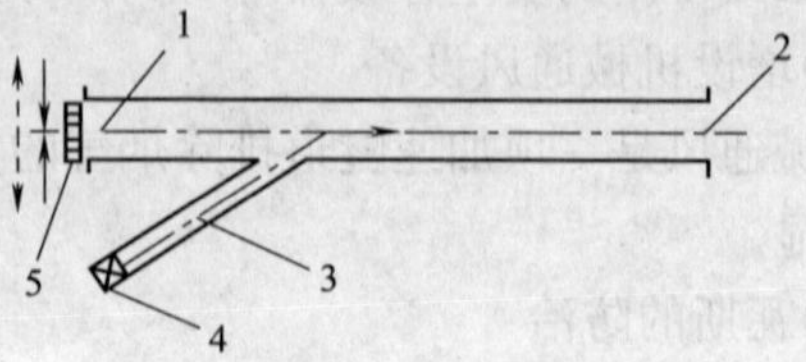

图 6-1-3　设帘幕的洞口风道式

1—低洞口；2—高洞口；3—通风道；4—通风机；5—帘幕

(2)竖井机械通风和斜井机械通风

竖井机械通风是利用施工时的竖井装设通风机进行隧道通风，如图 6-1-4 所示。不论采用吸出式或吹入式，风流必然有一段与列车活塞风相反，活塞风得不到充分利用，再加上自然风的影响，风流复杂而不稳定，机械通风的效果受到影响。

在较长的隧道中，国外曾利用竖井分段通风，如图 6-1-5 所示，将隧道以竖井划分为两个通风区段，一段由竖井的一半吸出，另一段由竖井的另一半吹入新鲜空气。

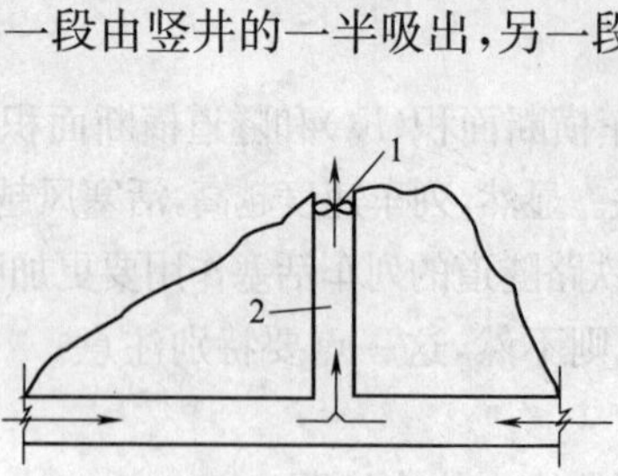

图 6-1-4　竖井通风

1—通风机；2—竖井

图 6-1-5　竖井式分段通风吹风道

1—竖井；2—吹风道；3—吸风道；4—喷嘴

斜井通风是利用隧道施工时留下的斜井作为通风道。在井上或井下设置通风机采用吹入或吸出进行通风。

为了防止新鲜气外泄,提高通风效果,亦可在隧道洞口安装活动帘幕。因此,斜井通风可视为是介于风道式通风与竖井通风之间的一种通风方式。

6. 射流通风

射流通风是将一定数量的射流风机,相隔一定距离,单台(或双台)吊装在隧道建筑限界外的拱顶空间里,不需要风道、机房、帘幕和信号系统。

射流风机的体形、重量、功率均较小,运转时,将隧道内的一小部分空气从风机的一端吸入,以较高的动能从风机的另一端喷出,高速气流诱导隧道内的整个气流排出隧道。射流风机可随时改变吹吸方向,实现双向交替通风。

7. 铁路运营隧道照明

按照《铁路隧道照明设施与供电技术条件》(TB/T 2275)及《铁路隧道建筑物修理规则》(铁运[2010]38 号)要求,全长 1 000 m 以上的直线隧道和全长 500 m 以上的曲线隧道宜设照明设备;全长大于 3 000 m 的隧道宜设固定式照明设施。

固定指示照明灯具一般在安装在距轨面 4 m 左右的高处,单线单侧、双线双侧,间距为 30 m,且最小照度≥1 lx。

设固定照明装置且有救援通道的隧道,应设置应急照明设施。

典型工作任务 6.2 公路隧道照明与通风设施维护

6.2.1 工作任务

通过公路隧道运营设施和通风内容的有关知识的学习,能够承担以下工作任务:

(1)能够对公路隧道的运营照明、控制等系统进行维护;

(2)能够进行公路隧道运营通风系统的维护。

6.2.2 相关配套知识

随着交通运输业的迅猛发展,带动了公路工程的迅猛增长,特别是高速公路和高等级公路的修建,对隧道的要求越来越高,响应的对隧道的运营通风、照明、防火、交通监控、配供电等设施要求也越来越高。

1. 公路隧道运营照明、洞口遮光及洞内交通控制设施的维护

(1)公路隧道照明设施

公路隧道必须要把足够的视觉信息传递给司机,以提高驾驶者的安全性和舒适感。公路隧道不仅需要进行昼夜照明,而且其白天的照明比夜间更为复杂。当驾驶者驾驶车辆白天进入隧道时,由于隧道内外的亮度差别极大,从隧道外部去看照明很不充分的短隧道时,就会出现"黑框效应",如图 6-2-1 所示。而从隧道外部去看照明很不充分的长隧道时,就会出现"黑洞效应",如图 6-2-2 所示。

在白天进入隧道时,驾驶者出现的视觉问题是:要经过一定时间才能看清隧道内部的情况。

在隧道内驾驶者的视觉问题与一般的道路不同,主要是隧道内部汽车排出的废气无法迅速消散,形成烟雾,它会使汽车的灯光发生散射,并吸收一部分灯光,降低了能见度。

在隧道出口处驾驶者的视觉问题是:白天,汽车穿过较长的隧道并接近洞口时,驾驶者通过出口看外面,像是一个亮洞,出现极强的眩光,给驾驶者带来极大的不舒服感;而夜间正好相

反，在出口处，驾驶者所看到的外面像是个黑洞，从而影响到驾驶的安全性。

图 6-2-1　黑框效应

图 6-2-2　黑洞效应

公路隧道照明设施主要包括：入口段照明、过渡段照明、中间段照明、出口段照明、接近段减光设施、洞口引导照明以及应急照明等，长度大于 100 m 的公路隧道都应设置照明系统。

公路隧道照明设计计算时速不应超过 100 km，否则应做特殊设计。

①公路隧道各照明分段的亮度与长度关系

图 6-2-3 为公路隧道各照明分段的亮度和长度关系示意。其中(a)为单向交通隧道的情况，(b)为双向交通隧道的情况。

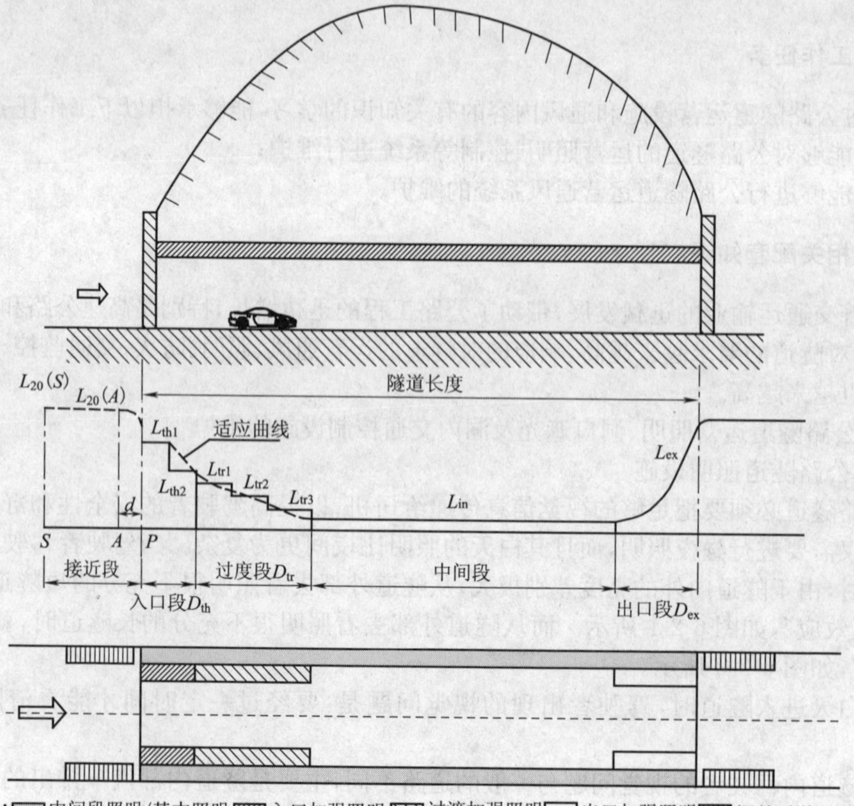

(a) 单向交通隧道

图　6-2-3

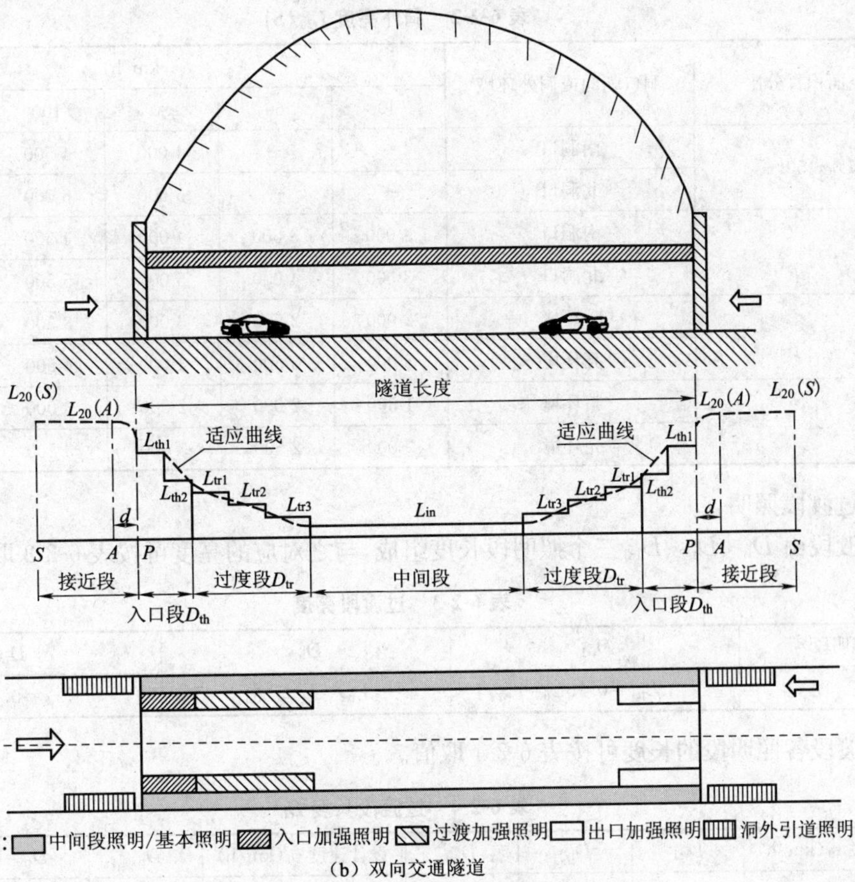

(b) 双向交通隧道

图 6-2-3　公路隧道各照明分段的亮度和长度

P—洞口；S—接近段起点；A—适应点；d—适应距离；$L_{20}(S)$—洞外宽度；$L_{20}(A)$—适应点亮度；
L_{th1}、L_{th2}—入口段亮度；L_{tr1}、L_{tr2}、L_{tr3}—过渡段亮度；L_{in}—中间段亮度

②隧道入口段照明

隧道入口段照明宜分两段设置，与之对应的亮度可分别按式(6-2-1)及式(6-2-2)计算：

$$L_{th1}=k\times L_{20}(S) \tag{6-2-1}$$

$$L_{th2}=0.5\times k\times L_{20}(S) \tag{6-2-2}$$

式中　L_{th1}——入口段 1 亮度(cd/m^2)；

L_{th2}——入口段 2 亮度(cd/m^2)；

k——入口段亮度折减系数，可按表 6-2-1 取值；

$L_{20}(S)$——洞外亮度(cd/m^2)，可按表 6-2-2 取值。

表 6-2-1　入口段亮度折减系数 k

设计交通量 N(辆/每小时·每车道)		k				
		设计速度 v_t(km/h)				
单向交通	双向交通	120	100	80	60	40
≥1 200	≥650	0.070	0.045	0.035	0.022	0.012
≤350	≤180	0.050	0.035	0.025	0.015	0.010

表 6-2-2　洞外亮度 $L_{20}(S)$　（单位：cd/m^2）

天空面积百分比	洞口朝向或洞外环境	v_t（km/h）				
		40	60	80	100	120
35%～50%	南洞口	—	—	4 000	4 500	5 000
	北洞口	—	—	5 500	6 000	6 500
25%	南洞口	3 000	3 500	4 000	4 500	5 000
	北洞口	3 500	4 000	5 000	5 500	6 000
10%	暗环境	2 000	2 500	3 000	3 500	4 000
	亮环境	3 000	3 500	4 000	4 500	5 000
0%	暗环境	1 500	2 000	2 500	3 000	3 500
	亮环境	2 000	2 500	3 000	3 500	4 000

③过渡段照明

过渡段由 D_{tr1}、D_{tr2}、D_{tr3} 三个照明段长度组成，与之对应的亮度可按表 6-2-3 取值。

表 6-2-3　过渡段亮度

照明段	D_{tr1}	D_{tr2}	D_{tr3}
亮　度	$L_{tr1}=0.15L_{th1}$	$L_{tr2}=0.05L_{th1}$	$L_{tr3}=0.02L_{th1}$

过渡段各照明段的长度可按表 6-2-4 取值。

表 6-2-4　过渡段长度 D_{tr}　（单位：m）

设计速度 v_t（km/h）	D_{tr1}	D_{tr2}	D_{tr3}	设计速度 v_t（km/h）	D_{tr1}	D_{tr2}	D_{tr3}
120	137	133	200	60	44	67	100
100	106	111	167	40	26	44	67
80	72	89	133				

当过渡段 D_{tr3} 的亮度值 L_{tr3} 不大于中间段亮度值 L_{in} 的 2 倍时，可不设置过渡段 D_{tr3}。

④中间段照明

中间段照明亮度可按表 6-2-5 取值。

表 6-2-5　中间段亮度 L_{in}　（单位：cd/m^2）

设计速度 v_t（km/h）	L_{in}		
	单向交通 $N\geqslant$ 1 200 辆/每小时·每车道 双向交通 $N\geqslant$ 650 辆/每小时·每车道	350 辆/每小时·每车道＜单向交通 N＜1 200 辆/每小时·每车道 180 辆/每小时·每车道＜双向交通 N＜650 辆/每小时·每车道	单向交通 $N\leqslant$350 辆/每小时·每车道 双向交通 $N\leqslant$180 辆/每小时·每车道
120	10.0	6.0	4.5
100	6.5	4.5	3.0
80	3.5	2.5	1.5
60	2.0	1.5	1.0
40	1.0	1.0	1.0

单向交通且通过隧道的行车时间超过 135 s 时，隧道中间段可分为两个区段，与之对应的长度及亮度可按表 6-2-6 取值。

表 6-2-6　中间段分区段设置的长度及亮度取值

<table>
<tr><th>项目</th><th>长度(m)</th><th>亮度(cd/m²)</th><th>备　注</th></tr>
<tr><td>中间段第一区段</td><td>按设计速度行走 30 s</td><td>L_{in}</td><td></td></tr>
<tr><td rowspan="2">中间段第二区段</td><td rowspan="2">余下的中间段长度</td><td>$L_{in}\times80\%$，且不低于 1.0 cd/m²</td><td></td></tr>
<tr><td>$L_{in}\times50\%$，且不低于 1.0 cd/m²</td><td>采用连续光带布灯方式，或隧道壁面反射系数不小于 0.7 时</td></tr>
</table>

人车混合通行的隧道，中间段亮度不得低于 2.5 cd/m²。

⑤入口段长度

入口段长度可按式(6-2-3)计算：

$$D_{th1}=D_{th2}=\frac{1}{2}\left(1.154D_s-\frac{h-1.5}{\tan10^\circ}\right) \tag{6-2-3}$$

式中　D_{th1}——入口段 1 长度(m)；

D_{th2}——入口段 2 长度(m)；

D_s——照明停车视距(m)，可按表 6-2-7 取值；

h——洞口内净空高度(m)。

设计速度为 40 km/h 时，入口段总长度可取一个照明停车视距。

表 6-2-7　照明停车视距 D_s 表　(单位:m)

设计速度 v_t (km/h)	纵坡(%)								
	−4	−3	−2	−1	0	1	2	3	4
120	260	245	232	221	210	202	193	186	179
100	179	173	168	163	158	154	149	145	142
80	112	110	106	103	100	98	95	93	90
60	62	60	58	57	56	55	54	53	52
40	29	28	27	27	26	26	25	25	25

⑥出口段照明

在单向交通隧道中，应设置出口段加强照明。出口段长度宜取 60 m，前 30 m 的亮度宜取表 6-2-5 所列中间段亮度的 3 倍，靠近隧道出口 30 m 的亮度宜取表 6-2-5 所列中间段亮度的 5 倍。应急停车带宜采用荧光灯，其照明亮度应大于 7 cd/m²。连接通道亮度应大于 2 cd/m²。

⑦应急照明

长度大于 500 m 的高速公路隧道应设置不间断照明供电系统。长度大于 1 000 m 的其他等级公路隧道应设置应急照明系统，并保证照明中断时间不超过 0.3 s，维持时间不短于 30 min。

启用应急照明时，洞内路面亮度应不小于中间段亮度的 10%，并不低于 0.2 cd/m²。高速公路长隧道和长度大于 2 000 m 的其他等级公路隧道，应设置疏散照明。

⑧公路隧道照明灯具

隧道照明的电光源一般应选择在烟雾中有较好透视性的低压钠灯。如果是短隧道或是柴油车通过率较小的隧道，可选择显色性较好的荧光灯；在隧道出入口处可选择小型大光通量的高压钠灯或高压汞灯。在隧道中提倡研究使用 LED 等新型节能型光源。

隧道中的灯具布置宜满足闪烁频率低于 2.5 Hz 或高于 15 Hz。中间段照明灯具的布置可采用中线布置、中线侧偏单光带布置、两侧交错布置和两侧对称布置四种基本布灯形式(图 6-2-4)。路面亮度总均匀度和路面中心亮度纵向均匀度应不低于规定值。

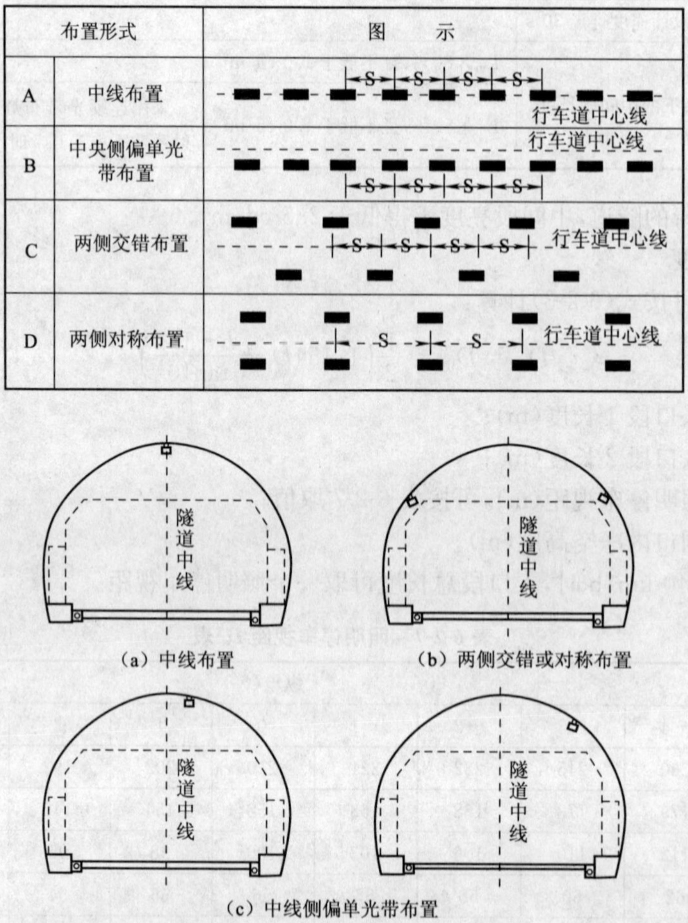

图 6-2-4　公路隧道灯具布置示意图

隧道曲线段照明灯具的布置应符合下列要求:

a. 应为驾驶员提供良好的诱导性。

b. 平曲线半径不小于 1 000 m 的曲线段,其照明灯具可参照直线路段布置。

c. 平曲线半径小于 1 000 m 的曲线段,当采用侧偏单光带布灯方式时,灯具应沿曲线外侧布置,并应减小灯具的间距(间距宜为直线路段灯具间距的 0.5~0.7 倍),如图 6-2-5 所示,半径越小间距应越小。

d. 平曲线半径小于 1 000 m 的曲线段采用两侧布灯方式时,宜采用对称布置。

e. 在反向曲线路段上,宜在固定的一侧设置灯具,发生视线障碍时可在曲线外侧增设灯具(图 6-2-6)。

隧道内分岔口、交叉口等交通复杂路段的照明应适当加强,并应为驾驶员提供良好的诱导性。

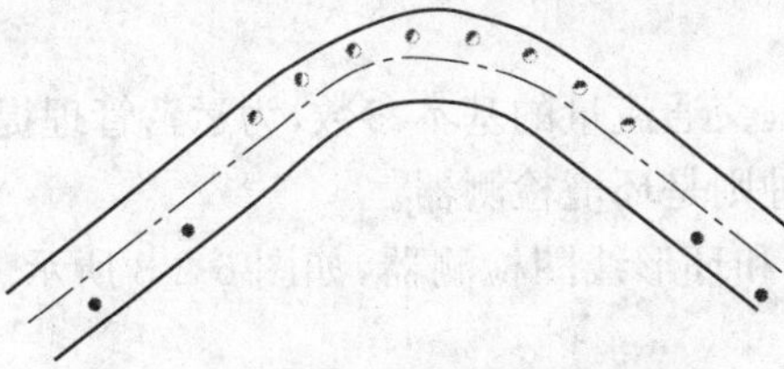

(a) 右侧偏单光带灯具布置示意图

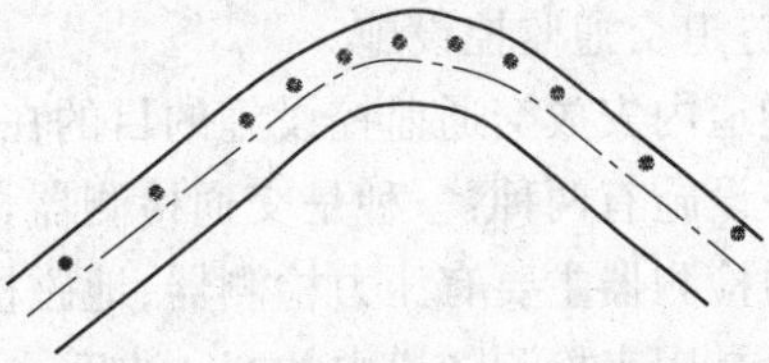

(b) 左侧偏单光带灯具布置示意图

图 6-2-5　曲线段侧偏单光带灯具布置示意图

◐—应该增加的照明灯具；●—正常设置的照明灯具

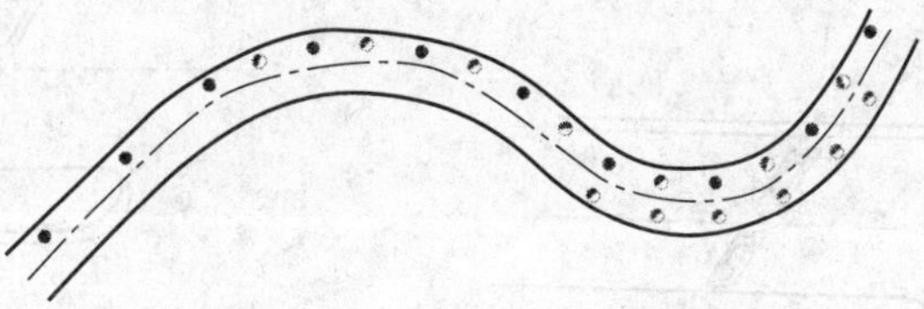

图 6-2-6　反向曲线段上的灯具布置示意图

◐—应该增加的照明灯具；●—正常设置的照明灯具

(2)公路隧道的减光建筑

如果能把洞口的亮度降下来，对于驾驶者来说，就会在进入隧道时感到亮度的变化较为缓和。因而在洞口前应进行特殊设计，主要有遮阳棚和遮光棚。

遮阳棚设置在洞口外，其顶部是透光结构，但不让阳光直接照射到路面来。设计遮阳棚时应以当地的日照图为依据，由太阳的高度角和方位角计算出遮阳板的尺寸。遮阳板一般分为东西和南北两组。分别用以遮挡东西方向和东南、南、西南方向的阳光。两组挡板形成网状结构，网孔大多为透空的，也有用玻璃镶嵌的。挡板宜用轻质材料制成，并保证有足够的强度和刚度。遮阳棚的减光效果不是恒定的，在烈日下效果较差。

遮光棚是较为简单的棚状建筑物。其主要特点是允许日光直接照射到路面上来。

在进行隧道洞门的设计时，也可考虑将其设计成遮光棚式的隧道洞口，如图 6-2-7(a)所示。

植被的反射光比裸露岩石、土坡、建筑物墙面的反射光柔和得多。植被一般可分为草地和树木等，前者表面为毛状结构，由很多垂直面组成，所以在光线的入射方向上亮度最大，在反射方向上反而很小，在法线方向上最小；后者可视为更大的毛状结构，亮度特点与前者大体相似。由此可见在入口处种植具有垂直表面的植被较为有利，如图 6-2-7(b)所示。

(a)洞口遮光棚

(b)洞口植被减光

图 6-2-7　遮阳棚式洞门

(3)隧道交通监控设施

在隧道内安放交通监控设施的目的在于掌握交通流量的基本参数,为运营管理提供依据。交通监控设施有两种:一种是交通检测器,另一种则是环境检测器。

交通检测器主要有压力检测器、地磁检测器和环形线圈检测器,如图 6-2-8 所示。环境检测器主要是用来检测隧道内的 CO 浓度。

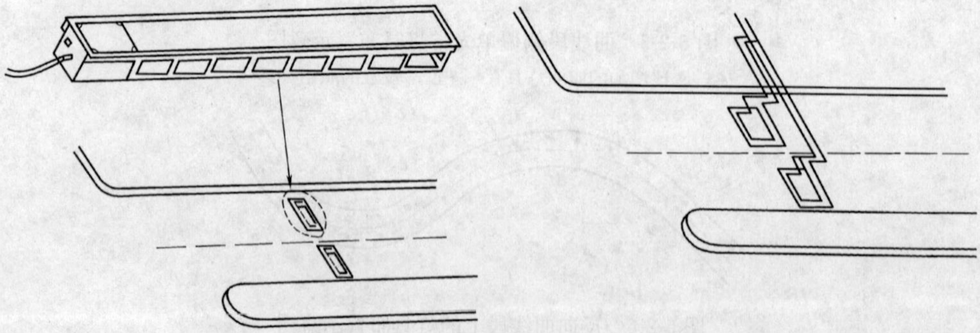

(a) 压力检测器　　(b) 环形线圈检测器

图 6-2-8　交通检测器

交通电视监控系统(图 6-2-9)是一种较为先进的可视系统,主要由摄像部分、传输部分、控制部分、监视器部分等组成。广泛用于城市道路、高速公路及长大隧道上。

(4)交通信号控制系统

公路隧道交通信号控制系统是整个道路交通信号控制的一个组成部分,属于干线道路控制类型,其目的是为了保证隧道区段的安全行车。主要有对向交通信号、单向交通信号和可变交通信号三种,其设置方法如图 6-2-10 、图 6-2-11 和图 6-2-12 所示。

除此之外,公路隧道还有排水系统、供电系统等。

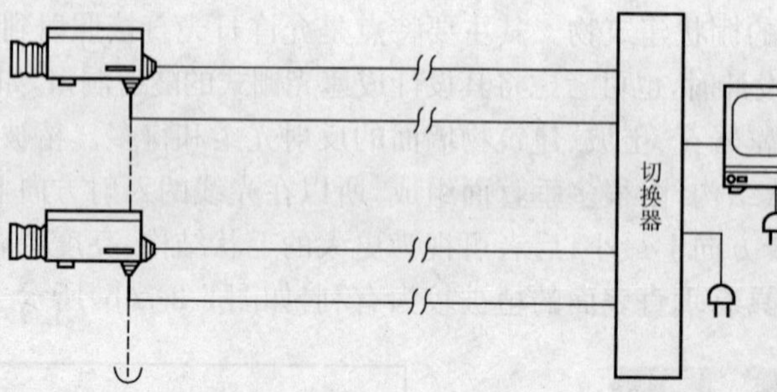

图 6-2-9　交通电视监控系统

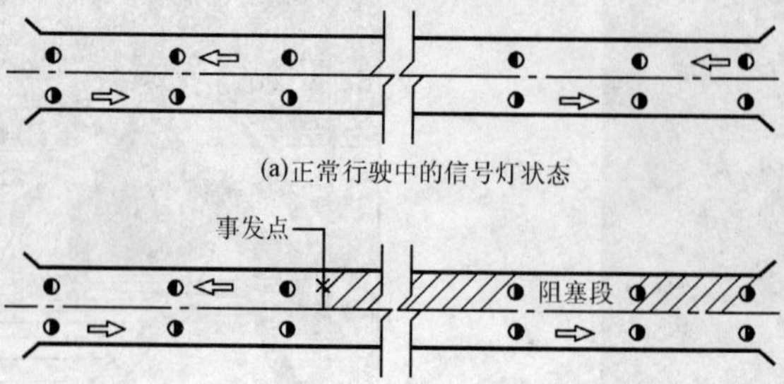

(a)正常行驶中的信号灯状态

(b)事故后的信号灯状态

图 6-2-10　对向交通信号的设置方法

◑ 表示信号灯,左侧表示绿色,右侧表示红色

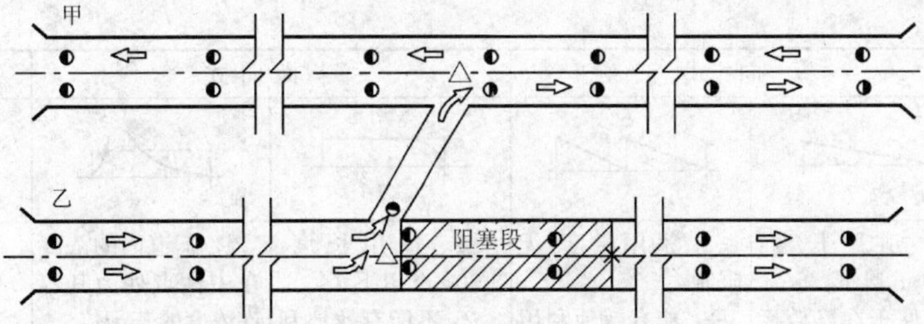

图 6-2-11　单向交通信号的设置方法

◑ 表示信号灯，左侧表示绿色，右侧表示红色

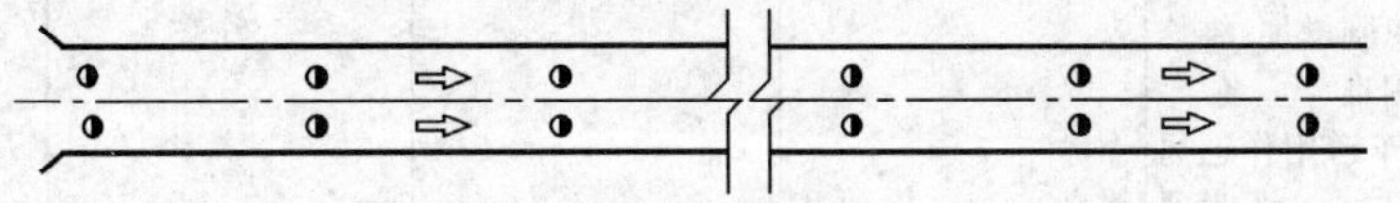

(a)正常行驶中的单向交通隧道信号灯状态

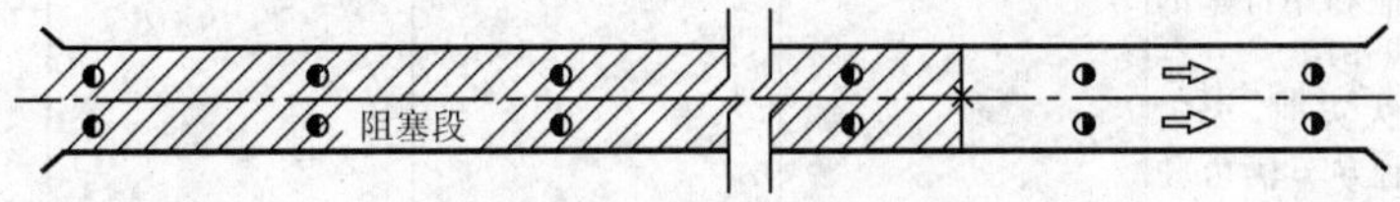

(b)无横通道的单向交通短隧道事故信号灯状态

图 6-2-12　可变交通信号的设置方法

◑ 表示信号灯，左侧表示绿色，右侧表示红色

2. 公路隧道运营通风

(1)运营通风设施

双方向公路隧道，当符合 $L \cdot N \geqslant 6\times10^5$ 时，宜设置机械通风；对于单方向公路隧道，当 $L \cdot N \geqslant 2\times10^5$ 时，宜设置机械通风。其中，L 为隧道长度(m)，N 为设计交通量(辆/h)。机械通风的方式可分为纵向式、半横向式、横向式及其组合方式，各种通风方式的特点见表 6-2-8 所示。

表 6-2-8　隧道通风方式(单向交通隧道)

通风方式	纵向式		半横向式		横向式
基本特征	通风风流沿车道纵向流动		由隧道通风道送风或排风，由洞口沿车道纵向排风或抽风		设有送排风道，通风风流在车道内作横向流动
代表形式	射流风机式	竖井送排风式	送风半横向式	排风半横向式	
形式特征	由射流风机群升压	由喷流送风升压	由送风道送风	由排风道排风	
通风系统略图	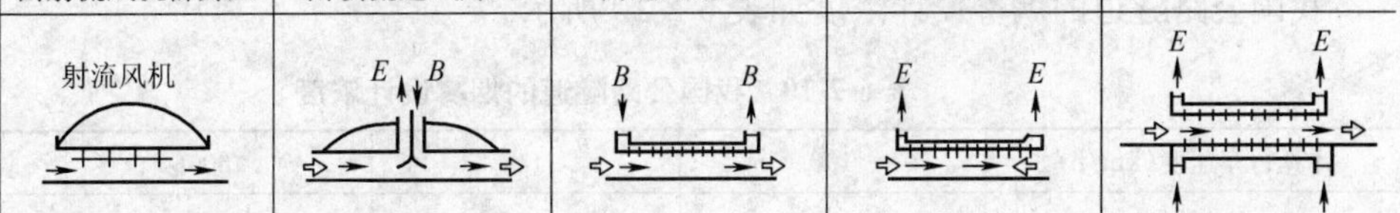				
车道内压分布图	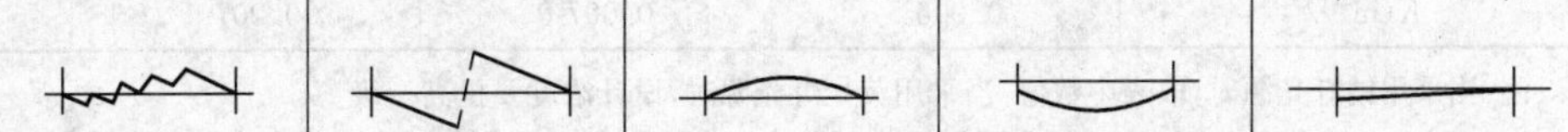				
车道风速分布图					

续上表

通风方式	纵向式		半横向式		横向式
浓度分布图	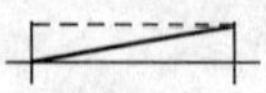	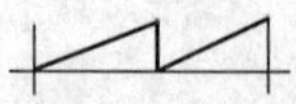	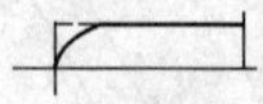	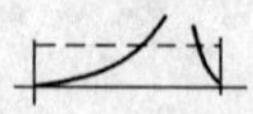	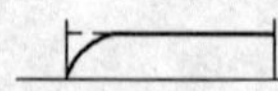
特点和适用条件	1. 适用长度：2 000 m以下。 2. 便于在已营运隧道中设置风机。 3. 设备费用少。 4. 随隧道长度、交通量的增加，风机台数急剧增加，维修管理困难。 5. 车道用作通风道，损失小。不设风道，隧道断面小。 6. 能利用行车的活塞风作用。 7. 火灾时，火灾点的前方车辆可驶出隧道，后方车辆不受烟雾影响。 8. 应考虑风机噪声	1. 适用长度：无限制。 2. 能有效地利用行车的活塞风作用	1. 适用长度：3 000 m以下。 2. 不能有效地利用行车的活塞风	1. 车道内的浓度在中性点处为其容许浓度的若干倍。 2. 因污浊空气不从洞口排出，对洞口周围的环境保护较为有利	1. 适用长度：2 000 m以上。 2. 需同时设置送、排风道和送、排风机，设备费、管理费高。 3. 火灾时可有效地抽排烟雾

选择机械通风方式时，要考虑交通条件、地形地质条件、通风要求、环境保护、维护管理水平以及造价等因素。

(2) 隧道内污染空气的稀释标准

我国公路隧道的CO设计浓度如表6-2-9所示。

表6-2-9 我国交通隧道的CO设计浓度

隧道长度(m)	≤1 000	≥2 000	≥3 000
$\delta\times10^{-6}$	(半)横向式 250		(半)横向式 200
	纵向式 300		纵向式 250
	人车混行 150	人车混行 100	
	交通阻塞段 300		

注：当隧道长度在表中所列长度之间时，可用内插法求出相应的CO浓度。

我国公路隧道的烟雾设计浓度如表6-2-10所示。

表6-2-10 我国公路隧道的烟雾设计浓度

计算行车速度(km/h)	100	80	60	40
K(m^{-1})	0.006 5	0.007 0	0.007 5	0.009 0

注：当采用钠灯光源时，取表中数值；当采用荧光灯光源时，设计浓度要提高一级。

(3)公路隧道通风量计算

隧道的通风计算可按《隧道通风照明设计规范》(JTJ 0261—1999)进行，且单向流动的风速不大于8 m/s，人车混行的设计风速不大于7 m/s。

公路设计规范按CO折算的有害气体排放量为

$$Q_{CO}=\frac{1}{3.6\times10^{6}}\cdot q_{CO}\cdot f_{a}\cdot f_{d}\cdot f_{h}\cdot f_{iv}\cdot L\cdot\sum_{m=1}^{n}(N_{m}\cdot f_{m})\tag{6-2-4}$$

式中　Q_{CO}——CO 的排放量(m^3/h)；

q_{CO}——CO 基准排放量(m^3/辆·km)，可取 0.001 m^3/辆·km；

f_a——考虑 CO 的车况系数，可按表 6-2-11 取值；

f_d——车密度系数，可按表 6-2-12 取值；

f_h——考虑 CO 的海拔高度系数，可按图 6-2-13 取值；

f_{iv}——考虑 CO 的纵坡—车速系数，可按表 6-2-13 取值；

L——车型类别数；

N_m——相应车辆的设计交通量(辆/h)；

f_m——考虑 CO 的车型系数，可按表 6-2-14 取值。

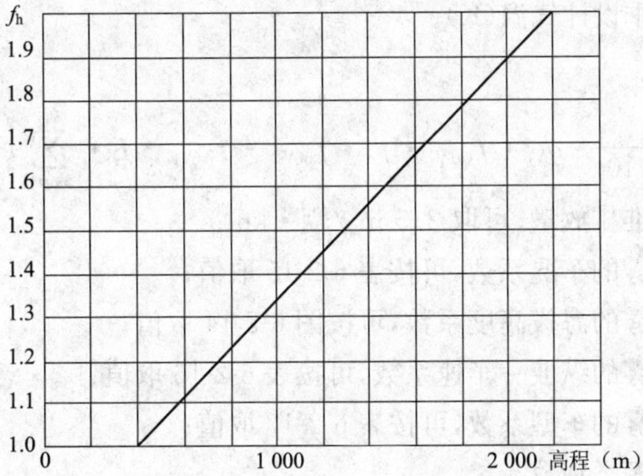

图 6-2-13　考虑 CO 的海拔高度系数 f_h

表 6-2-11　考虑 CO 的车况系数 f_a

适用道路等级	f_a
高速公路、一级公路	1.0
二、三、四级公路	1.1～1.2

表 6-2-12　车密度系数 f_d

工况车速(km/h)	100	80	70	60	50	40	30	20	10
f_d	0.6	0.75	0.85	1	1.2	1.5	2	3	6

表 6-2-13　考虑 CO 的纵坡一车速系数 f_{iv}

i(%) / v_t(km/h)	−4	−3	−2	−1	0	1	2	3	4
100	1.2	1.2	1.2	1.2	1.2	1.4	1.4	1.4	1.4
80	1.0	1.0	1.0	1.0	1.0	1.0	1.2	1.2	1.2
70	1.0	1.0	1.0	1.0	1.0	1.0	1.0	1.2	1.2
60	1.0	1.0	1.0	1.0	1.0	1.0	1.0	1.0	1.2
50	1.0	1.0	1.0	1.0	1.0	1.0	1.0	1.0	1.0

注：当 v_t 小于等于 50 km/h 时，f_{jv}基本同 50 km/h。

表 6-2-14　考虑 CO 的车型系数 f_m

车型	各种柴油车	汽油车			
		小客车	旅行车、轻型货车	中型货车	大型客车、拖挂车
f_m	1.0	1.0	2.5	5.0	7.0

稀释 CO 所需的风量为

$$Q_{req(CO)}=\frac{Q_{CO}}{\zeta}\cdot\frac{P_0}{P}\cdot\frac{T}{T_0}\times10^6 \tag{6-2-5}$$

式中　P_0——标准大气压，取 101.25 kN/m²；

P——隧道设计气压；

T_0——标准设计气温(273 K)；

T——隧道夏季设计气温(K)。

(4)烟雾的排放量

$$Q_{VI}=\frac{1}{3.6\times10^6}\cdot q_{VI}\cdot f_{(a)VI}\cdot f_d\cdot f_{h(VI)}\cdot f_{iv(VI)}\cdot L\cdot\sum_{m=1}^{n_D}(N_m\cdot f_{m(VI)}) \tag{6-2-6}$$

式中　q_{VI}——烟雾基准排放量，可取 2.5 m²/辆 · km；

$f_{a(VI)}$——考虑烟雾的车况系数，可按表 6-2-15 取值；

$f_{h(VI)}$——考虑烟雾的海拔高度系数，可按图 6-2-14 取值；

$f_{iv(VI)}$——考虑烟雾的纵坡—车速系数，可按表 6-2-16 取值；

$f_{m(VI)}$——考虑烟雾的车型系数，可按表 6-2-17 取值；

n_D——柴油车辆类别数。

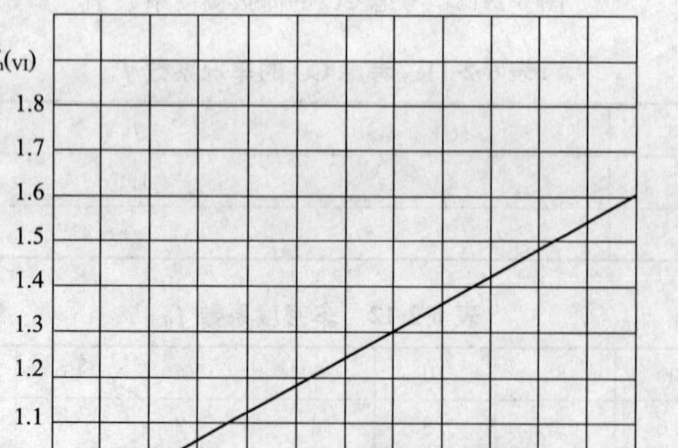

图 6-2-14　考虑烟雾的海拔高度系数 $f_{h(VI)}$

表 6-2-15　考虑烟雾的车况系数 $f_{a(VI)}$

适用道路等级	$f_{a(VI)}$
高速公路、一级公路	1.0
二、三、四级公路	1.2～1.5

表 6-2-16　考虑烟雾的纵坡—车速系数 $f_{iv(VI)}$

v_t(km/h) \ i(%)	−4	−3	−2	−1	0	1	2	3	4
80	0.3	0.4	0.55	0.8	1.3	2.6	—	—	—
70	0.3	0.4	0.55	0.8	1.1	1.8	3.1	—	—
60	0.3	0.4	0.55	0.75	1.0	1.45	2.2	—	—
50	0.3	0.4	0.55	0.75	1.0	1.45	2.2	—	—
40	0.3	0.4	0.55	0.7	0.85	1.1	1.45	2.2	—
30	0.3	0.4	0.5	0.6	0.72	0.9	1.1	1.45	2.0
10～20	0.3	0.36	0.4	0.5	0.6	0.72	0.85	1.03	1.25

表 6-2-17　考虑烟雾的车型系数 $f_{m(VI)}$

柴油车			
轻型货车	中型货车	重型货车、大型客车、拖挂车	集装箱车
0.4	1.0	1.5	3～4

(5)稀释烟雾需要的新鲜空气量

$$Q_{req}=\frac{Q_{VI}}{K} \tag{6-2-7}$$

式中　K——烟雾设计浓度。

除此之外，排出隧道空气中的异味还需要一定的风量，如果采取纵向式通风，隧道内换气风速不应低于 2.5 m/s。

(6)自然风压

$$\Delta P_m=\left(1+\xi_e+\lambda_r\frac{L}{D}\right)\frac{\rho}{2}v_n^2 \tag{6-2-8}$$

式中　ΔP_m——洞口间的自然风压差(Pa)；

ξ_e——隧道入口损失系数，$\xi_e\approx0.6$；

λ_r——隧道墙面摩阻系数，$\lambda_r\approx0.02$；

L——隧道长度(m)；

D——隧道典型尺寸，$D=\dfrac{4\times\text{车道空间断面积}}{\text{同一面积的周长}}\approx6.8$ m(2 车道)；

v_n——自然通风引起的隧道内平均风速(m/s)；

ρ——空气密度，$\rho=1.20\ \text{kg/m}^3$。

(7)交通风压的确定

隧道内行驶的车辆会带动隧道内的空气流动，形成交通风流，也叫活塞作用风。其风压大小可以用下式来计算：

$$\Delta P_t=\frac{A_m}{A_r}\times\frac{\rho}{2}n_+\times(v_{t+}-v_r)^2-\frac{A_m}{A_r}\times\frac{\rho}{2}n_-\times(v_{t-}-v_r)^2 \tag{6-2-9}$$

式中　ΔP_t——交通风压头(Pa)；

A_r——隧道断面积(m^2);

A_m——汽车等效阻抗面积(m^2);

n_+——隧道内与 v_r 同向的车辆数(辆),$n_+=\dfrac{N_+\cdot L}{3\,600\times v_{t+}}$;

n_-——隧道内与 v_r 反向的车辆数(辆),$n_-=\dfrac{N_+\cdot L}{3\,600\times v_{t-}}$;

v_r——隧道设计风速(m/s),一般情况 $v_r=\dfrac{Q_{req}}{A_r}$;

v_{t+}——与 v_r 同向的各工况车速(m/s);

v_{t-}——与 v_r 反向的各工况车速(m/s)。

汽车等效阻抗面积可按式(6-2-10)计算:

$$A_m=(1-r_1)\cdot A_{cs}\cdot \xi_{cs}+r_1\cdot A_{cl}\cdot \xi_{cl} \tag{6-2-10}$$

式中 A_{cs}——小型车正面投影面积(m^2),可取 2.13 m^2;

ξ_{cs}——小型车空气阻力系数,可取 0.5;

A_{cl}——大型车正面投影面积(m^2),可取 5.37 m^2;

ξ_{cl}——大型车空气阻力系数,可取 1.0;

r_1——大型车比例。

典型工作任务 6.3 地下铁道运营通风

6.3.1 工作任务

通过地下铁道运营通风有关知识的学习,能够承担以下工作任务:

(1)能够对地下铁道运营通风系统进行维护;

(2)能够了解地下铁道运营通风的风量计算。

6.3.2 相关配套知识

地下铁道通风和空调设备一般综合进行设计,因此,地下铁道通风是环境控制的一部分。有效的、可靠的环境控制系统对保证乘客安全,确保设备正常运行和使用寿命是十分重要的,是确保地铁正常运行的前提。下面介绍地下铁道通风系统。

1. 地下铁道通风量的计算

地下铁道通风一般都按消除余热来计算通风量。

影响通风量计算的因素有沿线的水文地质条件、地下铁道系统周围地层的温度、地下铁道系统内的热源产生的热量等。

一般当隧道埋深超过 10 m 时,地壳表层温度可看作是恒温,因此,可将此作为计算地温。当隧道埋深小于 10 m 时,则认为地壳表层温度受太阳热辐射的影响,其温度是变化的。

地下铁道系统内不同位置的热源发热量各不相同,在实际设计中常采用近似计算方法,分别计算出列车产热量、照明产热量、人员产热量、动力设备产热量和洞壁吸放热量等,各种产热量及壁面的吸放热的代数和即为地铁系统内的余热。

(1)通风量的确定

地下铁道系统内的空气温度在冬季比较低,在夏季比较高,形成与室外空气温度类似的同期性变化。夏季，地铁系统内的热量能被其围护结构传出一部分，其余热量均由通风系统排出；冬季，围护结构不但不传出热量，反而向地铁系统内放出热量。这部分热量与地铁系统内产生的热量一起均由通风系统带至室外。所以在通风量计算时，应考虑冬季及夏季两种情况，取其最大值。

地铁系统的通风量可由下式计算：

$$G_{\text{通}}=\frac{Q}{C}\cdot\Delta t\cdot\gamma \tag{6-3-1}$$

式中 C——1 kg 空气的热容量[kJ / (kg·℃)]；

Δt——地铁系统进、排风空气温度差(℃)；

γ——空气密度(1.2 kg/m³)。

地下铁道系统通风设备容量应具有在一年内将所产生的热量全部排除的能力，为此，通风计算要根据热量的年平衡来进行。当需要的通风量很大时，则应考虑采用空调系统进行通风。

通风量除满足消除余热外，还应满足下面的要求：

对于车站，当采用开式运行时，供给的新鲜空气量不应少于 30 m³/(h·人)；当采用闭式运行时，新鲜空气量不应少于 12.6 m³/(h·人)。

事故工况下的通风，一是指火灾工况下的通风；二是指阻塞工况下的通风。一般取火灾工况通风量作为事故工况通风量。地铁的通风系统兼备了正常通风与事故情况下的通风，依靠调整各种阀门实现转换。取正常的排热通风量与事故通风量值的大者。

(2)列车活塞风量估算

地下铁道列车在区间隧道高速运行时产生活塞风，影响隧道内的气流组织。

对单线区间隧道，活塞风是有规律的。当列车一进入区间隧道便形成活塞风，不久风速达到稳定状态。该状态下的风速一般是列车速度的 50%～60%。当列车一驶出区间隧道，其风速立即衰减。对于复线区间隧道，由于双向行车，使列车风流呈紊乱状态，再加之列车侧部隧道空间较大，活塞风不明显。

对于无屏蔽门的地下铁道站，活塞风的影响及活塞风所引起的换气量与车站送排风口布置有关。车站送排风口布置不同，车站的站台与行车区间气流的对流量也随之不同，其对流量越大，车站的换气量就越大；反之，则越小。但对流量太小，对利用活塞风的排热通风不利。一般情况下，其对流量约在 50%～60%。换气量的大小与车站出入口的大小也有直接的关系。

这里列出日本常用计算公式：

$$Q_{\text{OA}}=Q_{\text{O}}\,L_{\text{w}}\,L\times 2/T$$

式中 Q_{OA}——外部吸入的空气量(m³/s)；

Q_{O}——列车运行间隔为 2 min 一个出入口、站间距为 1 km 条件下的换气量标准[取 7 200 m³/(h·km)；

L_{w}——车站出入口个数；

L——站间距；

T——列车运行间隔。

2. 地下铁道车站隧道通风系统模式

地下铁道通风一般均为机械通风，车站隧道通风系统有两种基本方式，一种是机械送、排风，另一种是只设机械排风。两种通风系统各有其特点和适用条件。

(1)机械送、排风方式

此种方式是通过对车站隧道进行机械送风和机械排风，实现排除该区域列车散发热量和通风换气的目的。

其特点是:设置送风和排风两套设备,在车站隧道区域通过送风、排风的协调配合,达到气流的相对平衡,形成一个较独立的环境,气流组织较好,能有效地实现排除车站隧道余热和通风换气的目的。在屏蔽门开启后,能减少车站空调系统冷风向隧道内散失。但由于它增加了一套送风系统,设备布局较困难,土建面积和空间均需要增加,运行费用也有所提高。具体布置形式有:上送、下排形式,上送上、下排形式,下送、上排形式,集中送、上下均匀排形式。

(2)只设机械排风方式

在车站隧道区域不设送风系统,只沿站台长度方向,在车行顶和站台下均匀设置排风道、排风口,排除列车顶部和底部的余热,利用排风后该区域产生的负压,迫使外界新鲜空气通过活塞风进入隧道,达到气流平衡和通风换气的目的。此种方式取消了送风系统,设置简单,设备少,占用面积小,运行费用也低。但与送、排风方式相比,通风排热效率相对较低,而且对车站公共区影响较大,将不可避免造成车站空调系统冷风有部分散失到隧道中,加大车站冷负荷量。

3. 地下铁道风道与风亭的布置

地下铁道机械通风道内的基本设备有:可逆转的轴流风机、消音器及组合风阀。当风机既负责车站的均匀送风或排风,又兼顾区间纵向通风时,还需增加相应的管道连接及阀门布置的空间,如果通风系统考虑空调或送冷风时,还应增加相应的制冷设备的机房面积。当区间过长而需采用强制式隧道喷流通风时,应注意以下几点:

(1)风道轴线与区间轴线的夹角一般以15°～20°较适宜,夹角愈小对风流愈有利。

(2)由于风机前喷嘴的供风速度较高,约为25～30 m^3/s,所以喷嘴底板应高于轨面约2.5 m。这样,便于在事故中人员撤离时,高速风流从撤离隧道的乘客头顶部吹过。

(3)火灾事故通风,在依据不足的情况下,为避免出现反流层及不能全断面排除烟气,不宜采用射流排烟方式。

风亭位置主要结合城市规划、周围环境及卫生标准的要求距离来确定。

风亭的形式一般分为:地面风亭、下沉式风亭以及与建筑物结合的综合式风亭。

4. 通风设备的保养维护

每天要对电路、风机、风道、风阀、消音器等相关运转设备进行检查,并做好记录。每月要对风机等设备的部件装配进行检查并维护,及时补充润滑油、更换零件。每年要进行机械的大修。每2～3年对有关风亭、风道等设备进行大修。

典型工作任务6.4 隧道防灾救援疏散

6.4.1 工作任务

通过隧道防灾救援疏散及有关知识的学习,能够承担以下工作任务:

(1)能够对隧道火灾进行分类并分析原因;

(2)能够进行隧道防灾救援疏散措施的规划和维护。

6.4.2 相关配套知识

1. 铁路隧道火灾及防灾救援疏散

铁路隧道火灾发生的原因较多,主要有运营列车隧道内着火、隧道电气设备故障起火、运营列车脱轨撞击在隧道内起火等，其中以运行列车着火引发隧道火灾最为常见。火灾发生时会产生烟囱效应，火势迅猛发展；烟雾难以排出洞外，洞内能见度低；有害烟气浓度很高，逃生救援十分困难。

日本东北新干线列车火灾防范主要措施有：明线小于 400 m 的相邻隧道设定为一个火灾防范措施分区，统一设置相应的火灾对策设施和设备；隧道内发生列车火灾时，如能在 15 min 以内驶出隧道，原则上应在洞外停车处理；万一列车火灾和列车故障同时发生，不得不在隧道内停车时，应考虑相应对策，确保安全。

如图 6-4-1 所示，日本东北新干线将卷堀隧道群(包括 3 座隧道，长约 10.88 km)、岩手一户隧道群(包括 4 座隧道，长约 28.7 km)和金田隧道群(包括 4 座隧道，长约 21.2 km)作为单独的火灾对策分区处理。

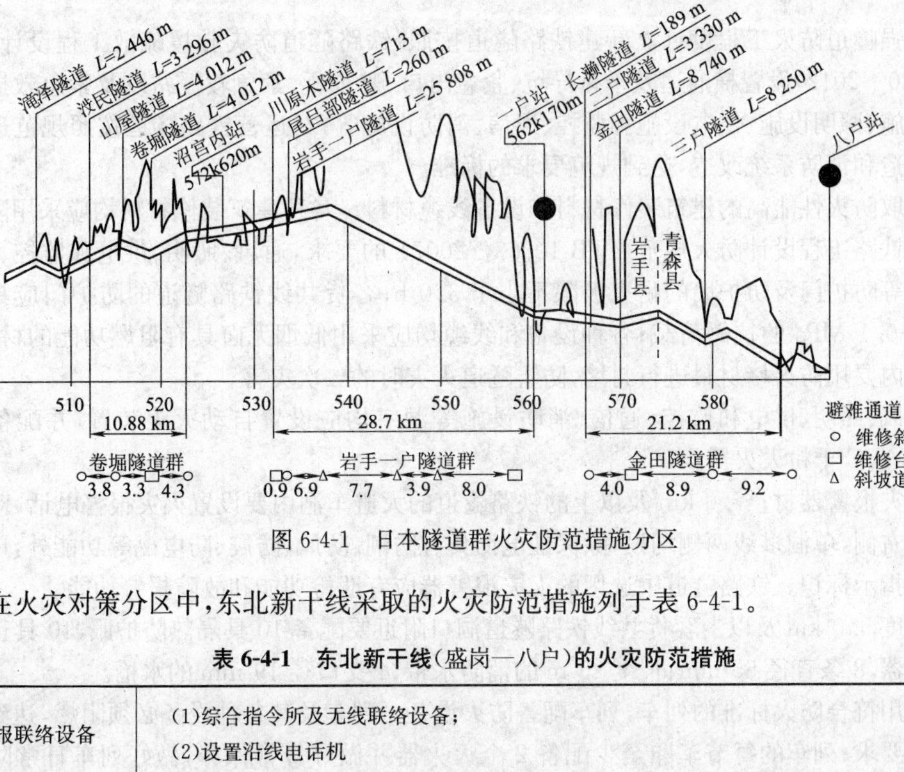

图 6-4-1　日本隧道群火灾防范措施分区

在火灾对策分区中，东北新干线采取的火灾防范措施列于表 6-4-1。

表 6-4-1　东北新干线(盛岗—八户)的火灾防范措施

情报联络设备	(1)综合指令所及无线联络设备； (2)设置沿线电话机
照明设备	(1)隧道内每隔 15 m 设置日光灯及一齐点灯开关； (2)一齐点灯的远程控制和指令所控制； (3)在沿线电话机、斜井、横洞等入口处设置照明灯
电气设备	(1)采用耐热的架空线、导线； (2)在 7 km 以上的隧道内，设置远程控制的断路器(TDS)等的馈电所
通信电缆	通信电缆的低架设化和支撑夹具的不燃化
列车防护设备	在中央通道内设置列车防护开关
避难诱导设备	设置距离标志板
消火设备	(1)器材洞内设置消火器； (2)中央排水沟内每隔 100 m 设置利用隧道涌水的消火设备

(1)铁路运营隧道防灾救援疏散设计的指导思想和基本原则

《铁路隧道防灾救援疏散工程设计规范》(TB 10020—2012)指出,铁路运营隧道防灾救援疏散设计的指导思想为:列车在隧道内发生火灾事故后,首先应将事故列车拉到洞外进行疏散;如果事故列车不能驶出洞外,应控制列车停靠在最近的紧急救援站进行疏散;如果隧道没有紧急救援站,则应控制列车停靠在最近的紧急出口、避难所等疏散设施进行疏散。

铁路隧道防灾救援疏散设计的基本原则为:以防为主,防消结合,方便自救,安全疏散。

总之,防灾救援疏散工作要充分体现"以人为本"的理念,并采取经济、可靠的措施,做到安全可靠、经济合理,使用维修方便。

(2)铁路隧道火灾防范措施设计

①加强防火管理。对危险品、易燃易爆品列车进行检查和严格监控,控制进入隧道的车辆及间距。

②加强隧道防火工程设计。新建铁路隧道按照《铁路隧道防灾救援疏散工程设计规范》(TB 10020—2012)设置横通道及平行导坑、紧急出口、避难所、紧急救援站以及紧急救援疏散的通风设施、照明设施、供电设施和监控、通信、消防设施等;对运营铁路隧道按照规范进行防火工程改造和消防系统改造,达到规范要求的标准。

③选取防火性能高的建筑装修材料和设备线缆材料。各种建筑装修材料均应采用阻燃材料,按照《铁路工程设计防火规范》(TB 10063—2007) 的要求,通风、照明、供电和监控、通信、消防设施等防护门及防护墙的耐火极限不小于 3.0 h;客货共线铁路隧道的防护门应具备抵抗不小于 0.1 MPa 的抗爆荷载;各种设备和线缆均应采用低烟无卤具有阻燃功能的材料,余长电缆腔内要用防火堵材料进行封堵,防止隧道火灾时的二次灾害。

④通风、照明、供电和监控、通信、消防设施等洞室均应设置自动灭火装置,并配备 3 个 4.0 kg的 ABC 干粉灭火器。

⑤火灾报警器材。5.0 km 及以上的铁路隧道的大避车洞内要设置火灾报警电话,双洞单线仅设于右侧,单洞多线两侧均设,除保证电话具有防潮、防风、防震、防电磁等功能外,还要在上方设置指示标识。铁路隧道中选用的火灾报警器应有巡检功能和故障报警功能。

⑥长度 5.0 km 及以上客货共线铁路隧道洞口附近要配备 10 具隔热防护服,10 具正压式空气呼吸器,8 条直径 65 mm、长度 25 m 的消防水带,4 支口径 19 mm 的水枪。

⑦使用符合防火标准的列车,列车配备防火设备。列车及其各种设备必须阻燃,达到相关防火规范要求;列车的每节车厢至少配备 2 个灭火器并做好日常保养,做好列车日常防火检查;列车各车厢都必须设置紧急疏散口并有明显标识。

⑧采用先进的火灾自动预警—消防系统。

⑨建设防火队伍,制订防火预案,进行火灾模拟演练。

(3)铁路隧道防灾救援疏散设施设计

铁路隧道防灾救援疏散设施有:横通道及平行导坑、紧急出口、避难所、紧急救援站以及紧急救援疏散的通风设施、照明设施、供电设施和监控、通信、消防设施等。

铁路隧道防灾救援疏散工程设计包括:①选择防灾救援疏散工程设置形式、规模和数量;②确定各种技术参数,如救援通道的断面尺寸,横通道的间距、断面尺寸,紧急出口、避难所、紧急救援站等相关技术参数;③与救援疏散设施配套的防灾通风、照明、供电、通信、控制、消防等设备系统设计;④救援疏散设施及设备之间的接口设计。

下面简要介绍主要疏散工程概况:

①紧急救援站：长度 20 km 及以上的隧道或隧道群应设置紧急救援站，紧急救援站之间的距离不应大于 20 km。紧急救援站应具备将人员快速疏散到安全区域并能自救或通过救援到达洞外的条件。紧急救援站长度一般为 550～600 m，对仅运行动车组的高铁隧道和客专隧道可采用 450～500 m；紧急救援站应设疏散站台，站台宽 2.3 m，站台面高于轨面不小于 30 cm。紧急救援站内的横通道不小于 4.5 m×4.0 m(宽×高)，且两端设防护门，安设应急的通风、照明、通信及消防设施。

②紧急出口和避难所：长度 10 km 以上的单洞隧道，应在洞身段设置不少于 1 处紧急出口。当施工辅助坑道具备设置紧急出口条件时，可增设 1 处紧急出口；当施工辅助坑道条件不满足增设紧急出口标准要求时，应设置 1 处避难所。长度 5～10 km 之间的单洞隧道，应在隧道洞身段设置 1 处紧急出口。长度 3～5 km 之间的单洞隧道，可结合施工辅助坑道，在隧道洞身段设置 1 处紧急出口；当施工辅助坑道条件不满足紧急出口标准要求时，可不设置紧急出口。图 6-4-2 为避难所设置示意图。

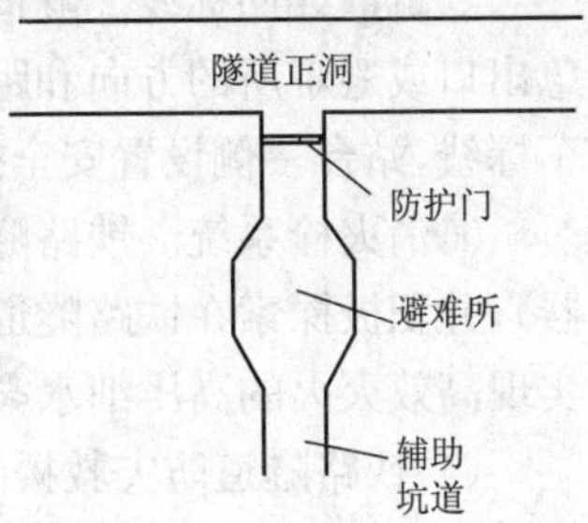

图 6-4-2　避难所设置示意图

施工辅助坑道作为紧急出口时，要满足下列规定：ⓐ竖井垂直高度在 30 m 以内，楼梯宽度不小于 1.8 m；ⓑ斜井坡度不大于 12%时，水平长度不宜大于 500 m；ⓒ横洞长度不宜大于 1 000 m。紧急出口与正洞连接处应设便于开启的防护门，宽和高应分别大于 1.5 m 和 2.0 m；ⓓ斜井和横洞的断面不小于 3.0 m×2.2 m(宽×高)。

紧急出口、避难所应结合施工辅助坑道，尽量均匀布置，其间距不宜大于 5 km。避难所的辅助坑道断面尺寸不应小于4.5 m×5.0 m(宽×高)。设置紧急出口、避难所等疏散设施的隧道，隧道洞口及紧急出口(含避难所)的洞口，宜设置外界通向隧道的道路以及可供停车、回车的场地。

③平行的两条隧道互为救援疏散隧道，应设置相互联络的横通道。

④结合施工辅助坑道设置救援疏散设施时，应：ⓐ优先利用平行道坑(隧道与平行导坑之间设横通道)；ⓑ尽可能利用长度较短、坡度较缓、地质条件较好、洞口有停车迂回空间的横洞或斜井；ⓒ利用高差较小的竖井。作为救援疏散的施工辅助坑道，应按永久工程进行结构及防排水设计。

⑤防灾救援疏散通风设计。要选用适合的通风方式和通风机械，对于紧急救援站等待区的风量要满足 10 m²/(人·h)的最小值，风速要求在各防护门处不小于 2 m/s；在紧急出口、避难所或紧急救援站处要设置机械加压的防烟装置，保证背向乘客方向排烟、迎着乘客疏散方向送风且防烟系统的余压值应有 40～50 Pa，同时应设置补风量不小于排烟量 50%的机械补压系统；紧急出口、避难所要采用机械加压送风排烟设施，从洞外引入清洁空气，横通道处防止火烟倒灌；防灾排烟等通风设施一律选用技术先进、功能较强且具阻燃的材料。

⑥防灾救援疏散应急通信。铁路隧道内防灾救援应急通信要实现有线、无线通信相结合，充分利用铁路专用移动通信系统(CSM-R)、450 MHz 无线列调通信系统等无线通信手段。长度在 5 km 以上的铁路隧道应设置有线应急电话和广播系统，且电话具备能接入铁路通信、调度系统的能力，电话机间距 500 m；长度在 3～5 km 的铁路隧道应设置应急电话和广播系统。

⑦火灾监测及防灾救援疏散监控系统。在隧道进口处，设置红外线车辆温度监测系统，检测车轴及车顶温度，防止火灾隐患的列车驶入隧道。在铁路隧道的出入口、隧道内的紧急出

口、避难所或紧急救援站等处应合理设置视频监控采集点，纳入铁路综合视频监控系统；防灾救援设备监控系统要对隧道内的消防、通风、照明、消防、排水等设备进行实时监控，并能实现火灾预警、与隧道防灾救援指挥中心进行信息传输和对各系统的自动控制和手动控制；发生火灾时，能全面掌握火灾动态，实现自动报警并通知相关部位人员，自动启动风机的防灾排烟运行模式、自动启动消防系统等。

⑧防灾救援疏散应急照明与供电。长度在 5 km 及以上的隧道或有紧急出口的隧道内应设置应急照明，在洞口、紧急出口、横通道口或避难所口设置标志灯，在疏散救援站等处设置相应的指示灯，指示灯应标出疏散方向和距洞口距离，间距不大于 30 m。应急电源应在正常供电中断后 5 s 内完成电源转换并恢复到规定的亮度。防灾救援疏散应急供电应按一级负荷及二回路供电考虑，并配备紧急发电设备。

⑨疏散导向标线。隧道内应设置疏散导向标线，并标注距最近的隧道口、紧急救援站、紧急出口或避难所的方向和距离，导向标线采用热熔性反光材料。紧急救援站内应设置列车停车标线，站台一侧设置安全扶手且不得采用高压水雾消防技术。

⑩消火栓系统。铁路隧道的灭火系统应以消火栓系统为主，辅以干粉、泡沫系统(灭火器)，并积极探索在铁路隧道中推广使用能起火灾隔离的水幕系统和能快速降低火灾区域温度实现高效灭火的高压细水雾消火栓灭火系统。

(4)铁路隧道防灾救援疏散

铁路隧道的防灾救援疏散首先是要尽可能将火灾列车拉出洞外进行救援疏散。如果列车无法继续运行或隧道太长时，就要进行洞内救援疏散，目前主要有“定点”救援疏散和“随机停车”救援疏散二种方式。

①“定点”救援疏散

列车无法拉出洞外需要在洞内实施消防时，应将列车定在规定的地点(该地点称为定点)，并采取如下措施：

a. 当火灾列车在“定点”紧急救援站停稳后，车上旅客应在车厢乘务员的疏导下进行紧急疏散。如有避难所，则进入避难所等待救援列车；如无避难所，则进入横通道等待救援列。救援列车没有到达之前所有人员按照指示标牌的疏散方向进入横通道或避难所中等待，在救援列车到达后再从避难所中疏散至安全隧道中搭乘救援列车离开。

b. 司乘人员组织义务消防人员，利用列车上的消防设备和隧道中设置的消火栓系统对火灾列车实施灭火。如果不能成功灭火，则应立即从安全通道撤离，由消防救援列车进入洞内灭火和救援。

c. 消防列车从低端洞口进入隧道并接近火灾列车实施灭火。消防列车不仅应装备较完善的灭火设备(如水炮、泡沫炮、高倍数泡沫系统、干粉灭火系统等)，同时还应有水和各种灭火材料的储备及医务车、工具车和公务车等。

②“随机停车”救援疏散

如果列车着火且不能继续运行，则可能在隧道的任何一个地点停车。应急通风系统立即通过横通道向事故隧道方向送风，抑制烟气进入横通道及未发生事故的隧道，乘务人员组织旅客始终迎着新鲜空气行走疏散至紧急出口、避难所或联络通道，通过安全隧道撤离，并等待救援列车进行救援。

③外部营救

当列车在洞内突然停车后，立即停止火灾隧道的运营，首先组织救援列车反方向进入隧道进行救，如果不行，则报告地面消防人员从隧道口进入隧道，进行接应。

④疏散标识

救援通道每隔200 m应设图像、文字标记，指示两个方向分别到下一洞口或紧急出口的距离，并配备灯光显示方向，如图6-4-3所示。

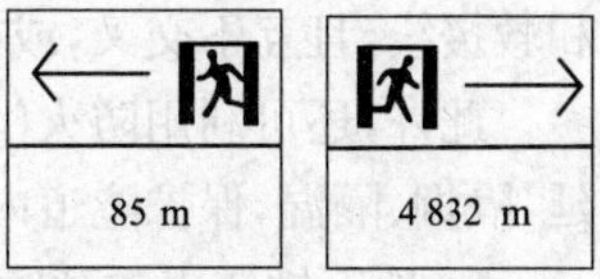

图6-4-3　疏散标识牌

2. 公路隧道火灾预防及灭火救援

据国外资料统计，隧道火灾的发生频率为10～17次/(亿车·km)，平均为13.5次/(亿车·km)。除了作好宣传教育工作，建立严格的隧道交通管理制度并监督执行外，还要建立完善的隧道防火设施。

公路隧道的防火设施有：报警设施、紧急报警设施、消防设施等。

隧道的报警设施有手动报警器、自动报警器、紧急电话等。

隧道的紧急报警设施安放在隧道的出入口处，它能通知隧道外欲进入隧道的车辆因隧道内发生火灾而不能进入。紧急报警设施有：警报显示板、闪光和报警灯、音响信号发生器等。

消防设施是当隧道内发生火灾时，用于灭火和控制火势的设施，主要有：灭火器、消防栓、给水栓和喷水雾设施。在一般的隧道中只选择其中的两种进行组合，在高等级公路上的长大隧道，则可考虑以上四种设施同时采用。

各种灭火设施的设置位置和间距见表6-4-2所示。

表6-4-2　隧道防火设施设置的位置和间距

<table>
<tr><th colspan="3">设施的种类</th><th>设置位置</th><th>设置间距</th><th>设置高度</th></tr>
<tr><td rowspan="3">报警设施</td><td colspan="2">手动报警器[1]</td><td>侧墙单侧</td><td>50 m</td><td>检修道面上或者车道上1.5 m</td></tr>
<tr><td colspan="2">自动报警器</td><td>原则上安装上侧墙单侧</td><td></td><td></td></tr>
<tr><td colspan="2">紧急电话[2]</td><td>将电话机装入侧墙上设置的电话箱内</td><td>200 m</td><td>检修道面上1.5 m</td></tr>
<tr><td>紧急报警设施</td><td colspan="2">警报显示板</td><td>隧道洞口附近、隧道内紧急停车带</td><td></td><td></td></tr>
<tr><td rowspan="4">消防设施</td><td colspan="2">灭火器</td><td>以2个灭火器为一组，装入侧墙上设置的储藏箱内，与消防栓放置在一处</td><td>50 m</td><td></td></tr>
<tr><td colspan="2">消防栓</td><td>侧墙单侧</td><td>50 m</td><td></td></tr>
<tr><td colspan="2">给水栓</td><td>隧道两洞口附近，隧道内紧急停车带</td><td></td><td></td></tr>
<tr><td colspan="2">喷水雾装置</td><td>侧墙单侧</td><td>4～5 m左右</td><td>车道面上3.7 m左右</td></tr>
<tr><td rowspan="7">其他设备</td><td colspan="2">避难设施[3]</td><td></td><td>750 m左右</td><td></td></tr>
<tr><td colspan="2">紧急停车带</td><td>原则上在行驶车道侧</td><td>750 m左右</td><td></td></tr>
<tr><td rowspan="3">导向设施</td><td>显示板</td><td>避难联络通道附近及其中间侧墙</td><td></td><td></td></tr>
<tr><td>有线广播</td><td>侧墙上方</td><td>50 m左右</td><td></td></tr>
<tr><td>无线广播</td><td>侧墙两侧的上方</td><td>隧道全长</td><td></td></tr>
<tr><td colspan="2">I-T-V</td><td>原则上在行驶车道侧(检查员通道上方)</td><td>150～200 m</td><td>检查员通道上2.5 m</td></tr>
<tr><td colspan="2">紧急照明设施</td><td>侧墙上方或者吊顶部位</td><td></td><td></td></tr>
</table>

注：[1]手动报警器与消防栓、灭火器设备在同一箱内时，安装位置不一定是1.5 m。

[2]在隧道内，为了隔断噪声，准确地联络，需在侧墙上开孔口，在孔口处设置电话箱。

[3]在双孔隧道中，应相应设置避难联络通道和紧急停车带。

在长大隧道中，还应进行疏散设施设计，设立防火分隔区，充分利用横向联络通道或横洞作为疏散救援区，且其断面不小于4.5 m(高)×4 m(宽)；如情况紧急可将行车线分为疏散线和救援线，且互不交叉，或在单车道隧道中加设疏散救援段。

此外，还可利用防火门、防火帘幕、水幕系统将隧道纵向分割成几个区段，以阻断火势蔓延，隔烟、隔温，保护隧道内的机电设施。

3. 地下铁道火灾预防和灭火救援

地下铁道的火灾预防和灭火救援由建筑结构防火、监控报警与消防系统、地铁车辆防火、应急方案等组成完善的集预防、监控、报警、救援和消防为一体的防灾系统。

除了在建筑、结构、机电方面进行综合防火外，还要在车站建筑物及列车车体等方面为乘客安全疏散创造条件。车站的出入口与疏散通道的数量和宽度要满足疏散要求；引导标志和事故照明设备要能保证正确及时地引导人员安全疏散；合理划分防火、防烟区，并在各独立防火分区之间设置防火墙和防火门(或防火卷帘)；在防火分区内划分防烟分区，并及时通过排烟系统排除烟雾。目前地下铁道大多都安装了屏蔽门，在火灾时可起到阻隔火焰和烟气的作用，但不应作为防火分隔设施。

(1)合理设置防火分区与防烟分区

地下铁道车站规模大，站台、站厅楼梯的数量较多，当某处发生火灾时，必须要把火灾控制在一定的范围内并扑灭。因此要按照防火规范，合理设置防火分区和防烟分区。

①设置防火分区

车站(包括车辆基地)控制室(含防灾报警设备室)、变电所、配电室、通信及信号机房、固定灭火装置设备室、消防泵房、通风机房、环控电控室、屏蔽门(安全门)设备室、蓄电池室等火灾时需工作的房间，应分别单独进行防火分隔。

与车站相连的商业等建筑应采用防火墙等与车站进行防火分隔。车站站台和站厅公共区应划为一个防火分区。车站设备管理区应与站台公共区或站厅公共区划分为不同的防火分区，每个防火分区的建筑面积不应大于1 500 m^2。

上、下重叠平行站台的车站防火分隔要做到：下层站台穿越上层站台至站厅的楼扶梯，应在上层站台的楼扶梯开口部位用耐火极限不低于2.00 h的实体墙进行分隔；上、下层站台之间的联系楼扶梯，应在下层站台的楼扶梯开口部位(楼梯洞口)设防火卷帘进行防火分隔。

多线同层站台平行换乘车站的站台之间应采用耐火极限不低于3.00 h的纵向防火墙进行分隔，并两端延伸至站台有效长度外各10 m。

两线站台之间点式换乘车站的换乘通道和换乘梯，应在下层站台的开口部位(楼梯洞口)设防火卷帘进行防火分隔。

多线组合换乘车站的各线连接处，均应在下层站台的开口部位(楼梯洞口)设防火卷帘进行防火分隔。当地下多线换乘车站共用一个站厅公共区时，站厅公共区的建筑面积不应超过5 000 m^2。

乘车站间换乘通道两侧均应进行防火分隔，通道两端设防火卷帘，且能分线控制。

地下一层侧式站台与同层的站厅公共区划分为一个防火分区。

站厅层设于站台层之下时，站厅至站台的楼扶梯间应在站厅层的开口部位(楼梯洞口)设防火卷帘作防火隔断。

②设置防烟分区

室内地面至顶棚或顶板的高度≤6 m的场所应划分为防烟分区，防烟分区不得跨越防火分区。公共区每个防烟分区的建筑面积不应大于2 000 m^2，站台至站厅的楼扶梯等开口四周的临空部位应设置挡烟垂壁，设备管理区每个防烟分区的建筑面积不应大于750 m^2。

(2)地下车站的安全疏散设施

地下车站站台至站厅的疏散楼梯、扶梯和疏散通道的通过能力，应保证高峰最大客流量时一列进站列车所载乘客及站台上的候车乘客能在6 min内全部疏散。

疏散通道、楼梯的净宽度要求：公共区单向通行楼梯宽度不小于1.8 m，双向通行楼梯宽度不小于2.4 m，区间通向站台的楼梯宽度不小于1.1 m，区间风井内的疏散楼梯及消防专用通道的宽度不应小于1.2 m。

(3)区间隧道的安全疏散设施

区间隧道的道床面应平整、连续、无障碍物，铺设宽度不小于700 mm的连续疏散通道。

双洞单线区间隧道的距离不应大于600 m，且应设置联络通道作为人员疏散出口，通道内应设置二樘反向开启的甲级防火门。联络通道之间的距离大于300 m时，应在区间隧道内设置纵向疏散平台。单洞双线区间隧道的线路间宜设置耐火极限不小于3.00 h的防火隔墙。不设防火隔墙时，应在区间隧道内每隔800 m设置直通地面的疏散井，井内楼梯间应为防烟楼梯间。

列车的车头、车尾应设置疏散门，各节车厢之间应连通。

地上区间的疏散设计可参考地下区间隧道的设计要求。

(4)地铁火灾的监控与报警

为保障地下铁道的安全运营，有必要设置火灾自动报警系统(FAS)。其作用主要有：实现火灾探测并及时向控制室和线路运营控制中心发出火灾警报(报告火灾区域)；实现环境与设备监控系统(BAS)、综合监控系统配合或独立消防的联动控制，从而保证安全。

①火灾报警。发生火灾时通过电话报警(包括轨旁电话、消防壁挂电话、插孔电话、有线无线市话、无线对讲机等)、手动报警按钮报警、探测器报警、自动灭火系统火灾报警、车站和物业火灾报警系统进行火灾报警。

②火灾确认。在接到火灾报警后，主要通过现场的感烟或感温探测器对环境烟雾浓度或温度的探测，自动确认火灾位置与火势大小，也可利用闭路电视的监视和现场人员的报告进行人工确认。

在车站火灾自动报警系统收到火灾报警而不能自动确认时，若报警区域在闭路电视监视范围，值班员应通过CCTV系统进行报警确认；若报警区域不在闭路电视监视范围，则应立即通知现场值班员，携带手持式无线消防调度电话到达报警现场进行报警确认。

(5)消防联动

①车站火灾自动报警系统在收到手动报警按钮、探测器、车站和物业火灾报警系统发出的火灾报警信号、自动灭火系统发出的火灾预报警信号后，自动启动消防警铃和消火栓泵。若车站火灾自动报警系统收到电话报警信息，则有关人员应手动启动消火栓泵。

②车站火灾自动报警系统在确认火灾后，主变电站火灾报警控制盘启动消防警铃、消火栓泵、相关地点的防火卷帘，切除非消防电源，接通应急照明电源，启动排烟风机；火灾报警控制盘发送火灾模式信息至综合监控系统和环境与机电设备监控系统，并发送火灾信息，同时启动

消防警铃、消火栓泵、相关地点的防火卷帘，将广播系统切换至消防广播状态。

(6)自动灭火系统

城市轨道交通的主变电站、变配电站、信号设备室及车站控制室等一些电子电气用房均采用自动灭火系统进行保护。

自动灭火系统由存储输送灭火介质的管网子系统和探测报警的控制子系统组成，平时由自动灭火系统的控制子系统来监视防护区的状态，火灾时能自动报警，并按预先设定的控制方式启动灭火装置，达到扑救防护区火灾的目的。

目前常用的地下铁道自动灭火系统主要有惰性气体灭火系统、卤代烃类化学气体灭火系统和水灭火范畴的细水雾系统。

(7)地铁火灾救援

地铁一旦发生火灾，首先应保证人员的安全疏散逃生。根据发生火灾的不同地点，可划分为列车在区间隧道发生火灾、列车在车站附近发生火灾和列车在车站内发生火灾。

①列车在区间隧道发生火灾。此时，应尽量将列车驶向前方车站疏散乘客。如果列车不能继续开行，必须在洞内紧急疏散乘客时，司机除用无线电与车站取得联系外，还应立即切断外部高压电源，启动紧急备用电源。车头着火时，组织乘客迅速从车尾下车，步行至后方车站；列车中部着火时，组织乘客从两端下车，分别步行至两端车站；车尾着火时，组织乘客从车头下车，步行至前方车站。此时，隧道通风系统改为排烟模式，向疏散乘客提供必要的迎面风速，诱导乘客安全撤离。立即中止本区间的运行，另一条隧道也应立即停止正常的行车。处理程序如图 6-4-4 所示。

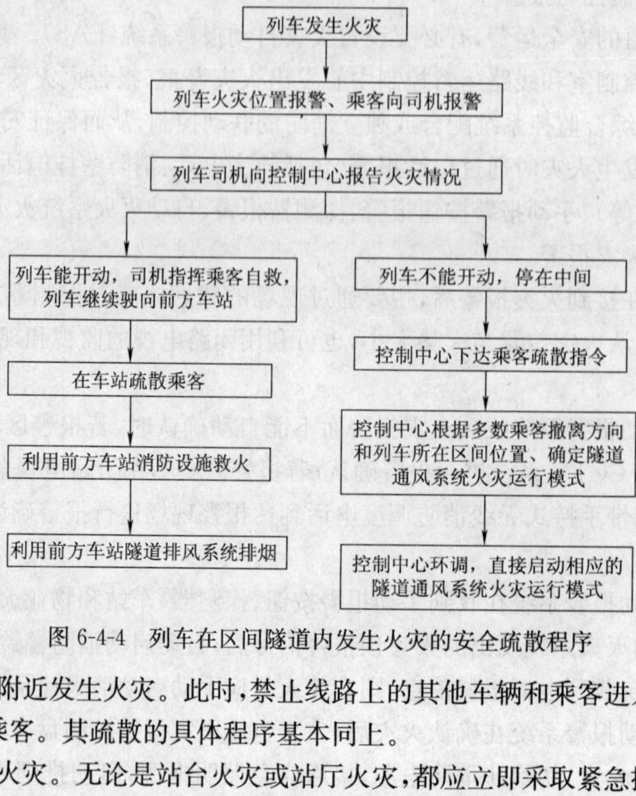

图 6-4-4　列车在区间隧道内发生火灾的安全疏散程序

②列车在车站附近发生火灾。此时，禁止线路上的其他车辆和乘客进入火场，并利用车站楼梯、出入口疏散乘客。其疏散的具体程序基本同上。

③车站内发生火灾。无论是站台火灾或站厅火灾，都应立即采取紧急措施，第一时间安全疏散乘客，同时停止车站空调系统，将站内的普通通风空调模式改为火灾情况下的通风模式。

疏散程序分别见表 6-4-3 和表 6-4-4。

表 6-4-3　站台火灾紧急疏散程序

职　　责	值班站长	行车服务员	客运服务员	站台服务员	站厅服务员	售票员	其他人员
1. 发现火灾，向值班站长报告，并试图灭火		√	√	√			√
2. 报告控制中心，要求停止本站列车服务，并请求支援	√						
3. 宣布执行火灾紧急疏散计划	√						
4. 指示环控操作人员执行灭火排烟模式		√					
5. 关掉广告灯箱电源		√	√				
6. 担任事故处理主任，指挥疏散和灭火	√						
7. 向控制中心报告火灾情况		√					
8. 关停扶梯，设置闸机为自由释放状态		√					
9. 指引乘客疏散出站		√	√	√	√		√
10. 拦截乘客进站					√	√	
11. 引导消防员到火灾现场	√			√			

注：所有员工在完成疏散工作后参加灭火。

表 6-4-4　站厅火灾紧急疏散程序

职　　责	值班站长	行车服务员	客运服务员	站台服务员	站厅服务员	售票员	其他人员
1. 发现火灾，向值班站长报告，并试图灭火		√	√				
2. 报告控制中心，要求停止本站列车服务，并请求支援	√						
3. 宣布执行火灾紧急疏散计划	√						
4. 指示环控操作人员执行灭火排烟模式		√					
5. 关掉广告灯箱电源		√	√				
6. 担任事故处理主任，指挥疏散和灭火	√						
7. 向控制中心报告火灾情况		√					
8. 关停扶梯，设置闸机为自由释放状态		√	√			√	
9. 指引乘客疏散出站			√		√		√
10. 拦截乘客进站			√		√	√	√
11. 引导消防员到火灾现场	√			√			

(8)救援队伍的组织

地下铁道发生火灾，在专业灭火救援队伍到来之前应立即组织列车司机、车站工作人员等进行救援和灭火。火灾初期，及时、有效地组织灭火，可减轻人员和设备的损害，所以要加强对列车司机、车站工作人员的应急灭火救援培训。

知识拓展

1. 国内外重大地铁火灾事故情况(表 6-拓-1)

表 6-拓-1　国内外重大地铁火灾事故一览表

时间	地点	火灾原因	伤亡损失
1977 年 11 月 6 日	前苏联莫斯科	爆炸物爆炸	6 人死亡
1980 年 4 月 8 日	德国汉堡	人为纵火	伤 4 人
1984 年 4 月 3 日	德国汉堡	人为纵火	伤 1 人
1987 年 11 月 18 日	英国伦敦	自动扶梯起火	35 人死亡
1991 年 4 月 16 日	瑞士苏黎世	人为纵火	58 人重伤
1995 年 4 月 28 日	韩国大邱	煤气泄漏发生爆炸	103 人死亡，230 人受伤
1995 年 7 月 25 日	法国巴黎	爆炸物爆炸	8 人死亡，86 人受伤
1995 年 10 月 28 日	阿塞拜疆巴库	电气设备故障	558 人死亡，269 人受伤
1996 年 6 月 11 日	俄罗斯莫斯科	爆炸物爆炸	4 人死亡，15 人受伤
1996 年 12 月 3 日	法国巴黎	爆炸物爆炸	4 人死亡，86 人受伤
2000 年 8 月 8 日	俄罗斯莫斯科	爆炸物爆炸	13 人死亡，90 多人受伤
2000 年 11 月 11 日	奥地利	设备故障	155 人死亡，18 人受伤
2003 年 2 月 18 日	韩国大邱	人为纵火	198 人死亡，146 人受伤
2004 年 2 月 6 日	俄罗斯莫斯科	爆炸物爆炸	39 人死亡，134 人受伤
2004 年 3 月 17 日	北京	通风设备故障	0 人伤亡
2004 年 10 月 14 日	香港	列车电力故障	1 人
2005 年 1 月 5 日	香港	人为纵火	14 人受伤
2005 年 5 月 16 日	瑞典斯德哥尔摩	列车起火	12 人受伤
2005 年 7 月 7 日	英国伦敦	人为制造爆炸	56 人死亡、700 多人受伤
2005 年 8 月 6 日	法国巴黎	列车故障	19 人受伤
2005 年 8 月 26 日	北京	列车线路短路	19 人受伤

2. 地下铁道火灾场景危险性分析情况(表 6-拓-2)

表 6-拓-2　地铁火灾场景危险性分析

火灾类型	火灾情景描述	发生可能性	火灾危险性
站厅火灾	站厅电气设备、广告、售货亭、行李火灾	容易发生	中低
站台火灾	站台电气设备、行李火灾	容易发生	中等
	停站列车火灾	偶尔发生	中高

续上表

火灾类型	火灾情景描述	发生可能性	火灾危险性
隧道火灾	隧道内电气设备、电缆火灾	偶尔发生	低
	列车在区间发生火灾，运行至就近站台	很少发生	高
	列车在区间发生火灾停驶，人员就地疏散	不易发生	高

3. 地下铁道列车火灾时乘客逃生的最佳时间

日本消防部门经试验得出如下结论：在日本，列车起火后，快则 1.5 min，慢则 8 min 之后就会产生有害气体对人体的伤害；着火 2～5 min后，车厢内烟雾弥漫使乘客无法看清楚逃生出口，相邻的车厢在 5～10 min 内也会出现相同情形。因此，列车车厢火灾时乘客从车厢内逃生的时间只有 5 min 左右。如果车内乘客的衣物或行李被引燃，火势能在短时间内扩大，则逃生的时间更短。

4. 秦岭终南山隧道的照明通风及防灾系统

终南山隧道是目前世界上最长的双洞高速公路隧道，位于西安至安康高速公路西安至柞水段，北口距西安市 28 km。隧道长 18.02 km，双向 4 车道左右双洞，隧道净宽 10.5 m，限高 5 m，设计车速 80 km/h，安全等级一级，消防等级标准 50 MW，拥有目前世界上直径最大、深度最大的通风竖井，并且配备了完备的监控和防灾救援体系，有超大规模、智能先进、开发集成超过 2.3 万点监控业务模型的监控指挥中心。图 6-拓-1 为终南山隧道洞门效果图，图 6-拓-2 为终南山隧道通风系统。

图 6-拓-1　终南山隧道洞门效果

图 6-拓-2　终南山隧道通风系统

钟南山隧道采用节能、高效、可靠的三竖井分段纵向式通风技术，解决了通风系统的分区长度、短道长度、送排风口角度、同井分隔、井底分合流等一系列关键技术难题。创新井下通风站技术，实施了渐变四联拱、小净距立交、斜坡加旋转隧道等复杂群洞结构的地下通风站。

钟南山隧道灯光照明独到，车辆以正常车速行驶穿越终南山隧道大约需 15 min。隧道全长每间隔 4.5 km 设置一条特殊灯光带，每座隧道设有 3 处特殊灯光带，以提供不同的视觉场景，让驾驶者从感觉上将 18 km 的长隧道分成了 4 座短隧道，调节视力，感受自然，减少疲劳。

灯光设计的具体做法是，隧道每侧安装一排蓝色射光灯将洞顶整体照亮，形成“蓝天”的基本色调，再用图案“白云”等图像投射到隧道顶部，形成“蓝天”“白云”的效果。道路两侧装饰了仿真植物等景观，让人感到如同行驶在大自然之路上，令人心旷神怡，见图 6-拓-3。

图 6-拓-3　终南山隧道特殊的灯光设计及景色布置

根据国家标准《高速公路隧道监控系统模式》(GB/T 18567—2001)中的隧道事故率的计算方方法，到 2025 年以后，终南山隧道内每年的事故将达 9 次左右，其中火灾所占比率将达 10%。据国内外统计资料显示，隧道内的火灾 40%将被驾乘人员灭掉，60%需要专业消防队救助；在有监控系统的情况下，40%的隧道不会发生大的火灾事故。由此推断出，终南山隧道每 4～5 年左右将会发生 1 次规模较大的火灾。为此，终南山隧道建立了先进的防灾救援体系，主要包括以下方面：

(1)隧道距离西安和柞水两地较远，救援梯队按两级考虑，即第一梯队为驾乘人员，第二梯队为隧道专业消防人员，并已经组建了隧道专业消防队。

(2)隧道消防系统采用固定式灭火和移动式灭火相结合的模式。

(3)火灾通风组织为：当一座隧道火灾发生后，火灾隧道按火灾救援风速通风，另一隧道主风机按正常运营通风，用射流风机保证打开的联络通道处火灾隧道的风压小于正常运营隧道风压，使火灾隧道的烟雾和高温气体不会蔓延至联络和救援通道及另一隧道。

(4)火灾情况下的行车组织为：关闭两条隧道，禁止车辆继续驶入隧道。火区下游车辆自行快速驶出隧道；火区附近(即火区上游第一个防火分区)车辆采用弃车逃生；火区较远区(即火区上游其他防火分区)车流由行车横道进入非火灾隧道。

(5)防火分区划分：将两条横通道之间的隧道长度作为一个防火分区，终南山隧道共有 148 防火分区。

(6)火灾安全控制原则：开启火灾上游所有的人行横通道和车行横通道，以利于人员利用非火灾隧道疏散。保持火灾点附近风速达到 2.5～3 m/s 以阻止烟雾逆流，根据火灾时期的参数，确定风机开启的台数及风机正、反转方式，开启所有照明灯具，以便进行疏散救援，开启交通、广播、摄像等相关设备。

(7)火灾救援预案：以 148 个防火分区分别制订了 148 条救援预案。

项目小结

本项目主要学习隧道有害气体的类型及对隧道的影响与危害，要求掌握运营隧道通风、照明方法及特点；掌握隧道灾害的类型和对隧道的危害，掌握隧道防灾救援措施及特点。

复习思考题

1. 隧道内的有害气体主要有哪几种？
2. 瓦斯对隧道有哪些影响和危害？
3. 隧道通风有哪些方法？各自的特点是什么？
4. 隧道灾害主要有哪几种？
5. 简述国内外防灾救援的主要措施。
6. 公路隧道照明设施主要有哪些？
7. 公路隧道照明灯具的布置有哪些形式？曲线段有什么特点？
8. 公路隧道、地下铁道的通风形式各有哪些形式？设施各有什么？
9. 铁路隧道的防灾救援设计原则是什么？
10. 铁路隧道、地下铁路隧道的火灾救援主要方式各是什么？

参考文献

[1] 铁道部工务局.铁路工务技术手册——隧道(修订版).北京:中国铁道出版社,1997.

[2] 关宝树.隧道工程维修管理要点集.北京:人民交通出版社,2004.

[3] 曹彦国.隧道.北京:中国铁道出版社,2003.

[4] 杨新安,黄宏伟.隧道病害与防治.上海:同济大学出版社,2003.

[5] 王毅才.隧道工程.北京:人民交通出版社,2000.

[6] 朱永全,宋玉香.隧道工程.2版.北京:中国铁道出版社,2007.

[7] 张庆贺,廖少明,胡向东.隧道与地下工程灾害防护.北京:人民交通出版社,2009.

[8] 张文革.阳安线铁路隧道病害整治研究.[学位论文].西南交通大学,2003.

[9] 中华人民共和国铁道部. TB 10119－2011.铁路隧道防排水设计规范.北京:中国铁道出版社,2011.

[10] 中华人民共和国住房和城乡建设部.GB 50108-2008. 地下工程防水技术规范.北京:中国计划出版社,2008.

[11] 中华人民共和国行业标准. JTG H12-2003.公路隧道养护技术规范.

[12] 中华人民共和国铁道部.铁路运营隧道衬砌安全等级评定暂行规定.铁运函[2004]174号.

[13] 中华人民共和国铁道部.铁路桥隧建筑物修理规则.北京:中国铁道出版社,2010.

[14] 中华人民共和国铁道部.高速铁路桥隧建筑物修理规则(试行). 北京:中国铁道出版社,2012.

[15] 中华人民共和国铁道部.TB 10020—2012.铁路隧道防灾救援疏散工程设计规范.

[16] 中华人民共和国铁道部.TB 10063—2007.铁路工程设计防火规范.

[17] 方利成,杜彬,张晓峰,等.隧道工程病害防治图集.北京:中国电力出版社,2000.

[18] 许和平.对南昆线(西段)隧道衬砌渗漏水整治的思考.铁道工程学报,1999年6月,第2期(总62).

[19] 石有才.成昆线百家岭隧道病害整治施工技术.铁道建筑,2001年11期.

[20] 杨炎培,曾红志,吴重林,等.铁路隧道漏水及腐蚀问题的调查.铁道建筑,1981年第8期.

[21] 邹翀,罗琼,李治国,等.圆梁山隧道衬砌裂缝及渗漏水治理技术.施工技术, 2004年10期.

[22] 董勤银.包兰线东岗隧道病害整治措施与施工技术.现代隧道技术,2007年第05期.

[23] 周刘刚,祝安龙.改建铁路峰福线峰南段既有铁路隧道病害整治.铁路标准设计,2008年第10期.

[24] 肖颂鸿.电化铁路隧道洞门下锚后病害分析初探.铁道标准设计,1993年第5期.

[25] 夏卫国,张兴来,钟云健.公路隧道洞口病害预防与处治技术探讨.交通标准化,2008年第6期.

[26] 朱万听,李兰勤.隧道基底病害现状及成因分析.现代隧道技术,2001年10月,第38卷第5期.

[27] 吴江滨,张顶立,王梦恕.铁路运营隧道病害现状及检测评估.中国安全科学学报,2003年6月,第13卷第6期.

[28] 王永东,陈蓉.整体道床隧道常见病害及整治.成铁科技,2004年第2期.

[29] 成都铁路局工务处科研所.成都铁路局隧道整体道床病害整治(上).铁道建筑,1985年第11期.

[30] 成都铁路局工务处科研所.成都铁路局隧道整体道床病害整治(下).铁道建筑,1985年第12期.

[31] 廖茂汀.大瑶山隧道基床病害成因分析与整治加固技术的研究.[学位论文].中南大学,2011.

[32] 傅文治.运营线隧道基床病害整治方法探讨.[学位论文].西南交通大学,2010.

[33] 宋顺德.寒冷地区铁路隧道防排水设施冻害浅析.铁道建筑,2011年第7期.

[34] 佟阳.粘贴钢板补强钢筋混凝土梁抗剪性能试验研究.公路交通科技,2011年第5期.

[35] 施仲衡等.地下铁道设计与施工.西安:陕西科学技术出版社,2006.

[36] 邱小佩,杨洋,李彤.轨道交通区间隧道混凝土道床病害的治理研究.地下工程与隧道,2007增(1).

[37] 张海天.深圳地铁一期轨道减振道床维修养护初探.上海铁道科技,2005 年第 6 期.
[38] 赵明桥.地下铁道火灾烟气分区控制及人员疏散模式研究.[学位论文].中南大学,2012.
[39] 熊运福.秦岭终南山隧道考察报告.中国高速铁路网.
[40] 唐亮.隧道病害调查分析及衬砌结构的风险分析与控制的研究.[学位论文].浙江大学,2008.
[41] 张苹.地铁区间盾构隧道管片嵌缝防水技术.中国建筑防水,2012(18).
[42] 上海市市政工程管理处. SZ-43-2005.上海市隧道养护技术规程.2005.
[43] 上海市市政工程管理处.隧道运营养护管理手册.
[44] 北京市地方标准. DB11/T 718-2010.城市轨道交通设施养护维修技术规范.2010.
[45] 广州地铁线路维修规程.GDY/QW-WXⅠ08-030-001.
[46] 薛绍祖.地铁系统结构防水劣化与修缮.北京:科学出版社,2011.